Documents manquants (pages, cahiers...)
NF Z 43-120-13

LA
DISSERTATION
DE PÉDAGOGIE

THÉORIE ET PRATIQUE

LA DISSERTATION DE PÉDAGOGIE

THÉORIE ET PRATIQUE

A L'USAGE

Des candidats au certificat d'aptitude pédagogique,
des candidats aux brevets de capacité, au certificat
des classes élémentaires des lycées et collèges,
au professorat des écoles normales, des élèves de l'enseignement
secondaire des jeunes filles,
et de l'enseignement primaire supérieur.

PAR

C. VERNIER

PROFESSEUR DE RHÉTORIQUE AU COLLÈGE D'AUTUN,
OFFICIER D'ACADÉMIE.

> Peu de préceptes et beaucoup d'exemples.
> (RAMUS.)

PARIS

LIBRAIRIE CLASSIQUE EUGÈNE BELIN

BELIN FRÈRES

RUE DE VAUGIRARD, 52

1890

Tout exemplaire de cet ouvrage, non revêtu de notre griffe, sera réputé contrefait.

Belin frères

PRÉFACE

Ce livre a été composé surtout pour les jeunes maîtres qui préparent le certificat d'aptitude pédagogique, pour les candidats aux deux brevets de capacité et au certificat des classes élémentaires. Il peut aussi rendre de grands services aux personnes qui travaillent en vue d'examens plus difficiles, et dans lesquels la composition de pédagogie est une épreuve éliminatoire. Il tend à combler une lacune qui m'a été bien souvent signalée par des directeurs et des directrices d'écoles, et par des stagiaires que je dirige par voie de correspondance dans leur préparation au certificat pédagogique : celle d'un livre de théorie et d'exemples. Je serais heureux de leur venir en aide et de diminuer pour eux les difficultés d'un examen sérieux et de jour en jour plus exigeant. Je leur indique une méthode pratique, inspirée des principes les plus certains et confirmée par de nombreuses et diverses applications. L'enseignement doit être didactique, dans le vrai sens du mot : il faut qu'il apprenne à faire en montrant le secret de la facture, il faut qu'il révèle les procédés et dirige le travail. Tel a été le but constant de mes efforts. Au point de vue de la doctrine, je n'ai rien négligé pour que cet ouvrage fût, comme on dit, *au courant;* au point de vue de l'exposition, je me suis attaché à lui communiquer un peu de cette valeur que Lhomond attribue justement à la parole du maître.

On distinguera dans ce livre deux parties, l'une théorique, l'autre pratique, qui présentent chacune quatre subdivisions :

Ire Partie. *Rhétorique.* — Théorie de la dissertation de pédagogie. — Nécessité d'un plan. — Manière de faire un plan. — Développement d'un plan donné : exemples tirés des grands maîtres en pédagogie.

Stylistique. — Recueil méthodique des procédés les plus efficaces et les plus nécessaires pour la composition et pour la facture de la phrase.

Psychologie. — Résumé fait d'après le beau livre de Charles, comprenant toutes les questions du programme des écoles normales et offrant aux candidats des définitions précises, claires et bien écrites.

Logique. — Quelques notions indispensables pour la conduite d'un raisonnement. Elles sont un complément des chapitres précédents.

IIe Partie. 1re *Classe.* — Manière de développer un plan donné, suivie de développements, plans et sujets analogues.

2e *Classe.* — Manière de faire le plan d'un sujet donné, suivie de plans et sujets analogues.

3e *Classe.* — Manière de traiter une question *du cours,* suivie de développements, plans et sujets analogues.

4e *Classe.* — Manière de traiter un sujet pour

l'étude duquel on n'a pas de matériaux, suivie de développements, plans et sujets analogues.

Des *quatre-vingt-quinze* plans que renferme cette seconde partie, cinquante ont leurs corrigés ou développements indiqués dans les livres qui constituent le fonds ordinaire des bibliothèques pédagogiques cantonales. Ces développements sont des passages choisis dans de bons écrivains et auxquels j'ai reconnu le caractère de la dissertation. J'ai pensé que l'indication de tels corrigés, bien supérieurs aux miens, sans doute, et accessibles à tous ceux qui veulent travailler, était une manière d'améliorer, d'enrichir et de doubler, en quelque sorte, mon ouvrage.

De plus, pour accoutumer de jeunes esprits aux idées pédagogiques, j'ai pris tous les exemples dont j'ai eu besoin dans ceux de nos grands écrivains qui ont traité de la pédagogie. Cette méthode initie peu à peu les commençants à une science dont les abords semblent arides et rebutants, mais qui devient vite intéressante et de laquelle il est vrai de dire :

C'est avoir profité que de savoir s'y plaire.

En agissant ainsi, je me suis conformé à une opinion d'un grand pédagogiste anglais, le docteur Alexandre Bain, qui a écrit : « La meilleure manière d'apprendre les formes des phrases est de les associer aux connaissances qu'elles doivent exprimer. » (*Sc. de l'E.*, 249.)

Un dernier mot : « On devrait, dit La Bruyère, aimer à lire ses ouvrages à ceux qui en savent assez pour les corriger et les estimer. » Cette remarque est sage et je m'en empare. Je prie donc mes lecteurs de vouloir bien me signaler les faiblesses et les imperfections qu'ils trouveront dans ce livre. Je les en remercie d'avance; je mettrai à profit leurs observations.

C. V.

LA DISSERTATION DE PÉDAGOGIE

PREMIÈRE PARTIE

CHAPITRE PREMIER

Rhétorique.

> La Rhétorique est pour Isocrate une pédagogie : elle a pour *idéal* la perfection de l'âme par la connaissance du mécanisme de la pensée. Ce que d'autres appellent *musique*, lui l'appelle *rhétorique* et le fait consister dans l'étude raisonnée des lois du discours. Ainsi entendue, la Rhétorique est pour l'esprit ce qu'est pour le corps l'art du maître de gymnastique, c'est-à-dire un exercice salutaire qui apprend à penser juste et à s'exprimer de même.
> (P. Girard, *Éducation athénienne*, 319.)

DE LA DISSERTATION

Définition. — Disserter signifie raisonner et communiquer aux autres ses raisonnements. Raisonner, c'est, par exemple, dégager d'un principe les conséquences qu'il renferme ou remonter des conséquences au principe ; c'est encore chercher la solution d'une question en motivant son opinion par des preuves ; c'est enfin examiner une maxime, en montrer la justesse ou la fausseté. Dans le raisonnement le candidat met en œuvre les facultés de la mémoire et de la réflexion.

Caractères. — Si donc le raisonnement a pour but d'éclairer et de convaincre, toute bonne dissertation doit être :

1° *Claire.* La clarté est la première qualité à rechercher, puisqu'on veut rendre la vérité évidente. Elle s'obtiendra par la correction du style et la disposition méthodique des idées.

2° *Rigoureuse.* Une maxime ou même une discussion pédagogique ne saurait être considérée comme un texte que l'on peut développer à son gré. Il faut, quand on discute, savoir serrer la bride à son imagination et déduire rigoureusement les conséquences d'un principe établi[1].

<blockquote>Qui ne sut se borner, ne sut jamais écrire.</blockquote>

3° *Complète.* Le soin d'éviter la diffusion pourrait nous faire tomber dans le défaut contraire : la sécheresse. On sera complet, si, avant d'écrire, on a médité suffisamment la question donnée et si on l'a fouillée dans toutes ses parties. C'est le bon sens qui nous « fera donner à notre sujet une juste étendue ».

4° *Suggestive.* « Une pensée originale, dit Montesquieu, est une pensée qui vous en fait découvrir un grand nombre d'autres. » Telle doit être la dissertation. Disserter, en effet, n'est pas amplifier, délayer en plusieurs pages ce qu'un écrivain a condensé en quelques mots; c'est exprimer les idées particulières qu'une maxime renferme et que l'écrivain n'a pas voulu rendre. Il faut, lorsque le candidat disserte, que l'on sente son esprit et sa science déborder son œuvre; il faut que le lecteur soit sollicité sans cesse au delà du texte qu'il lit.

5° *Animée.* « Une dissertation, dit M. Weiss, ne se forme point par juxtaposition; comme la plante, elle doit

---

1. Voy. *Psychologie :* Raisonnement.

présenter aux yeux un organisme complet. » Le candidat en écrivant ne se bornera donc pas à ajouter des réminiscences à des souvenirs et à n'offrir au lecteur que le travail infécond de la mémoire. Il fera œuvre littéraire, c'est-à-dire revêtira ses arguments de formes oratoires afin de les rendre plus entraînants. On aime qu'une vérité saisisse d'abord, et remplisse l'âme de lumière et de chaleur. Il faut, pour appliquer ici un mot d'un auteur du siècle précédent, que la pédagogie, « quand elle veut nous plaire dans un ouvrage de goût, emprunte le coloris de l'imagination, la voix de l'harmonie, la vivacité de la passion ».

Les caractères que nous venons d'indiquer comme nécessaires font voir que la dissertation pédagogique est soumise aux mêmes règles que tout devoir de littérature, de morale ou de philosophie. Ces règles se ramènent à l'art de la composition, c'est-à-dire à l'art d'ordonner un ensemble, d'en équilibrer les parties et de les revêtir d'un style convenable.

Il est vrai que beaucoup de jeunes gens se flattent d'écrire sans aucune préoccupation de la forme. Ils n'ont ni tout à fait raison ni tout à fait tort. S'ils veulent dire qu'on peut écrire au hasard de la pensée, sans regarder à la constitution du sujet que l'on traite, en prenant la négligence pour le naturel et le désordre même pour l'originalité, il est évident qu'ils se trompent. Car c'est donner au mot *écrire* un sens surprenant et qui n'est pas français. Ne disons-nous pas tous les jours qu'il ne suffit point d'avoir des idées, mais qu'il faut les faire valoir, que c'est l'air qui fait la chanson et que la façon de donner vaut mieux que ce qu'on donne? Pline le Jeune remarque fort justement (*Lettres*, III, 13) qu'il peut arriver que des illettrés aient l'invention brillante et l'élocution grandiose, mais que la disposition harmonieuse et les figures variées sont le privilège des seuls habiles. Si, au contraire, les jeunes écrivains dont nous parlons veulent par leur exemple blâmer ceux qui, au moyen d'élégances, de tours heureux et de savantes constructions, visent à surfaire la pensée et à lui donner un prix que sans tous ces artifices elle n'aurait pas, certes ils sont loin d'avoir tort. L'auteur d'une dissertation a pour but de persuader et de convaincre : il doit donc, selon un mot de M. Brunetière (*Etudes de crit. et d'hist.*) rejeter toute recherche de style qui n'aurait pas la netteté de l'idée.

Mais, entre ces deux extrêmes, entre les « naturels » ou négligés et les « stylistes », il y a place pour les écrivains qui pensent avec méthode et donnent à leurs pensées le vêtement qui leur va. La rhétorique est un peu comme la lance d'Achille qui guérissait les blessures qu'elle avait faites : considérée dans les procédés qu'elle emploie pour orner le discours, elle est un art méprisable et qui vous perd ; vue sous le rapport des lois nécessaires à toute composition, elle est utile, efficace et doit être étudiée. Les gens qui savent les règles, dit Fénelon, et qui connaissent le but de l'éloquence, n'ont que du dégoût et du mépris pour les discours en l'air.

C'est en nous inspirant de ces idées que nous avons fait cette rhétorique ou théorie de la dissertation de pédagogie.

DE L'INVENTION

En général, pour apprendre à écrire il faut lire ; pour être en état de faire une dissertation, on doit recueillir des idées, s'être formé en connaissances pédagogiques un véritable fonds de réserve par la méditation du manuel, l'observation de la classe et les conversations avec les collègues ; car la dissertation, ainsi que le dit une note du Bulletin du 15 mars 1890, n'est qu'une épreuve de réflexion. Le jour où l'on aura à composer, on puisera dans le trésor des idées amassées celles qui conviennent à la circonstance particulière où l'on se trouve et au sujet qui nous est imposé. C'est ce travail qui constitue proprement l'invention du devoir ; l'invention n'est donc qu'une appropriation à un objet des connaissances antérieurement acquises. Elle n'est en somme, dit M. Lanson[1], que l'analyse qui distingue toutes les parties dans l'unité brute de la matière.

Les conversations avec les collègues et les conférences pédagogiques sont un puissant auxiliaire pour la préparation à la dissertation ; l'observation personnelle ou expérience de l'enseignement y contribue également. Mais le premier moyen ne plaît guère ou n'est pas souvent possible aux maîtres, qui pour la plupart sont jeunes et isolés ; le deuxième est long et n'est qu'un fruit de l'âge. Reste donc la lecture, comme troisième et principal moyen de préparation. Quels livres doit-on lire ? Et comment faut-il les lire ? Posséder en propre un ou deux des manuels en faveur, les compléter par la lecture de quelques livres empruntés à la bibliothèque pédagogique cantonale, cela doit suffire, car c'est la manière de les lire qui en multipliera les effets. Sénèque donne à son jeune ami Lucilius sur ses lectures morales des conseils que nous trouvons très appropriés à la situation des candidats au certificat d'aptitude pédagogique. « Prends garde que la lecture d'un grand nombre d'auteurs et de livres de toute sorte n'ait quelque chose de volage et d'inconstant. Arrête-toi à quelques écrivains choisis, nourris-toi de leur suc ; c'est le seul moyen d'en tirer un durable profit. La multitude des livres dissipe l'esprit : aussi, dans l'impuissance de lire tous ceux que tu pourrais avoir, il suffit que tu possèdes ceux que tu peux lire. Lis donc sans te fatiguer les ouvrages qu'on estime, et, si ta fantaisie t'a fait chercher quelque distraction dans les

---

1. *Principes de composition.* Hachette.

autres, reviens vite aux premiers. » Telle est la vraie manière de lire et de se préparer à tout examen.

Les jeunes gens, que leur âge rend impatients, s'accommodent mal d'une semblable préparation ; ils ne songent à une matière qu'au moment où ils sont engagés à la traiter; ils se renferment dans leur chambre, feuillettent leur manuel et construisent une dissertation presque uniquement de passages détachés. Lorsqu'on les corrige, on s'aperçoit que leur esprit est vide ; on voit qu'ils ont eu beaucoup de peine à trouver de quoi remplir le cadre qu'on leur a donné, et qu'ils ont cherché les arguments à mesure qu'ils écrivaient. C'est une mauvaise méthode d'invention. Ecoutons Fénelon parlant des orateurs qui vivent ainsi au jour la journée, sans nulle provision : « Malgré tous leurs efforts, leurs discours paraissent toujours maigres et affamés. Il n'est pas temps de se préparer trois mois avant que de faire un discours public; ces préparations particulières, quelque pénibles qu'elles soient, sont nécessairement très imparfaites, et un habile homme en remarque bientôt le faible ; il faut avoir passé plusieurs années à faire un fonds abondant. Après cette préparation générale, les préparations particulières coûtent peu ; au lieu que, quand on ne s'applique qu'à des actions détachées, on est réduit à payer de phrases et d'antithèses; on ne traite que des lieux communs, on ne dit rien que de vague, on coud des lambeaux qui ne sont point faits les uns pour les autres, on ne montre point les vrais principes des choses, on se borne à des raisons superficielles et souvent fausses; on n'est pas capable de montrer l'étendue des vérités, parce que toutes les vérités générales ont un enchaînement nécessaire, et qu'il les faut connaître presque toutes pour en traiter solidement une en particulier. » (*Dialogues.*)

DE LA DISSERTATION ET DE SES PARTIES

La dissertation forme un tout complet et indépendant. Elle se suffit à elle-même, et n'a pas besoin, comme la leçon ou la rédaction, d'être suivie ou précédée de notions supposées connues. Elle s'adresse à des lecteurs versés dans les matières qu'elle traite; mais elle ne doit les astreindre à aucun travail en les renvoyant à des faits ou des principes antérieurement étudiés. L'impression qu'elle laissera dans l'esprit sera donc comme elle une et entière. Elle se compose, comme tout devoir, d'un commencement, d'un milieu et d'une fin; autrement dit : le commencement c'est le préambule, le milieu le corps du devoir, la fin la conclusion.

Préambule. — Que le début soit simple et n'ait rien d'affecté. Ce précepte de Boileau paraît résumer tous les conseils relatifs au préambule. Mais il est difficile d'être simple. Il arrive souvent que, avec des idées bien arrêtées sur la suite du développement, on ne sait par quel côté entamer la question proposée, car la dernière chose qu'on trouve en faisant un ouvrage, dit Pascal, est de savoir celle qu'il faut mettre la première. On voudrait débuter par une idée ingénieuse ou une citation habile. Alors on s'égare ou l'on s'arrête aux bagatelles de la porte. Si l'exorde est vicieux, dit Quintilien, il fait ressembler un discours à un visage balafré. Le début viendra tout seul, si l'on a bien conçu le sujet. Il doit être simple, court et naturel.

La définition. — Le procédé le plus facile et le plus commode pour les candidats, c'est la définition. L'orateur donne beaucoup d'étendue à ses définitions parce que son discours est long. Le philosophe définit avec précision et exactitude. Dans la dissertation de pédagogie, moins littéraire que le discours et moins abstraite que la dissertation philosophique, il convient de prendre le juste milieu. La définition se fait tantôt en termes généraux : Exemple : La pédagogie est l'art d'élever les enfants (définition géométrique) ; tantôt d'une manière détaillée : Exemple : La pédagogie est l'art de développer chez l'enfant le corps, le cœur, l'esprit, le caractère, etc., afin que... Cette définition est ce que les logiciens appellent l'énumération des parties ou définition littéraire. Pour cette définition, la division est d'un grand secours. Voir des exemples dans la *deuxième partie*. Lorsque le sujet de la dissertation à faire est exprimé en deux ou trois mots comme : *Du surmenage*, ou : *Des exercices de mémoire*, le premier soin du candidat qui veut trouver des idées claires et sensées est de définir ce qu'on entend par exercices de mémoire, par surmenage et d'éclaircir encore cette définition par des exemples ; car la meilleure définition, dit Sainte-Beuve, est celle de l'exemple.

Un préambule soigné demande toujours du temps. Aussi vaut-il mieux, un jour d'examen, aborder la proposition tout de suite en se souvenant du précepte d'Aristote qui déclare l'exorde inutile auprès des bons juges.

Il arrive quelquefois que l'on ne peut pas définir. Lorsqu'on a, par exemple, à développer une idée comme : « savoir suggérer est une des grandes finesses de l'éducation », tout ce que l'on peut faire, c'est de préciser la pensée de l'auteur, de montrer ce qu'il a voulu dire. Cela fournit une entrée en matière toute simple et pose la question.

CORPS DE LA DISSERTATION. *Division*. — Dans l'ordre des parties de la dissertation, la division doit suivre la définition ou le préambule. Mais comme la division n'est que le plan abrégé, comme aussi l'étude approfondie du sujet doit nous fournir le préambule, cette seconde partie a une importance capitale et veut être traitée avant le préambule.

Dans les dissertations d'examen on donne souvent la division ; d'autres fois on laisse au candidat le soin de la trouver. Dans ce dernier cas elle n'est autre qu'une ébauche de plan, une première pénétration du sujet dans toutes les parties qui le composent. Il est donc facile de voir que la disposition se fait à mesure que l'on invente et que, à proprement parler, elle n'est pas une partie de la dissertation. Mais, lorsqu'on travaille librement et sans être pressé par l'heure, faire son plan est une nécessité. Une fois sûr du plan et par conséquent de la dissertation, le candidat formulera sa définition après la rédaction du préambule. Elle sera alors une énumération faite par ordre de ses propositions. Tous les auteurs de traités la recommandent. Elle permet de retenir aisément tous les points développés et d'embrasser le sujet dans son entière étendue. Elle rend aussi l'examinateur plus attentif et plus bienveillant. Elle doit être courte et peu apparente. Il ne faut pas absolument la borner à trois points ; il ne faut pas non plus qu'elle soit trop multiple, car elle échapperait à la mémoire du candidat et à l'attention de l'examinateur.

Plan. — Les auteurs de traités de style sont unanimes à insister sur la nécessité du plan. Nous ne pouvons répéter ici les conseils qu'ils ont donnés, bien qu'ils soient pour la plupart très éloquents.

Ou le plan est à faire, ou il est donné sommairement.

Conseils pour un plan à faire. — La préparation du plan d'une dissertation suppose avant tout la connaissance des choses dont on va disserter. (Voy. *Invention.*) Il faut examiner chaque idée qui nous vient dans le rapport qu'elle a avec le sujet et la classer dans un ordre provisoire. Dans ce travail d'invention et de pipée, comme dit Régnier, on éliminera les idées qui semblent ne pas s'adapter au sujet et l'on groupera celles qu'on adopte autour de l'idée principale. Ce travail ressemblera à une cristallisation qui s'opère. Dans ce premier plan, comme l'appelle Buffon, on ne perdra pas de vue le point de départ et le point d'arrivée. Cette précaution nous permettra d'enchâsser la dissertation comme dans un cadre infranchissable. C'est là une condition nécessaire pour qu'elle ait toute son étendue et toute son unité.

Il ne faut pas, dans la rédaction d'un plan, se préoccuper du style. Le plan doit être comme ce premier dessin que font les peintres avant la composition de leur tableau, une esquisse qui détermine par quelques traits, intelligibles seulement pour qui les trace, ce qui doit entrer dans la composition du sujet et la place que chaque chose doit y garder. La lumière et les ombres, le coloris et l'expression, en un mot le style viendra dans la suite. Le plan n'est donc que le squelette du sujet.

Méthode à suivre pour faire un plan. — Comme il est très difficile d'exprimer des idées neuves, il faut dans la confection du plan prendre, à l'exemple de Molière, son bien où on le trouve, c'est-à-dire emprunter qui aux livres traitent de notre sujet et rendre les idées qu'on emprunte nôtres par l'expression personnelle. Il ne s'agit que de butiner, mais avec jugement, d'extraire des auteurs ce qui peut servir à nourrir et à remplir notre sujet. C'est donc un travail d'abeille, mais aussi, comme celui de l'abeille, un travail d'assimilation.

Voici comment tous les maîtres conseillent de procéder. Le sujet de la dissertation une fois arrêté et connu, on demande du secours aux auteurs qui en ont traité. On les lit la plume à la main, on marque les endroits qui nous frappent, où l'on voit une idée en germe, puis, la lecture achevée, on rédige une note qui n'est pas un propre extrait de l'auteur, une note qui n'enlève au livre que l'idée (voy. *Classe* 3). Ces notes doivent être courtes et claires. On les coud les unes au bout des autres, afin d'avoir dans la suite une plus grande commodité pour les embrasser d'un coup d'œil. Faites de même pour les autres livres que vous consultez. Enfin, lorsque vous vous apercevez que les mêmes choses reviennent ou à peu près sous votre plume, il est temps de s'arrêter. « Alors, dit l'abbé Bautain[1], quand ces aliments divers commenceront à se transformer, viendra le travail sécrétoire qui extraira de la masse alimentaire des sucs différents, les distribuera dans toutes les parties et contribuera à former l'unité de la vie par la diversité de ses produits. »

Quand on s'aperçoit qu'on a l'esprit plein et débordant du sujet, le moment de rédiger le plan est venu. On reprend une dernière fois ses notes, on barre celles qui s'éloignent trop de la question, on arrange, on concentre, on entrevoit alors l'idée fondamentale du sujet et les principales idées qui en constitueront la division et qui sont, selon Buffon, les premiers linéaments de l'organisme de la dissertation. En procédant ainsi on fera régner dans toutes les parties du plan « un ordre de filiation ou de génération qui s'appelle le lien logique. C'est le produit de l'intelligence qui saisit les rapports d'idées et de la raison qui démontre les rapports par l'enchaînement des idées intermédiaires et coordonne tous les rapports en les ramenant à l'unité d'une pensée. » (BAUTAIN.)

Voir dans la *Classe* 2 la manière de faire un plan, lorsque le sujet ne demande pas de lectures.

Développement. — Le plan fait ou donné, il nous reste à le développer. Avant de montrer comment on peut pousser un paragraphe jusqu'à son développement normal, nous allons dire dans quel esprit il convient d'envisager les diverses parties du plan.

1° *Il faut observer scrupuleusement le nombre et l'ordre des paragraphes.* Lorsqu'un candidat se trouve en présence d'une matière dont le plan est tracé, il doit le suivre rigou-

---

[1]. *Art de parler en public.* Hachette.

reusement, lors même qu'il serait capable d'en trouver un aussi bon ou meilleur. Il doit le faire pour deux raisons : la première, dans l'intérêt même de son esprit pour qui c'est une discipline salutaire et féconde que de s'imposer la nécessité de ne pas sortir d'un cadre tracé, de se contraindre lui-même à suivre tel chemin et non pas tel autre, en s'interdisant les fantaisies personnelles ; la seconde, parce que les trois ou quatre divisions du cadre donné peuvent évidemment recevoir toutes les idées relatives au sujet et que, si par hasard un don plus ou moins riche d'imagination inspirait au candidat quelque pensée qui ne pût pas s'y adapter, ce serait un signe infaillible de sa fausseté ou de son caractère de digression.

2° *Chaque paragraphe est indivisible.* Un paragraphe ne doit pas être morcelé en deux ou trois autres paragraphes, sous prétexte qu'on aperçoit quelque différence entre les idées qui le composent ; cette différence n'est qu'apparente ; ces idées, si on les examine de près, offrent un rapport d'analogie, de ressemblance ou de cause à effet ; elles sont homogènes ; or on ne divise pas plus en paragraphes divers les idées homogènes qu'on ne réunit dans le même les idées hétérogènes. Si l'on saisit bien les idées de chaque paragraphe, on verra sans peine que toutes les idées accessoires, groupées autour de l'idée principale par la matière, n'en sont que le développement et ne doivent pas plus en être détachées dans des paragraphes distincts que les rayons d'une roue ne doivent l'être de leur moyeu. Faire autant de paragraphes particuliers qu'on aperçoit d'idées particulières, c'est briser pour ainsi dire une roue et en éparpiller les rayons sur le sol. Un devoir composé d'une multitude de petits paragraphes indépendants les uns des autres offre à l'œil le plus désagréable aspect et produit l'effet connu sous le nom de papillotage. Quant à l'esprit, il le trouble et le déconcerte, comme toute œuvre sans unité.

3° *Chaque paragraphe est irréductible.* C'est le contraire du précepte précédent. Il ne faut pas réduire à un plus petit nombre les idées qui se rencontrent dans chaque paragraphe ; on n'en doit omettre aucune ; c'est une erreur de s'imaginer que les unes rentrent dans les autres, qu'elles sont équivalentes ou synonymes, et qu'on peut sans inconvénient en supprimer. Chaque idée fournie par la matière doit avoir son développement propre, et, ce qui est aussi de première importance, si les idées particulières d'un même paragraphe sont de même nature, chacune aura un développement égal à celui de sa voisine.

Si les diverses idées d'un même paragraphe sont irréductibles, les paragraphes sont également irréductibles entre eux ; il n'en faut pas réunir deux ensemble. On doit chercher à comprendre pourquoi un développement, synthétique en apparence, a été analysé, c'est-à-dire divisé par le professeur.

4° *Chaque paragraphe doit former un tout indépendant.* Aucun ne doit empiéter sur le suivant, aucun ne doit rappeler le précédent. C'est ce précepte qu'on exprime ordinairement en disant que les paragraphes ne doivent pas chevaucher les uns sur les autres. Il ne convient pas qu'un paragraphe frappe à la porte de son voisin dans le but de lui emprunter quelque idée pour subsister. Si, en effet, ce système d'emprunts et de prêts était admis dans un devoir, chaque paragraphe serait la réminiscence du précédent ou le programme du suivant ; aucun n'aurait d'originalité, d'individualité. Or, il faut que chaque paragraphe ait sa vie propre, son existence à part ; il faut qu'il soit maître et unique maître chez lui, que toute idée étrangère soit traitée par lui en ennemie et exclue de son domaine.

Voici un procédé très suivi dans les classes de lettres et fort commode pour les candidats qui veulent éviter la confusion des paragraphes : c'est une application inattendue de la théorie des couleurs. On se dit : je donnerai à tel paragraphe telle couleur, la couleur bleue, par exemple (si l'idée principale est gaie, ou si elle offre un caractère de généralité), et tout ce qui ne rentrera pas dans cette couleur bleue sera éliminé par moi, parce que ce sera une idée étrangère. On obtient ainsi une suite de paragraphes de couleurs distinctes et bien tranchées, qui ne se confondent pas les uns avec les autres ; les yeux, je veux parler des yeux de l'imagination, aident ainsi l'esprit à s'orienter au milieu des idées, à les ranger chacune sous leur couleur, c'est-à-dire à sa place, dans le paragraphe qui lui convient. Les peintres pardonneront certainement aux élèves et aux maîtres d'emprunter leur langage et même leurs procédés pour arriver à un résultat qui n'a qu'un rapport fort lointain avec la peinture, l'indépendance des paragraphes.

Exemples de développement. — On développe une pensée soit en ornant toutes les parties d'un membre de phrase unique, soit en la reproduisant successivement sous plusieurs formes. La première manière n'est qu'une sorte d'amplification qui se fait au moyen de l'épithète, de la périphrase, du redoublement d'idées, de l'apposition et de l'incise (voy. fin du chapitre suivant), ou encore en insistant sur l'idée afin de frapper davantage, comme dans cet exemple : « Elever, c'est proprement tirer du néant, presque créer ; c'est au moins tirer du sommeil et de l'engourdissement les facultés endormies ; c'est la création des âmes. » (L'Enfant.) Ce procédé ne fournira que quelques lignes, sinon il mène à la diffusion et fatigue le lecteur.

La vraie et féconde manière de développer est la seconde. Quand on s'en sert, il faut que la deuxième expression enchérisse sur la première. Exemple : Emile n'apprendra jamais rien par cœur, pas même des fables, pas même celles de La Fontaine, toutes naïves et charmantes qu'elles sont. (J.-J. Rousseau.)

Un procédé, voisin de celui-là, consiste à développer une idée en montrant dans un second membre de phrase le résultat du premier. Exemple : Dès que les enfants sont dans un âge plus avancé, où leur raison est toute développée, il faut... (Fénelon.)

Quelquefois c'est l'idée contraire qu'on ajoute à une première idée. Exemple : Il faut que toutes les paroles qu'on dit aux enfants servent à leur faire aimer la vérité et à leur inspirer le mépris de toute dissimulation. (Fénelon.) Voir un autre développement, dit *des contraires* (*Invention*, p. 14.)

Ces exemples ne sont que des développements de détail et de commençants. Lorsqu'on veut faire valoir une idée par un développement assez étendu, le meilleur procédé à suivre est de se poser à soi-même un certain nombre de questions. Les réponses faites seront les idées mêmes du développement, les membres épars en quelque sorte d'un corps que l'art de la disposition viendra reconstituer. Si l'on a, par exemple, à développer cette idée de Fénelon : « Il faut bien se garder d'accoutumer les enfants à parler beaucoup », on se demandera : *pourquoi ?* et l'on répondra : « *parce que* souvent le plaisir qu'on veut tirer de jolis enfants les gâte. (*Comment les gâte-t-on ?*) Réponse : on les accoutume à hasarder tout ce qui leur vient dans l'esprit et à parler des choses dont ils n'ont pas des connaissances distinctes. (*Quelles sont les conséquences de cette habitude ?*) Réponse : il leur en reste toute leur vie l'habitude de juger avec précipitation et de dire des choses dont ils n'ont point d'idées claires. (*Conclusion ?*) Ce qui fait un très mauvais caractère d'esprit. » (*Education des filles*, ch. iii.)

Autre exemple tiré de Fénelon (*Avis à une dame sur l'éducation de sa fille*). A développer : Une mère doit donner à sa fille une toilette conforme à son âge et à son rang. (*Y a-t-il du danger à ne pas le faire ?*) Réponse : « Si vous teniez mademoiselle votre fille dans un état trop inférieur à celui des autres personnes de son âge et de sa condition, vous courriez risque de l'éloigner de vous. (*Comment cela?*) Elle pourrait se passionner pour ce qu'elle ne pourrait pas avoir, et qu'elle admirerait de loin en autrui. (*Et encore?*) Elle serait tentée de croire que vous êtes trop sévère et trop rigoureuse. (*Quelles conséquences à redouter?*) Il lui tarderait peut-être de se voir maîtresse de sa conduite, pour se jeter sans mesure dans la vanité. (*Comment la retiendrez-vous?*) Vous la retiendrez beaucoup mieux en lui proposant un juste milieu qui sera toujours approuvé des personnes sensées et estimables. »

Autre exemple tiré de Rousseau (*Emile*, II). PROPOSITION. « Nous ne savons ce que c'est que bonheur ou malheur absolu. DÉVELOPPEMENT. Tout est mêlé dans cette vie; on n'y goûte aucun sentiment pur, on n'y reste pas deux moments dans le même état. Les affections de nos âmes, ainsi que les modifications de nos corps, sont dans un flux continuel. Le bien et le mal nous sont communs à tous, mais en différentes mesures. Le plus heureux est celui qui souffre le moins de peines; le plus misérable est celui qui sent le moins de plaisirs. Toujours plus de souffrances que de jouissances : voilà la différence commune à tous. La félicité de l'homme ici-bas n'est donc qu'un état négatif; on doit la mesurer par la moindre quantité des maux qu'il souffre. »

On remarque ici un développement fait selon la première manière. Il permet de voir ce que devient une de ces idées qu'on appelle lieux communs entre les mains d'un grand écrivain qui se complaît à nous la montrer successivement sous plusieurs formes.

Le même livre nous en offre un autre où les deux manières se trouvent réunies. On les distinguera sans peine. Pensée : L'enfant ne se maintient pas à sa place; moyens de l'y retenir. « L'homme sage sait rester à sa place; mais l'enfant, qui ne connaît pas la sienne, ne saurait s'y maintenir. Il a parmi nous mille issues pour en sortir; c'est à ceux qui le gouvernent à l'y retenir, et cette tâche n'est pas facile. Il ne doit être ni bête ni homme, mais enfant; il faut qu'il sente sa faiblesse, et non qu'il en souffre; il faut qu'il dépende, et non qu'il commande. Il n'est soumis aux autres qu'à cause de ses besoins, et parce qu'ils voient mieux que lui ce qui lui est utile, ce qui peut contribuer ou nuire à sa conservation. Nul n'a droit, pas même le père, de commander à l'enfant ce qui ne lui est bon à rien. »

Du premier au dernier de ces exemples le développement grandit, sans atteindre toutefois l'étendue d'un paragraphe ordinaire. Nous allons, pour finir, en donner un de longueur moyenne, où tout ce que nous avons dit des paragraphes et du développement se trouve appliqué.

A DÉVELOPPER : Enfants (*première idée*), aimez vos maîtres, car (*deuxième idée*) ils peinent à vous instruire et (*troisième idée*) leur sévérité n'a en vue que votre bien. DÉVELOPPEMENT : « (*Première idée.*) Le second devoir des disciples envers leurs maîtres est de les aimer. Vous serez bientôt convaincus, mes chers sixièmes, de cette obligation, si vous faites attention aux peines que se donnent tous les jours ceux qui vous instruisent. (*Deuxième idée.*) Un maître consacre, pour le bien de ses élèves, son temps, ses veilles, sa santé, je dirais presque sa vie; il sacrifie pour eux sa liberté et se réduit à une espèce de servitude; il supporte avec patience le dégoût, l'ennui de répéter sans cesse les mêmes choses. Quel droit n'acquiert-il pas sur votre cœur, tandis qu'il fait pour vous tant de sacrifices, et qu'il vous procure des avantages si estimables! (*Troisième idée.*) Les avis qu'il vous donne vous sont nécessaires pour éviter les dangers auxquels les passions vous exposent; c'est un frein salutaire qui vous arrête et qui vous empêche de tomber dans les précipices ouverts de tous côtés sous vos pas. Les réprimandes qu'il vous fait quelquefois ne doivent point affaiblir votre amour, si vous êtes raisonnables. Il vous reprend, mais c'est par zèle pour votre avancement ; s'il vous aimait moins, il ne prendrait pas tant à cœur votre éducation. Ce n'est qu'à regret qu'il use de sévérité, et sa tendresse souffre toujours des reproches qu'il est obligé de vous faire. Qui vous reprendra de vos fautes, si ce n'est celui qui est établi votre guide ? » (Lhomond.)

Ces exemples suffiront pour montrer ce qu'est un développement et par quels moyens on peut lui donner « une juste étendue ».

Transitions. — *Transitions dans le corps d'un développement.* « Il y a dans la langue française, dit Joubert, de petits mots dont presque personne ne sait rien faire. » Ces petits mots servent à joindre, à articuler en quelque sorte les différentes phrases d'un même paragraphe. On les appelle des transitions ; elles sont, selon Boileau, le plus difficile de l'art d'écrire. C'est tantôt une conjonction, un adverbe, ou un pronom démonstratif, tantôt une locution composée ou une courte proposition. Il n'est pas besoin de les citer, ni d'en donner des exemples. Il suffit d'en bien connaître le sens.

Dans le cours d'un même paragraphe, elles ne sont pas d'une nécessité absolue. Quand la matière est bien ordonnée, les idées se dégagent les unes des autres sans effort, et le lecteur voit clairement pourquoi l'une amène l'autre et la gouverne. C'est chose très remarquable dans Fénelon et dans Voltaire. Il en est de ces gradations des idées d'un même paragraphe, comme de celles des sons, de la lumière et des couleurs : rien n'est terminé, tout se pénètre, tout participe de ce qui l'approche. Un accord n'est si doux à l'oreille, l'arc-en-ciel ne plaît tant à la vue que parce que les sons et les couleurs s'allient par le mélange le plus heureux.

Transitions entre les paragraphes. Ici les mots ne suffisent plus ; il faut des tours et des idées qui permettent aux paragraphes de s'emboîter parfaitement. Ces transitions résident dans une idée moyenne, tenant à la fois au développement qui finit et au développement qui commence. Telle est celle-ci de Fénelon. (*Education des filles :* édition Belin, page 57.) Quand l'enfant aura fait les réflexions nécessaires pour se connaître soi-même (*ce qu'il vient de montrer*), joignez-y les faits d'histoire dont il sera déjà instruit (*ce qu'il va prouver*). Rousseau (*Emile,* liv. Ier, édition Belin) vient de terminer un développement sur les premières obligations des mères. Il en commence un autre sur l'allaitement maternel. « Le devoir des femmes, dit-il, n'est pas douteux ; mais on dispute s'il est égal pour les enfants d'être nourri de leur lait ou d'un autre. » Autre exemple (*fin d'un premier paragraphe*) : voilà pourquoi les enfants s'instruisent mieux par les interrogations qu'on leur fait que par celles qu'ils font eux-mêmes. (*Début du suivant.*) Quand cette méthode (*celle dont il vient de parler*) serait aussi utile qu'on croit, la première science qui leur convient n'est-elle pas d'être discrets ? (*ce qu'il va démontrer*).

Nous avons insisté sur les transitions d'idées, parce qu'elles sont l'écueil des candidats qui n'ont pas mûri leur sujet, ou qui manquent de la pénétration nécessaire pour saisir les rapports qu'ont entre elles des choses différentes. Du reste, elles sont un artifice que le travail doit atténuer ou faire disparaître.

Conclusion. — Toute discussion doit se terminer par une conclusion qui fixe le résultat dans l'esprit du lecteur et permet de saisir d'une seule vue le raisonnement fait. Cette conclusion n'est pas un résumé proprement dit, comme celui qui termine les expositions orales et les rédactions d'histoire; elle est la conséquence générale à laquelle visait notre raisonnement ou une récapitulation des preuves, faite de manière à fournir une idée qui soit une lumière pour toute la discussion.

Les candidats ont tort de la négliger comme ils font, car elle dispose favorablement l'examinateur en le laissant sur une impression unique, en face d'une dissertation à laquelle rien ne manque.

STYLE

Après l'invention et la disposition, ce qu'il faut soigner par-dessus tout, c'est l'élocution, autrement dit le style.

Nous ne rappellerons pas ici la définition de Buffon, parce qu'elle exprime une théorie étroite et exclusive; elle oublie d'indiquer comme sources de style l'imagination et la sensibilité. Nous l'admettons seulement pour ce qui est de l'ordre. De l'ordre, en effet, naissent la clarté, la précision, l'aisance, la vivacité même et un certain mouvement qui laisse une forte impression sur l'esprit des examinateurs. Nous nous bornerons à dire que le style est la forme plus ou moins vive donnée à la parole. Il n'est pas la langue, qui dépend des habitudes formulées par les grammairiens en lois, obligatoires pour tous. Le style au contraire est, selon le mot de Joubert, une habitude de l'esprit, car il y a dans l'art d'écrire des habitudes du cerveau, comme il y a des habitudes de la main dans l'art de peindre. Ainsi, la langue restant la même, le style peut varier à l'infini.

Pour contracter une habitude, qui est surtout chose personnelle, nous ne donnerons pas de recettes, mais nous indiquerons quelles conditions il est nécessaire de réunir.

Avant tout il faut aimer la simplicité, qui est la loi des

écrivains classiques de tout temps et de tout pays. Cette simplicité ne plaît à personne plus qu'aux Français; « notre humeur, dit M. Weiss, penche de ce côté. » On doit donc éviter le grandiose et l'emphase. On ne se paye plus de tirades; on ne déclame plus; chacun sait aujourd'hui ce qu'il veut dire. C'est surtout vrai de la pédagogie, nature d'écrits qui ne comporte pas d'indépendance d'allures; car l'imagination y trouve peu de place. On ne doit donc rien forcer, rien grossir.

Il faut, en second lieu, aimer la règle, c'est-à-dire ce qui gêne; il faut des barrières pour maintenir et diriger l'activité humaine. Qu'on s'habitue donc à poser un sujet, à en disposer les éléments, et à développer chacun d'eux dans de justes proportions. C'est la seule manière d'instruire et d'intéresser; en un mot, c'est penser. Au contraire la liberté fait qu'on divague et perd ses forces à chercher un chemin que la discipline devait tracer d'abord. La liberté en composition ne donne jamais que le vague et l'à peu-près.

Enfin il faut aimer la rature; c'est-à-dire, qu'il faut corriger, modifier, transformer, en résumé, se montrer exigeant pour soi-même. C'est la théorie des classiques, de ceux qui plaisent; elle consiste à faire « difficilement des phrases faciles ». Boileau, l'autorité souveraine, donne les meilleurs conseils sur ce point; nous ne les citerons pas, parce qu'ils sont trop connus. On ne doit pas écrire avec la pleine conscience que tout vaut la peine d'être dit. La rature donne le goût.

Cette disposition d'esprit est éminemment favorable à la formation du style. Reste maintenant à la fortifier par la lecture des grands maîtres, qui formera au goût, dit Fénelon, plus sûrement que toutes les règles. Cette lecture donnera les belles qualités qui les distinguent. Ainsi lisons Fénelon pour acquérir la grâce, l'onction, la forme simple, aisée et souriante ; lisons Rousseau pour nous rendre capables de la période large, et communiquer parfois à notre parole, la chaleur, le mouvement et l'éloquence ; lisons Guizot pour nous faire aimer le style sobre, sans images, mais puissant, parce qu'il exprime des idées grandes et parce qu'il est le style d'un logicien ; lisons M. Gréard pour trouver de quoi donner à nos développements la mesure, la justesse et la distinction ; « cet écrivain, dit Schérer, veut être plutôt que paraître, se distingue par le droit sens et l'extrême propriété de l'expression ; » lisons encore, dans le dictionnaire de M. Buisson, tant de beaux articles où la pédagogie prend un aspect rajeuni et engageant, et qui, par la forme même d'articles, sont tout à fait favorables à la dissertation.

CHAPITRE II

Stylistique.

> Il ne suffit pas d'étudier les bonnes constructions, il faut encore étudier les mauvaises ; car l'art d'écrire renferme deux choses, les lois qu'il faut suivre et les défauts qu'il faut éviter.
> (CONDILLAC, *Art d'écrire*.)

RECOMMANDATIONS GÉNÉRALES

De la préparation d'un sujet. — Il faut éviter de lire immédiatement avant de composer. Une lecture faite à ce moment suggère des idées étrangères à celles qu'a données la préparation et nuit à l'aperception claire du sujet. Elle a aussi l'inconvénient d'inviter à faire des citations le livre à la main. Mᵐᵉ de Sévigné avait l'habitude de lire une page de Nicole avant d'écrire une lettre ; c'était pour elle comme « un bouillon que prendrait un voyageur au départ ». Mais une dissertation n'est pas une lettre, et peut-être faut-il attribuer à cette habitude une certaine raideur dont elle n'est pas toujours exempte. Sainte-Beuve, qui est plus dans le vrai, parle de la mauvaise influence exercée sur la composition par la lecture du journal au début de la journée.

De l'extérieur du devoir. — Beaucoup de candidats se demandent s'ils doivent, au jour de l'examen, mettre en tête de leur copie le plan qu'ils ont fait et suivi. Je n'en vois pas la nécessité. D'abord le plan n'est pas le devoir; le jury demande une dissertation et rien de plus. Outre que, dans les trois heures fixées pour la composition, on ne trouve pas toujours le temps de faire un plan soigné, le meilleur est de construire pour soi, en une demi-heure, le cadre de son devoir et d'en tracer hardiment les lignes principales. Il faut d'ailleurs penser que le correcteur lit les copies avec assez d'attention pour voir s'il y a eu un plan construit et rempli.

Sous-titres. — On doit s'abstenir des sous-titres. Le plan, que l'examinateur saisit bien vite, suffit amplement. La dissertation comprend trois ou quatre paragraphes, c'est-à-dire trois ou quatre idées développées. Les sous-titres la font ressembler à une rédaction d'histoire ou à une exposition mise au propre (voy. *Rhétorique*, p. 15).

De la recherche des mots. — Gardez-vous de l'habitude funeste de chercher vos mots en écrivant. Suivez votre pensée et écrivez platement, si cela est nécessaire; la recherche du mot dissipe l'idée. Ce qu'il faut soigner avant tout, c'est l'enchaînement naturel des faits, autrement dit des pensées. On reviendra sur cette première forme qui est toute de jet et partant d'une facilité suspecte. Sans un tel travail on n'atteindra jamais le style, qui n'est, Buffon l'a fort bien dit, que l'ordre et le mouvement que l'on met dans ses pensées.

Béquilles. — N'ayez jamais recours à ces avertissements que M. Lanson appelle les béquilles d'une composition boiteuse : « on verra plus tard pourquoi, comme nous l'avons dit plus haut; j'en donnerai tout à l'heure la preuve. » C'est d'abord une trahison : vous indiquez vous-même que le paragraphe que vous traitez ne sera pas ou n'a pas été épuisé (voy. *Rhétorique*, p. 21). En second lieu, vous piquez la curiosité aux dépens de la clarté et faites du mystère pour frapper un grand coup. Ce sont là des artifices indignes d'un esprit sérieux. Du reste, dans une dissertation, où les proportions sont nécessairement fort modestes, les récapitulations et les indications préalables ne sont que rarement utiles.

Le moi. — « Le moi est haïssable, dit Pascal; je le haïrai toujours parce qu'il est injuste en soi et incommode les autres. Il faut absolument le couvrir. » Malebranche et Bossuet ne pouvaient pardonner à Montaigne, à qui le mot de Pascal semble avoir été adressé, d'avoir rempli de lui-même les deux tiers de son ouvrage. « C'est un effronté, dit Malebranche, et qui choque la raison. » Lorsqu'on écrit, on doit toujours éviter de mettre sa personnalité en scène. On ne doit faire entrer dans une composition que ses idées et son talent. S'oublier est un sacrifice permanent que l'on offre au bon goût. Imitons Turenne qui se montrait si impersonnel dans ses bulletins de victoire, que l'on demandait s'il avait assisté aux batailles qu'il racontait. D'ailleurs la pédagogie passe déjà en France, à tort ou à raison, pour une science assez pédantesque; n'y ajoutons pas. De plus, en se plaçant à un point de vue particulier, et qui est le nôtre, les candidats sont pour la plupart de jeunes personnes, qui, pour ce motif, ne peuvent avoir l'autorité qui rend le moi supportable chez les vieillards et les hommes de l'âge mûr.

Point suspensif. — Si vous tenez à agrémenter un

paragraphe de quelque trait d'esprit ou de quelque alliance de mots qui vous semble heureuse, ne l'indiquez pas au moyen de plusieurs points : ex. : c'est une jeune fille en puissance de... paresse. C'est presque mettre en doute l'intelligence de votre lecteur et lui faire voir que vous avez de l'esprit. Dans le premier cas, c'est dangereux; dans le second, c'est risqué. Vous pouvez en effet ne pas vous rencontrer avec votre correcteur, qui, entre autres aménités, vous dira par-dessus votre copie : l'esprit brille tout seul et n'a pas besoin de lanterne. « Le point suspensif, dit J.-J. Weiss, nous ramène aux roueries démodées de l'École de 1830 qui écrivait : ce sublime poète, c'est... V. Hugo. Le point suspensif prévenait loyalement le lecteur de reprendre haleine, de se recueillir, de ramasser ses forces pour ne pas succomber d'admiration sous le grand coup d'éloquence qu'on allait lui porter. Il signifiait encore que l'auteur, dans le feu de l'inspiration, s'était soudain arrêté, pour savourer quelque temps seul, à part soi, avant de les livrer aux profanes, les divines choses qui arrivaient au bout de sa plume. Il servait de préface obligée aux pointes galantes, aux vives épigrammes, aux chutes inattendues. » — S'il marque la prétention, il trahit aussi l'indécision. Donc, glissez, mortels; n'appuyez pas.

Bons mots. — Diseur de bons mots, mauvais caractère. Ex. : « Pour parvenir à être honoré, je saurai bien cesser d'être honorable, et, en effet, c'est assez le chemin des honneurs. » (MARIVAUX.) « Si l'éclat du trône est tempéré par l'affabilité du souverain, l'affabilité du souverain relève l'éclat du trône. » (MASSILLON.) Le Sage appelle cela du langage *proconchi;* n'en usons pas.

Petits soins matériels. *a. Ponctuation.* — Evitez de prodiguer le point d'exclamation et les autres signes de ponctuation. Le style résulte du mouvement de la phrase et non des signes extérieurs qu'elle porte. Cela déplaît, parce qu'on y voit de la prétention. Les grands écrivains en usent sobrement. Il faut songer d'ailleurs que ces signes ne sont pas tous nécessaires. Avant Aristarque, la ponctuation se faisait au moyen des particules et des relatifs. La vraie manière de ponctuer en français est encore celle-là. Ce savant grammairien introduisit, dans les œuvres grecques, des signes qui devaient servir de guide-ânes aux Orientaux forcés d'apprendre le grec après les conquêtes d'Alexandre. Avoir une ponctuation sobre et se montrer rigoureux pour les accents, c'est toute la toilette du style.

b. Parenthèses. — On gâte une phrase par l'emploi de parenthèses renfermant des propositions explicatives : ex. : Les exercices de rédaction seront l'objet d'une correction sérieuse (mode individuel) par le maître. La parenthèse n'est pas dans le génie français qui aime la rapidité. On peut toujours la remplacer par une proposition explicative ou relative.

c. Ratures. — Il faut faire ses ratures avec netteté, et écrire au-dessus du mot raturé le mot substitué; mais ne pas laisser intact le mot dont on ne veut plus. C'est à vous de choisir, non pas au correcteur.

d. Abréviations. — On ne doit pas abréger des mots comme : *vs = vous; ds = dans; qqs = quelques-uns; inst^{ce} = institutrice.* Vous n'écrivez pas la langue des commerçants.

e. Etc. Terminez vous-même votre développement et ne finissez pas une énumération par *etc.* C'est comme si vous disiez à un inspecteur qui va quitter votre classe : Je vous laisse aller, vous fermerez la porte. Cette suspension de l'énumération est permise dans un exposé oral; mais, lorsqu'on écrit, on doit soigner l'expression. D'ailleurs il faut limiter l'énumération, sans quoi elle n'est plus littéraire. Celles des *Djinns*, du *Feu du ciel* et de *Navarin*, sont des tours de force ou de la fantaisie ; vous devez la terminer comme La Fontaine dans cet exemple :

Femmes, moines, vieillards, tout était descendu.

f. Sexe. — Il faut donner un sexe à son devoir, c'est-à-dire que l'instituteur parle de l'instituteur et des garçons, l'institutrice des filles et de l'institutrice. Cela est avantageux pour le devoir, car on ne sort pas de la phraséologie à laquelle on est habitué.

g. Allusions. — Ne glissez jamais dans une copie d'allusions à votre commune, surtout si elles sont défavorables. On doit montrer un grand amour de son métier et faire voir qu'on a la vocation de l'enseignement. Du reste, il ne conviendrait guère de profiter d'une dissertation d'examen pour formuler une plainte ou une confession.

h. Format. — Il est bon de s'habituer à composer sur un papier de grand format. Cela permet de mieux embrasser l'ensemble de sa dissertation, et cela prépare pour le jour de l'examen.

Tous ces soins que j'appelle matériels ne sauraient être inutiles. Ils indiquent de l'ordre, flattent l'œil et désarment souvent la sévérité des examinateurs. On les traitera peut-être de puérils, mais je répondrai sous l'autorité d'un ancien : *Qui minima spernit, paulatim decidit*[1].

REMARQUES DE LANGUE ET DE RHÉTORIQUE

Titre. — Le titre ne fait pas partie du développement. La première phrase doit donc en être indépendante. Ex. : *Titre :* De l'enseignement de l'histoire. *Développement :* Cette matière est d'une importance... Que signifiera cette

---

[1] Les exemples blâmés dans cet essai de Stylistique n'ont pas été inventés à plaisir ; ils ont été cueillis dans des copies corrigées.

phrase si, dans la préoccupation de l'examen, vous oubliez de mettre le titre.

Début. — Il faut éviter de résumer sa dissertation dès le début. Ex. : *Sujet :* Quelles sont les qualités d'un bon livre de lecture? *Développement :* Un bon livre de lecture doit : 1° plaire et intéresser; 2° instruire; 3° moraliser. Après ces réponses, la dissertation est inutile, et il ne reste plus, selon une expression vulgaire, qu'à tirer l'échelle. De plus, ce n'est pas faire une division littéraire. (Voy. p. 16.)

Formules pour fin de lettres. — Lorsqu'un particulier écrit à un autre particulier, il peut finir sa lettre partout où il veut. Il peut couper tout d'un coup et dire : Je suis, etc..., sans que cette phrase ait aucune liaison de sens avec ce qui a précédé ; mais il n'en est pas de même quand on écrit à un supérieur; il faut que tout soit plus compassé, plus mesuré, plus étudié, et que du moins les dernières choses qu'on a dites aient quelque rapport de sens avec la protestation par laquelle on finit; car une fin brusque et qui n'est liée à rien marque de la négligence ou de la lassitude : l'une et l'autre blessent le respect. On fera bien, pour apprendre à terminer une lettre, de relire les dédicaces de Corneille, de Molière et de Racine, ou quelques billets de Mme de Maintenon.

Matière. — La matière ne doit pas reparaître dans le corps du devoir. La raison en est que vous devez la pétrir, la développer et la métamorphoser, au lieu d'y juxtaposer des idées voisines ou analogues.

Élan du style. — Un excellent procédé de composition consiste à relire souvent les dernières lignes qu'on a écrites. Quintilien le recommande en ces termes : outre que par là ce qui précède se lie mieux à ce qui suit, la chaleur de la pensée, qu'a dû nécessairement refroidir l'action d'écrire, se renouvelle et reprend pour ainsi dire son élan. C'est ainsi que nous voyons les sauteurs reculer de plusieurs pas et revenir en courant à l'endroit d'où ils doivent s'élancer. C'est assez, pour nous servir d'un mot de La Fontaine, que Quintilien l'ait dit.

Citations. — Les citations, a écrit Vaugelas, font beauté dans une dissertation lorsqu'elles viennent à propos et qu'elles sont bien coupées. Mais elles exercent sur un jeune esprit une séduction souvent fâcheuse. Un ex. : Chaque chapitre d'un livre de lecture doit avoir des ressorts qui puissent attacher. Le remède est dans la mise en forme (voy. l'article suivant). Un chapitre de livre ne peut avoir des ressorts; ce mot n'est pas amené comme dans le passage de Boileau d'où l'expression est tirée. D'autres fois, lorsque la citation est longue, elle fait dévier. Il faut avoir soin de toujours citer des autorités, c'est-à-dire des noms de grands écrivains ou de créateurs en pédagogie. On ne doit pas citer les auteurs de Manuels, par la raison bien simple que ce n'est pas faire en les citant preuve d'érudition. Voici sur les citations de Mme Lambert un passage qui pourra être utile aux candidats : « Si l'on fait une citation, qui n'est pas le texte même, antique ou moderne, il faut, en la traduisant à sa façon, la renouveler; car lorsqu'un souvenir sert à parer, à éclairer, à compléter, quand il ajoute quelque chose en un mot, il ne laisse pas d'avoir son prix. Mais où la citation devient fâcheuse, c'est lorsqu'elle n'est qu'une espèce de redoublement banal de l'expression d'un sentiment ou d'une observation qui ne valent pas la peine d'être développés; surtout si l'auteur l'introduit sous cette forme de modestie irritante : me sera-t-il permis de citer? Cette habitude trahit chez Mme Lambert autre chose qu'un certain manque de goût; il est clair qu'on ne se suffit pas à soi-même; sa pensée a besoin d'être mise en éveil, entretenue, fécondée par celle des autres. C'est ainsi que s'expliquent au fond ces emprunts trop fréquents. Ce soin trop étudié produit une espèce de malaise et presque d'impatience qui, sur le moment, nuit à l'impression. » (M. Gréard, *Éducation des femmes par les femmes*, 1ᵉʳ vol., p. 215.)

Mise en forme. — Une excellente manière d'être clair, et conseillée par Voltaire, consiste à pratiquer de temps en temps la mise en forme, c'est-à-dire à détacher une expression de la phrase qui la contient et à l'examiner en soi, indépendamment du reste de la phrase. Ex. : Ce sont les premiers jalons qui permettent de réaliser quelques progrès. Des jalons ne font pas faire des progrès, mais guident une marche. Autre exemple : il faut dorer les leçons d'un fard qui charme les enfants. On ne dore pas avec du fard. Cela rappelle la fameuse phrase de Florian : Le front couvert de cette pâleur, fard de la gloire et des héros. Une pâleur qui devient un fard ! C'est de l'affectation pure. La gloire n'a pas besoin de fard. Du reste *fard* ne se prend qu'en mauvaise part. Un bon procédé, c'est de ramener toujours le langage figuré à sa source. Racine l'indique et l'applique constamment dans sa critique de la Dédicace, faite au roi par Perrault, du *Dictionnaire de l'Académie*.

Direction pédagogique. — Au lieu de développer une idée, certains candidats font à ce propos de la direction pédagogique. Ex. : Nécessité des préceptes dans l'enseignement de la morale. La maîtresse donnera des formules précises, indiquera les principaux préceptes..... : faites à autrui ce que....., ne faites pas à autrui, etc.....; c'est du développement ; mais si vous continuez ainsi : la maîtresse ne les imposera pas seulement à la mémoire, elle s'adressera à l'intelligence, donnera de ces préceptes une explication nette, etc.....; vous faites de la direction, vous procédez par enfilades de nécessités et vous laissez « sur le verd le noble de l'ouvrage ».

Corriger. — La meilleure méthode est de laisser reposer quelque temps ce qu'on a écrit, pour le revoir ensuite comme un travail tout nouveau et composé par un autre, et ne pas se laisser abuser, dit Quintilien, par cette tendresse que les parents ont pour l'enfant qui vient de leur naître. Toutes nos pensées nous plaisent en effet au moment de leur venue, autrement nous ne les écririons pas. Ajoutons que, lorsqu'on termine un devoir, notre esprit est plein des idées que renferme la copie, et croit voir dans les phrases une clarté et un enchaînement qui souvent ne sont encore qu'en lui-même. Il faut songer que l'on écrit pour les autres, c'est-à-dire pour être compris. « Si vous voulez, dit Joubert, que votre phrase entre facilement dans les autres esprits et dans les autres mémoires, il faut l'arrondir, lui ôter avec soin les coins et les autres empreintes de votre calibre particulier. » On n'est correct qu'en corrigeant.

Respect aux grands noms. — Il faut se garder d'accuser même indirectement les grands noms, à moins d'avoir sous la main une réfutation bien établie, ce qui est rare et difficile. Non que l'on conseille ici la critique laudative; mais il vaut mieux rester en deçà qu'aller au delà. Ex. : « C'est sans doute pour avoir placé sous les yeux du Dauphin des chefs-d'œuvre au-dessus de son intelligence, que Bossuet a fait un si pauvre écolier. » Bossuet, pour le dire en passant, était incapable d'une pareille faute pédagogique. Voir sa Lettre au pape Innocent et son Journal de l'éducation du Prince. La vérité est que le Dauphin n'était ni intelligent, ni laborieux. Il faut être aussi discret dans l'éloge que modéré dans le blâme.

Langue. — Dans la dissertation l'on doit employer la langue de tout le monde, autrement dit du bon usage, que Vaugelas définit à peu près : La façon de parler de la plus saine partie de la nation, conformément à la façon d'écrire de la plus saine partie des auteurs. C'est dire que l'on ne doit faire usage ni de néologismes, ni d'archaïsmes, ni de métaphores étranges, ni de tours poétiques, ni d'expressions locales. Il faut révérer la langue. « Comme aux accoutrements, dit Montaigne, c'est pusillanimité de se vouloir marquer par quelque façon particulière et inusitée ; de même au langage, la recherche des phrases et des mots peu connus vient d'une ambition scolastique et puérile. »

Règles générales pour le choix des expressions.
— Evitez les expressions poétiques, les archaïsmes et les impropriétés de termes, avec autant de soin, dit César, qu'on en prend pour éviter un écueil.

Les *expressions poétiques* rendent le style inégal, font tache sur l'ensemble de la phrase et choquent l'esprit : « coursier, esquif, l'égide de la Providence, l'enfant, cette fleur... » Les termes enfantins ou pédants ne valent guère mieux : « bébés, petits êtres chétifs, mission de l'instituteur, inculquer des principes, à qui incombe la mission de..... »

Les *archaïsmes* donnent un air vieux et rococo. Ex. : Abord *pour* arrivée, se revancher *pour* prendre sa revanche, avoir accoutumé de *pour* être accoutumé à, devers *pour* du côté de, par devers *pour* par devant, malgré que *pour* quoique, là où *pour* au lieu que, voire même *pour* même *ou* voire. De telles fautes disparaîtront avec la pratique d'un dictionnaire fait sur celui de l'Académie (édition de 1878).

Les *néologismes* prouvent ordinairement l'ignorance de la langue : démissionner *pour* donner sa démission, impressionner *pour* faire impression, impressionné *pour* ému, se glisser, se suicider, s'avancer vers sa fin. Ces expressions qui constituent, au dire de Millevoye, un absurde jargon, rentrent dans les impropriétés de langage.

La *propriété des expressions*, dit Joubert, est une harmonie pour l'esprit. » Il faut donc éviter d'employer alliage *pour* mélange, amalgame *pour* mélange, collègue *pour* compagnon ; de même : réverbération du cri dans la cour, élever ses yeux sur la carte, être garant du progrès, s'acquitter vers ses maîtres. On ne tolère qu'à un reporter d'employer admonition *pour* conseil, objurgation *pour* reproche, époque *pour* siècle ; les candidats, ouvriers littéraires, doivent être précis, trouver l'expression juste. On n'aime pas à rencontrer dans une dissertation les mots qu'on ne pourrait pas se permettre de dire, et qui détournent l'attention non par leur beauté, mais par leur singularité. Ils montrent la dépravation du langage.

Des expressions qui renferment des anachronismes sont aussi des impropriétés de style. Racine a donc tort, si toutefois ce n'est pas voulu, de parler de la frégate d'Ulysse, de nous montrer Socrate allant au bal d'Aspasie et le roi Assuérus se rendant dans le salon d'Esther. Rappelons les conseils de Boileau :

> En vain vous me frappez d'un son mélodieux,
> Si le terme est impropre ou le tour vicieux.

De l'emploi des parties du discours. *Article.* —

> De toutes nations ils parlent le langage. (CORNEILLE.)

On omet fréquemment l'article avec *tout :* c'est plus concis.

On remplace l'article par le pronom adjectif *ce* quand on distingue une personne ou une chose généralement connue : Aristote *ce* fameux précepteur d'Alexandre.

On peut employer l'article au lieu de l'adjectif possessif *son, sa, ses,* quand le sens est suffisamment clair : L'enfant malade a une humeur chagrine dont toute la famille souffre.

Il y a quelque chose d'affecté à dire toujours : *si l'on.*

L'Académie ne veut pas que l'on commence une phrase par *l'on*, même quand la précédente finit par un *é*, comme dans *extrémité*. C'est l'oreille, dit-elle, que l'on doit prendre pour juge sur le choix de *on* ou de *l'on*, de *qu'on* et de *que l'on*.

Quand deux substantifs de même genre et de même nombre, joints par la conjonction *et* sont synonymes ou très voisins par le sens comme *vertu* et *générosité*, on ne répète ordinairement pas l'article devant le second ; mais quand ils sont contraires ou tout à fait différents, comme *force* et *dextérité*, il faut alors le répéter. Il en est de même des prépositions *par* devant le substantif, *à* et *pour* devant le verbe. Ce n'est donc pas écrire purement que de s'exprimer ainsi : Le penchant à chérir et à aimer les enfants abandonnés ; — la nature nous porte à rechercher ou éviter certains plaisirs. Sur ce point, c'est le goût qui décide. Cette remarque s'applique aux adjectifs et aux pronoms qui servent à déterminer. Pour le reste, voir la grammaire.

Substantif. — Il faut se garder d'employer les diminutifs, si chers au seizième siècle : ânonner, marmaille, maigrelet, menotte, sautiller, etc. Voici ce qu'en dit le P. Bouhours : « La langue française aima mieux être pauvre que d'être riche en babioles et en colifichets. » Il faut éviter de mettre au pluriel, en vue d'augmenter l'idée, certains substantifs : obstination, discernement, activité.

Le substantif abstrait peint plus fortement que l'adjectif : ex. : Désarmer la sévérité d'un juge, au lieu de : désarmer un juge sévère. — Une physionomie embarrassée dans une épaisseur de cheveux étrangers. (LA BRUYÈRE.) Dans ce cas, il faut avoir de la prudence, car on tombe facilement dans le style précieux. Un romancier contemporain, décrivant un orage, parle de la grêle qui tombait sur la propreté des vitres !

Adjectif. — La plus simple des additions, dont la

pensée est susceptible, est celle de l'épithète ou adjectif qui qualifie le substantif. Les épithètes indispensables viennent toutes seules. Celles qui ne sont que de pur ornement ne doivent pas toujours être rejetées ; elles contribuent à l'effet de la pensée, de l'image et du sentiment. Elles donnent à l'expression plus d'énergie, de piquant ou de pittoresque. Si elles ne remplissent pas l'une au moins de ces conditions, il faut les bannir comme autant de mots parasites. « Tout mot qui n'est pas nécessaire, dit Condillac, nuit à la liaison des idées. » Dans les discours des débutants, tout adjectif retranché est un gain pour la phrase. Aristote dit qu'il faut se servir de l'épithète comme d'un assaisonnement et non comme d'une nourriture.

Tous les adjectifs ne peuvent pas s'employer substantivement : le charmant, le vil, le grossier, etc.

L'adjectif remplace quelquefois le substantif avec avantage : des collections variées *pour* des collections de tous genres. Réciproquement : l'admiration de tous vaut mieux que : l'admiration universelle.

Il faut éviter de faire accorder deux substantifs de genre différent avec un seul et même adjectif : une tranquillité et un silence absolus. C'est grammatical ; mais les bons écrivains n'offrent pas d'exemple de cet accord.

On peut donner à l'adjectif des sens divers et nuancés. Ainsi les épithètes : *énergique*, dans Benjamin Constant, *vivant* dans Mme de Staël, *bleu*, dans Lamartine, *fauve*, dans V. Hugo, *truculent*, dans Théophile Gautier, n'ont pas toujours un sens identique. Des exemples seraient trop longs. La place de l'adjectif contribue à la variété du sens.

La grammaire enseigne que certains adjectifs se mettent toujours devant le substantif, d'autres toujours après, d'autres enfin indifféremment avant ou après. Pour cette dernière catégorie, il faut consulter l'oreille. Quand l'adjectif se trouve placé devant, la phrase est plus ferme et se soutient mieux, tandis qu'elle a quelque chose de languissant lorsque l'adjectif est après. Toutefois encore il n'est rien d'absolu; c'est le goût qui apprend cet art de la construction.

Lorsque deux adjectifs qualifient deux substantifs, le goût commande de les enclaver ou de les opposer. Ex. : « Passer par des modifications successives et revêtir diverses formes. — Il poursuit son but avec un invincible courage et une obstination incroyable. » S'il y en a trois et trois substantifs, on pratique à la fois l'enclavement et l'opposition. « Il entrevoit les premières lueurs d'un jugement précoce et d'une sûre raison. » Voy., page 33, un autre exemple de J.-J. Weiss. On pourrait disposer autrement les qualificatifs, car ce conseil ne regarde que la douceur et l'harmonie du style. Mais c'est là un procédé familier aux grands écrivains et qui vaut la peine d'être suivi.

Le superlatif est faible en français : une mémoire très fidèle, une reconnaissance très profonde ne disent pas autant que : une mémoire fidèle et une profonde reconnaissance.

Pronom. — On ne doit jamais faire l'accord avec *en* qui est un complément indirect et veut dire : de cela. Il n'y en a qu'un exemple dans les classiques : « Ils ont causé autant de maux qu'ils en ont soufferts. » (LA BRUYÈRE.) L'auteur a fait l'accord avec l'idée.

Le pronom *on* ne peut, même lorsqu'il désigne par la pensée une personne du sexe féminin, faire varier l'adjectif ou le participe. Il est cependant une exception que la grammaire admet, c'est lorsque le sens désigne très clairement le sexe féminin : On est jeune, on est coquette. Il faut prendre une autre tournure.

Ne pas employer *dont* pour l'adjectif possessif : Ces enfants dont l'application les empêche de reprendre haleine = que leur application... Pour le reste, voy. Grammaire.

Son, sa, ses, adjectifs possessifs, ne doivent point se rapporter à un nom de chose : « La pudeur de l'enfant est comme certaines sources : si vous détournez *leur* cours, vous les faites tarir. ». (Fénelon.) Il faut : si vous *en* détournez le cours... C'est aujourd'hui une construction archaïque.

Le pronom relatif ne peut se rapporter à un antécédent indéfini : Il a blessé son camarade d'un coup de plume *qui* était pleine d'encre = de *sa* plume qui...; le pronom relatif ne peut non plus se rapporter à un nom qui n'a pas d'article : Il a gâté son livre par étourderie, *qui* est commune à cet âge. Il faut ici un substantif en apposition et dire : défaut qui... Pour que le relatif exprime une relation et justifie son emploi, il faut que le nom et le pronom soient de même nature. Or, une correspondance réciproque ne peut exister entre deux termes, dont l'un est toujours défini, le relatif, et l'autre indéfini, le nom sans article. Règle formulée par Vaugelas, d'après Scaliger.

On répète le relatif toutes les fois que le changement de sens des verbes est très marqué : C'est une fille qui chante, danse et *qui* est fort sage.

Il faut éviter le plus qu'on peut d'employer *lequel* ou *laquelle* pour *qui*, à moins qu'on ne s'y trouve obligé, pour ne pas mettre d'équivoque dans le discours, et en cela la règle la plus sûre est de consulter l'oreille : C'est un homme qui vient des Indes, *qui* apporte des pierreries... = lequel apporte... (Acad.) C'est un exemple de la divine Providence *qui* est conforme à ce qui nous a été enseigné (Acad.) = lequel...

On peut élégamment placer le relatif après un qualificatif et lui faire jouer avec son verbe le rôle d'un participe : très dévot d'ailleurs *et qui* aimait les casuistes. — Homme sans conscience *et qui* ne croit à rien.

Il faut se garder de placer *qui* ou *que* trop loin de l'antécédent : Une fille en sortit que sa mère a celée = il en sortit une fille que... — Voyant un jour Platon à un festin magnifique qui ne mangeait que des olives... = Voyant... à un festin magnifique Platon qui...

Le pronom personnel ne se place pas devant le verbe auxiliaire suivi d'un infinitif : « on m'est venu avertir, — l'enfant se vient plaindre.— Et lui promettez tout, hormis le diadème (CORNEILLE), » sont des constructions archaïques. Il faut placer le pronom devant le verbe dont il est le complément : il ne pouvait lui plaire. L'exemple de Corneille est corrigé par la grammaire.

D'autres fois le pronom, en changeant de place, change aussi le sens de la phrase : Il me faut donner de l'argent, et : il faut me donner...

Verbe. — On doit se garder d'employer certains réduplicatifs comme : reperdre, ravoir, remeubler, qui ne sont pas élégants.

Il est bon de se montrer circonspect dans l'emploi des verbes conjugués absolument, c'est-à-dire sans régime : gagner, démordre, braver. Ils ne sont pas toujours assez clairs.

Une faute, qui est fréquente, consiste à employer certains verbes auxiliaires sans le verbe qu'ils amènent : Ce qu'il importe, c'est la bonne tenue de la classe = ce qu'il importe d'obtenir... *ou* ce qui importe, c'est... Cette faute n'est imputable qu'à la négligence.

Dans le passé défini du verbe *être*, il faut éviter de placer un ou plusieurs mots entre le verbe *avoir* et le verbe *être* : « Il a plusieurs fois été heureux » n'est pas aussi élégant que : il a été plusieurs fois heureux, ou : il a été heureux plusieurs fois. Les autres verbes admettent volontiers cette construction : Je l'en ai plusieurs fois assuré.

Il faut éviter de passer dans la même phrase de l'actif au passif et du passif à l'actif sans nécessité ; c'est détruire ou changer le mouvement; car la phrase n'est qu'un mouvement.

On peut changer les modes du verbe; par ex. : au lieu de l'imparfait et du plus-que-parfait du subjonctif, il est quelquefois élégant de mettre les mêmes temps de l'indicatif : l'enfant pouvait obéir à la plus tendre des mères, *pour* aurait pu... On peut également changer les temps, le passé par le présent. Cette tournure donne de la vivacité au discours; ce que l'écrivain raconte semble se reproduire à nos yeux. Les exemples abondent.

Le passé défini est quelquefois rapide et doit être préféré au passé indéfini; mais il ne faut pas en abuser. L'oreille et le goût en décident. Toutefois ne soyons pas rigoureux : la règle du *jour entièrement écoulé* n'est pas toujours juste.

Le passé antérieur et le passé surcomposé sont deux temps à éviter : J'ai eu vu des enfants qui...

L'imparfait du subjonctif s'emploie élégamment pour le présent du conditionnel : « Il n'y a personne au monde qui ne *dût* avoir une forte teinte de la philosophie. » (LA BRUYÈRE).

Dans la concordance des temps on suit aujourd'hui la règle mécanique : des temps absolus dans l'indicatif (présent, parfait, futur premier) appellent des temps absolus dans le subjonctif; des temps relatifs (temps du passé dans l'indicatif) appellent des temps relatifs (temps du passé dans le subjonctif). On était beaucoup plus libre au dix-septième et au dix-huitième siècle, et l'on passait facilement dans la même phrase des temps absolus aux temps relatifs et des temps relatifs aux temps absolus, selon le point de vue auquel on se plaçait en écrivant. Ex. : « Je ne crois pas que vous me jugeassiez sans m'entendre. » (J.-J. ROUSSEAU.) Le discrédit où est tombé l'imparfait du subjonctif, et l'habitude que nous avons prise à tort, de faire dépendre mécaniquement le temps du verbe subordonné du temps du verbe principal, font que l'imparfait du subjonctif est moins souvent employé avec cette valeur. Mais même aujourd'hui cet imparfait ne nous étonne pas et ne doit pas nous étonner, toutes les fois que la condition est exprimée par un conditionnel ou un imparfait. (Voy. les meilleures Grammaires.)

On peut donc mettre le présent après un passé quand la phrase renferme une affirmation énergique : « Il a fallu que vous ayez l'idée de corps pour que, cette idée vous étant donnée, l'idée d'espace vous apparût. » (Cousin.) — Inversement, on met quelquefois l'imparfait après un présent lorsque l'idée est hypothétique : « Il se peut bien faire qu'en cherchant un milieu où la philosophie convînt à tout le monde j'en aie trouvé un où elle ne convienne à personne. » (Fontenelle.)

Adverbe. — Donner à certains adverbes leur vrai sens : aussi bien = d'ailleurs. Ex. : « Qu'il périsse ! aussi bien il ne vit plus pour vous. » (Racine.)

Eviter d'employer *comme* pour *comment*.

L'adverbe doit se construire le plus près possible du verbe : L'élève tiendra convenablement sa plume...

Remarque. — A propos de l'adverbe, nous devons signaler un contresens que l'on fait souvent : *Ne rien moins que* signifie *nullement :* « Et qui n'est, comme on sait, rien moins que tout cela. » (*Fem. sav.*) — « Un jour que je ne pensais à rien moins, on vint me chercher... » (Rousseau). *Ne rien moins* se dit quelquefois pour *rien moindre* avec un sens affirmatif signifiant que *l'objet n'est pas moindre :* « Il ne se propose rien moins que d'instruire tout l'univers. » (Bossuet.) — C'est une ellipse pour : *ne rien de moins :* « On n'y médite rien de moins que de partager l'autorité. » (Bossuet.) — « Il ne faut rien de moins dans les cours qu'une vraie et naïve impudence. » (La Bruyère.)

Cette expression, grâce à l'abus qu'on en fait, prend aujourd'hui un sens tout contraire.

Préposition. — On emploie quelquefois *à* au lieu de *pour* devant un nom ou un pronom ; Il est une occasion de scandale *aux* uns... Quelle faiblesse à lui d'en croire... — Pour la répétition de la préposition, voy. *Article*.

Conjonction. — Quand une proposition principale se lie naturellement à d'autres, il faut se garder d'en faire une proposition subordonnée, car, si les conjonctions n'embarrassent pas le discours, elles le rendent du moins languissant.

Lorsqu'une phrase commence par une conjonction et qu'il y a plusieurs propositions avant le verbe principal, au lieu de répéter la conjonction, on la remplace par *que* (conjonction). Cela soutient et lie plus fortement cette phrase : Si un homme possédait la fortune et qu'il ne s'en servît pas, il serait fou. L'Académie ajoute qu'il y a plus de grâce à changer de *mode* pour mettre *et que* au lieu de *et si* : Si on nous permet de nous revoir et que nous puissions communiquer de vive voix...

Sans que est toujours négatif et ne saurait être suivi de *ne*.

Avant que ne doit jamais s'employer avec la négation : Avant que j'arrive = avant mon arrivée. Il n'y a rien là de négatif. Une seule exception se trouve dans Buffon, et encore s'explique-t-elle par la double négation : Le tigre suce à longs traits le sang dont il vient d'ouvrir la source, qui tarit presque toujours avant que sa soif ne s'éteigne = il n'y a plus de sang et sa soif ne s'éteint pas !

Figures. *Pléonasme.* — Il est facile d'éviter les pléonasmes de cette sorte : c'est une urgente nécessité, unir ensemble, voire même, puis enfin, mais cependant. Et ceux-ci qui renferment un double sujet : L'enfant étant faible, il craint que... Un enfant, quand il est malade, il pleure... Quelques exemples trouvés dans les grands écrivains n'autorisent pas l'imitation.

Il est permis pour le pronom personnel, complément indirect servant à animer le discours : Prends-moi le bon parti...

Il est correct aussi lorsqu'il résume toute une proposition complétive jointe au verbe par *que* ou *comme* : Qui l'eût dit, qu'un rivage présenterait... Tu l'as vu, comme il a joué ! Il est correct dans cet exemple: « Des maximes, ils ne s'en chargent pas. » (LA BRUYÈRE) ; fautif dans celui-ci : Des divers traits qui conviennent... j'en ai fait une peinture, parce que dans ce dernier cas le substantif est déterminé. De même pour le pronom *y* : « Où ils découvrent les grâces du corps, ils ne veulent plus y admettre les dons de l'âme. » (LA BRUYÈRE.) C'est pour : là où... Incorrect aujourd'hui.

Métaphore. — La figure par excellence est la métaphore ou la comparaison non annoncée. L'emploi discret de cette figure rend le style plus expressif : Des intelligences abîmées dans l'étude. — Un grain de bon sens. Les métaphores doivent être modérées, à peine sensibles, n'intervenir que pour éclairer la raison ou pour élever de temps en temps et d'un degré seulement le ton ordinaire.

Antithèse. — L'antithèse est une opposition de deux mots ou de deux idées qui se donnent du jour mutuellement. Les jeunes gens sont éblouis par l'éclat de cette figure et en abusent. Il ne faut l'employer qu'avec une extrême réserve, car ceux qui font des antithèses en forçant les mots « ressemblent, dit Pascal, à ceux qui font de fausses fenêtres pour la symétrie. » Leur règle n'est pas de parler juste, mais de faire des figures justes.

Ellipse. — Il faut être sobre dans l'emploi de l'ellipse, car, en voulant être concis, on tombe facilement dans l'obscurité. Elle est rare en français. Si le vide, que l'ellipse supprime dans la construction grammaticale, est facile à remplir, l'ellipse allège l'expression et donne de la vivacité au style.

Un défaut à éviter, quoique des écrivains célèbres semblent l'autoriser par quelques exemples, c'est de pratiquer l'ellipse en changeant de voix : « Qui ne sait point aimer n'est pas digne de l'être. »

Pour les particularités de l'ellipse, voir la *Grammaire*.

Syllepse. — La syllepse, qui fait figurer le mot avec l'idée plutôt qu'avec le mot auquel il se rapporte, est rare en français : « Les personnes d'esprit ont en eux les semences de tous les sentiments. » (LA BRUYÈRE.)

Il ne faut pas confondre cette figure de construction avec la syllepse oratoire, métaphore par laquelle le même mot est employé dans la phrase avec deux sens, l'un propre, l'autre figuré : « J'ai failli cent fois être saisi par un gendarme à l'instant où je cherchais à saisir une étymologie. » (NODIER.) Voy. *Bons mots*, p. 33.

Hiatus. — Chez les bons écrivains, l'hiatus est rare, et ceux qui ont fait des vers ne le commettent presque jamais dans la prose. On blâme aussi ceux qui prennent un trop grand soin de l'éviter.

Equivoque de sons. — Il faut éviter l'équivoque produite par certaines assonances ou rencontres de syllabes qui prêtent à de vilains jeux de mots. Ils ne sont pas rares dans les auteurs, et le lecteur français met une certaine malice à les relever. En voici un de Victor Hugo :

> Ma fille, va prier pour celle
> ... qui te mit au monde, et depuis tendre mère,
> Faisant pour toi deux parts dans cette vie amère,
> Toujours a bu l'absinthe et t'a laissé le miel.

Cela dépare un beau passage. Se relire est le remède.

QUELQUES CONSTRUCTIONS

La construction française est ainsi caractérisée par Fénelon : « On voit toujours venir un nominatif substantif qui mène son adjectif comme par la main ; son verbe ne manque pas de marcher derrière, suivi d'un adverbe qui ne souffre rien entre eux deux ; et le régime appelle aussitôt un accusatif, qui ne peut jamais se déplacer. » C'est bien là la règle de notre langue ; mais cette règle comporte de nombreuses exceptions. A côté de la construction grammaticale, il y a la construction littéraire ; autrement la phrase française serait monotone. L'écrivain doit se préoccuper de plaire à l'oreille, d'entraîner le cœur et frapper l'imagination. Dans ce but, il place au commencement ou à la fin des phrases, puis aux divers repos indiqués par la coupe des propositions, les mots qu'il veut faire ressortir, parce que ce sont des postes d'élite, des places où ils attirent le plus l'attention.

Reprise du complément par le nom. — Lorsque le complément direct ou indirect du verbe a une certaine étendue, au lieu de le mettre à sa place logique il est élégant de le placer avant la proposition et de le rappeler par le pronom *le, la, les*. Ex. : « L'adulation travestit en une témérité punissable les remontrances les plus justes et les plus respectueuses. » Cette phrase, où la construction grammaticale est observée, manque totalement de relief, parce que les mots importants sont dissimulés et que les plus faibles sont le plus en vue. Elle reprend toute son élasticité et tout son relief quand elle est refaite ainsi par Massillon : « Les remontrances les plus..., l'adulation *les* travestit en une témérité... »

L'inversion, qui change l'ordre logique, est aussi un moyen d'atteindre ce résultat. Voy. *Grammaire*.

Des compléments du verbe. — Le verbe a souvent deux compléments représentés par des mots d'espèce différente : « Dire d'une chose qu'elle est bonne et les raisons pourquoi elle est bonne. » (La Bruyère.)

Je crains une révolte, et que las d'obéir,
Comme je les trahis, ils ne m'osent trahir. (Corneille.)

« Je me verrai donc insulter et ma gloire flétrie. » (*Id.*)

— « Il n'y a rien de si doux au monde que le repos de la conscience et de regarder Dieu comme un père. » (Racine.) — « Racine oubliait ses amis et de correspondre avec M. Vitart. » (Sainte-Beuve.) — « Candide ne pouvait se consoler de la laideur de Cunégonde et d'avoir perdu ses moutons au pays d'Eldorado. » (Cherbuliez.) — Dans ces exemples, le régime est un nom ou un pronom ; c'est encore une proposition jointe à la principale par *de*, *qu'il* ou *comme*... Cette construction, venue du latin, est employée par de bons auteurs ; il ne faut pourtant pas la prodiguer ; car elle rendrait le style lâche et la phrase monotone.

Il faut éviter d'employer des verbes intransitifs avec une proposition complétive : Tâcher qu'il vienne. C'est une incorrection, parce que la proposition complétive tient lieu d'un complément direct : Je veux qu'il vienne = je veux sa venue.

Antécédent du relatif. — Lorsqu'un verbe a un complément direct et un complément indirect ou circonstanciel, on met généralement le plus court le premier ; excepté, toutefois, quand on veut produire un effet et que le régime le plus court est accompagné d'une proposition relative. Dans le premier cas, on finit la phrase sur l'idée la plus importante ; dans le second, on enchaîne plus fortement les propositions. Ex. : En suivant le mode individuel, le maître consacrerait à chaque élève de sa classe trop peu de temps. — « Macchabée donnait à des rois ligués contre lui des déplaisirs mortels... ». (Fléchier.) — Les élèves feront dans l'art d'écrire des progrès que la grammaire seule... — Je ne veux pas être un sujet de douleur pour ta mère qui t'a élevé avec tant de soin. — « Il consacre à Esculape un anneau qu'il use à force d'y pendre des couronnes. » (La Bruyère.)

Compléments circonstanciels. — Lorsque le verbe est suivi de plusieurs compléments circonstanciels, la règle générale est de faire précéder celui qui est dans la relation la plus intime avec le verbe et dont le concours est le plus nécessaire pour en déterminer l'idée. Mais l'adverbe se place avant tous les autres compléments : « Ne jetez jamais le manche après la cognée. » Il faut également éviter de charger le verbe de compléments ou de circonstanciels. La phrase suivante serait insupportable : « Un inspecteur distingue promptement, grâce à son expérience, si la classe est bien tenue. » En déplaçant certains termes, on la rend plus aisée : Grâce à son expérience, un inspecteur reconnaît promptement si... Il faut, en outre, mettre le dernier le circonstanciel qui a le plus d'étendue ; l'harmonie l'exige.

CONSEILS PRATIQUES POUR LE STYLE

Écrire comme on parle. — Beaucoup de personnes, qui s'expriment avec élégance dans la conversation, font de pitoyables rédactions, parce qu'elles s'imaginent qu'il faut écrire autrement qu'on ne parle. Elles croient que se servir des phrases les plus en usage, c'est tomber dans la bassesse et ne pas écrire du tout. Il n'y a rien de plus dangereux que de vouloir donner dans les belles phrases. On se travaille, on a de la peine et l'on est saisi par ce malaise que Flaubert appelait les affres du style. Et à quoi arrive-t-on ? A employer, comme l'*Acis* de La Bruyère, des tours pénibles et des expressions guindées qui écartent du bon sens. Lorsqu'on commence à écrire, il convient d'exprimer sa pensée sans recherche et par une transcription toute simple des termes qui se présentent naturellement. On retouchera plus tard cette première rédaction. C'est ainsi que l'esprit se formera à cette discipline sans laquelle on ne saurait faire tenir debout la moindre dissertation. Voilà dans quel sens il faut entendre ce précepte : écrire comme on parle. Vrai pour la dissertation, il n'est plus de mise dans les ouvrages de longue haleine, que l'on ne saurait entreprendre sans s'être auparavant formé un style.

Tics. — On appelle tics de style certaines habitudes plus ou moins ridicules que l'on a contractées sans jamais s'en apercevoir et par pure négligence. Ex. : Cet homme-là, cette raison-là, en quelque sorte, selon moi, pour ainsi dire, extrêmement curieux, etc. Nos auditeurs ou nos lecteurs se font un malin plaisir de les répéter. Il faut donc se surveiller en écrivant.

Répétitions. — « Quand dans un discours, dit Pascal, se trouvent des mots répétés, et qu'essayant de les corriger on les trouve si propres qu'on gâterait le discours, il les faut laisser. » Nous prenons l'exemple dans la règle même formulée par Pascal. Vaugelas trouve que de telles répétitions font grâce et figure.

« L'écrivain, dit Fénelon, fera même quelques répétitions ; mais elles ne seront pas inutiles ; le lecteur de bon goût prendra plaisir à y reconnaître la nature, et la répétition imprime plus fortement les vérités. » Lorsque les auteurs du dix-septième et du dix-huitième siècle avaient à répéter un verbe, ils le remplaçaient élégamment par le verbe *faire*. Ex. : On ne calcule pas tant aujourd'hui qu'on faisait autrefois. Cette tournure est aujourd'hui délaissée. Telle est la théorie des classiques. Toute contraire est celle des stylistes contemporains. « Je suis très satisfait, dit Flaubert, quand j'ai écrit une page sans assonances ni répétitions. » L'une peut conduire au laisser-aller, l'autre au purisme ; la sagesse consiste donc à se tenir à égale distance de ces deux excès.

Négligences dans le style. — Si la répétition n'est permise que lorsqu'elle fait figure et embellit le style, les négligences ne sont tolérées que dans les ouvrages de longue haleine, surtout quand elles sont rachetées par d'autres qualités de pureté, d'élégance et de mouvement.

Celle qui consiste à glisser de temps à autre un alexandrin dans sa prose doit être particulièrement évitée. Il faut se garder de tomber dans le cas de Boccace, faible poète italien qui, ayant émaillé de quelques bons vers son *Décaméron*, eut la réputation de ne jamais bien faire les vers que lorsqu'il n'avait pas le dessein d'en faire.

Des vers dans la prose. — Tous les stylistes condamnent l'emploi du vers dans la prose. Sur ce point une explication est nécessaire. On n'appelle vers dans la prose que ceux qui en ont la juste cadence, et qui ne sont ni précédés ni suivis d'aucun mot qui y soit joint. Ex. : *Le désir trop ardent d'acquérir des richesses*, est un vers bien mesuré qu'il faut éviter en écrivant comme tous les autres de même nature ; mais, si on l'enferme dans d'autres mots, par exemple : *Qui ne sait que le désir trop ardent d'acquérir des richesses est condamnable*, ce n'est plus un vers, parce qu'il n'en a plus la cadence. La présence d'un alexandrin au milieu d'une phrase ne la gâte point ; on peut même dire qu'elle lui donne plus d'harmonie et lui communique ce que les Anglais appellent la *prononciabilité*. Néanmoins, quand un grand vers se présente au début ou à la fin d'une phrase, il faut le briser ; l'oreille en est choquée. Laissons à chaque genre d'écrire le style qui lui est propre.

Des rimes dans la prose. — La rime dans les vers charme l'oreille ; mais dans la prose elle la choque. Il faut éviter de dire : « Il blâme pourtant tout ce qu'il entend. » Ces rimes sont aussi insupportables dans la prose que les vers léonins en poésie. On doit fuir également des assonances comme : amertume, fortune ; — cet enfant est à citer pour sa ténacité. C'est de l'affectation ou de la négligence.

Interrogation. — Il est bon de songer de temps à autre en écrivant à donner à la phrase le mouvement interrogatif. L'interrogation rend la pensée plus vive et la phrase plus alerte. Elle est tout à fait de mise dans la discussion. Si l'on ne s'en sert jamais, sous prétexte que la dissertation est du genre calme, le style devient monotone et froid. A une interrogation que l'on fait, il n'est pas toujours nécessaire de répondre par un monosyllabe ou une petite phrase.

Mouvement. — Il ne suffit pas de ranger les idées par ordre, il faut encore les disposer de manière qu'elles marchent pour ainsi dire vers le but, qu'il y ait de la première à la dernière un progrès continu et une relation constante. C'est ce qu'on appelle le mouvement. Voici quelques moyens : Mouvement communiqué par :

L'interrogation : Que ne sait-il point? pour : il sait tout. — « Vous l'avouerai-je? l'envie se glissa dans mon cœur. » (J.-J. Rousseau), pour : l'envie, je l'avoue...

L'interrogation indirecte : Voilà quels sont les moyens d'arriver à la perfection, pour : voilà les moyens d'arriver...

L'exclamation : Quelle indignation s'allume en nous!... pour : une grande indignation...

La double négation : Il n'est point de sottises dont il ne soit capable, pour : il est capable de toutes...

La suppression d'une proposition conjonctive : Pourquoi dis-tu : la vertu n'est rien, quand tu vas jouir du prix de la tienne? pour : *dis-tu que la vertu...*

La substitution du passé défini au présent : Pour étendre ses facultés naturelles, l'homme s'agite, pense, médite. Bientôt il a franchi les bornes des besoins, bientôt l'expérience lui a fait connaître des jouissances, etc...

L'emploi des verbes auxiliaires avec l'infinitif : N'allez pas l'oublier, pour : ne l'oubliez pas. — Gardez-vous de confondre le nom sacré de l'honneur... — L'avenir est un abîme où vont se perdre les générations. — La France voyait croître en lui ses espérances...

Le tour expositif : Telle est l'ambition de la plupart des hommes...

Le tour démonstratif : Regardons la jeunesse comme un temps que la vertu...

Le tour énumératif : Voy. reprise du complément par le pronom, p. 52.

Le tour impératif : Voy. quelques lignes plus haut.

Le tour impersonnel : Il est un heureux choix des mots harmonieux.

Le tour dubitatif : S'il fallait devenir philosophe pour distinguer le bien du mal, la plupart des hommes seraient irresponsables.

La netteté. — « La netteté, dit Vauvenargues, est le vernis des maîtres ; elle épargne les longueurs et sert de preuve aux idées. » Lorsque de deux membres d'une même phrase qui sont joints par la copulative *et*, le premier membre finit par un nom qui est complément direct, et l'autre membre commence par un nom qui est sujet, on croit d'abord que ces deux noms jouent le même rôle et l'on est trompé, parce que, au lieu d'unir deux mots, la copulative unit deux propositions qui ne se présentent pas de la même manière. Exemple : Je condamne sa paresse et les fautes que sa nonchalance lui fait faire m'ont toujours paru inexcusables. — Lhomond voulait que la jeunesse fût instruite et posa des principes en conséquence. Vaugelas appelle cela une construction louche, parce qu'elle semble regarder d'un côté, tandis qu'en réalité elle regarde de l'autre. C'est donc une construction à éviter.

Il faut épargner aussi au lecteur les « peut-être », les « si j'ose dire », les « en quelque sorte » et autres mantilles dont un écrivain ondoyant comme Renan peut seul se parer avec grâce. « Moins on emploie de mots, dit Condillac, plus les idées sont liées. »

Cohérence de l'image. — Dans toute phrase bien faite, les mots s'appellent l'un l'autre ; si vous vous portez à des figures hardies, elles doivent être suivies, raisonnables, tirées d'objets ordinaires, préparées de loin, sans rien qui puisse étonner ou choquer. Ex. : « Vous trouvez que Boileau n'a rien de sublime, que son imagination n'est point brillante ; j'en conviens avec vous. Votre *danse haute* ne doit pas se permettre un *faux pas* ; il n'en fait point dans ses petits *menuets* ; vous êtes *brillant* de *pierreries* ; son habit est simple, mais bien fait. Il faut que vos *diamants* soient bien *mis en ordre,* sans quoi vous auriez l'air gêné avec le *diadème* en tête. » (VOLTAIRE à Helvétius.) — « Ne laissez pas *éteindre* dans votre âme cette *espérance* que la foi et la philosophie *allument,* et qui rend *visible,* par delà les ombres du dernier rivage, *l'aurore* d'une vie *immortelle.* » (JOUFFROY.) — Mais on ne dirait pas bien : Que de notions instructives pour de jeunes esprits accessibles à toutes les impressions ! Car *esprit* n'appelle pas *impression.* Le dernier terme exprime un fait qui est du domaine de la sensibilité, c'est-à-dire de l'âme en tant que recevant du plaisir ou de la douleur, autrement dit des affections. Il faudrait, pour que la phrase fût bien faite, substituer le mot *âme* au mot *esprit,* ou bien, en gardant *esprit,* remplacer *impressions* par *connaissances,* mot qui traduit un phénomène intellectuel. « Avant d'employer un beau mot, dit Joubert, faites-lui une place. » Il faut préparer et amener les figures par certains mots qui en sont les introducteurs. Du reste, ce procédé, appelé cohérence de l'image, ne doit être employé qu'avec modération ; car il est facile. Il repose sur l'association des idées. Ainsi *attaquer* fait songer au mot *arme, arme* à *blessure, blessure* à *mort.* Ex. : « Si c'est un sujet que je n'entends point, je l'essaie *sondant* le *gué* de bien loin ; et puis, le trouvant trop *profond* pour ma *taille,* je me tiens à la *rive.* » (MONTAIGNE.) — « Quelle *digue élever* contre un *déluge* d'explications qui *inondent* la ville. » (LA BRUYÈRE.) Tout le livre de *la Porte d'or des langues*, de Coménius, n'est qu'une série d'exemples de ce procédé.

PLÉNITUDE ET RONDEUR DE LA PHRASE

On vante avec raison devant les jeunes gens le style coupé, c'est-à-dire le style des moralistes et de Voltaire. Mais le style coupé n'est souvent que l'impuissance de lier les propositions ou de construire la période. La période est comme la phrase musicale; elle a sa cadence et son rythme. Si on la coupe trop souvent, on en détruit l'harmonie. L'ordre demande des lignes et non pas des rognures. On doit donc chercher à atteindre cette plénitude de la diction qui ne va pas sans le travail et le goût. A vrai dire, ce n'est qu'après de longs tâtonnements qu'on arrive à enfermer sa pensée dans le moule d'une phrase qui plaît. Habituons-nous donc à retourner notre idée de plusieurs manières pour en trouver une qui réponde aux exigences du style.

Répétition du substantif. — Au lieu de représenter le substantif par *celui-ci, ce dernier*, il vaut mieux le répéter, parce qu'en le répétant on attire sur lui l'attention. La répétition fait figure et nourrit la phrase.

Expression redoublée. — Au lieu de mettre dans une phrase deux substantifs synonymes, il est bon de se servir quelquefois d'une expression générale suivie d'une autre dont le sens est plus restreint et qui précise la première. Ex. : Rien n'est plus charmant qu'un enfant qui montre une bonne éducation et fait preuve de politesse.

Apposition. — L'apposition est un substantif qui sert d'attribut à un autre substantif ou à toute une phrase. Lorsque le substantif est mis en apposition à une proposition, il communique à la phrase de l'élasticité et de l'ampleur : « Il n'a besoin que d'une noble simplicité, mais il faut l'atteindre : talent rare et qui passe les forces du commun des hommes. » (LA BRUYÈRE.) — « La raison seule est commune, l'esprit en chaque langue a sa forme particulière, différence qui pourrait bien être la cause ou l'effet des caractères nationaux. » (J.-J. ROUSSEAU.)

Substitution du substantif au pronom personnel. — Le pronom personnel est sec et manque de relief. Il est élégant parfois de le remplacer par un substantif abstrait ou concret exprimant une faculté, un sens, ou un état de la personne. Ex. : Triompher de lui = triompher de son entêtement. — L'instituteur commande, il doit être obéi = ses ordres doivent...

Emploi des verbes auxiliaires. — Les verbes auxiliaires *voir*, *devoir*, *savoir*, *pouvoir*, etc., donnent quelquefois de la légèreté à une phrase que l'on ne peut construire sans des propositions conjonctives, trop souvent lourdes et prétentieuses : Qui ne serait heureux que les enfants jouassent et se promenassent dans la cour ? = heureux de voir les enfants jouer... « Il serait bon qu'elles sussent les principales règles de la justice. » (FÉNELON.) — Le goût doit conseiller une autre tournure. Voy. p. 57.

Gallicismes. — On donne de la vivacité à certaines phrases en les commençant par les gallicismes : c'est par..., c'est en..., ce sont..., etc. En forgeant, on devient forgeron, ne vaut pas : c'est en forgeant qu'on... C'est par la fuite qu'on pare de tels coups.

Enclaver. — Voy. cet article, p. 52-53. L'enfant ne saurait être capable de composer, même au bout de plusieurs années de classes assidues = ... être, même..., capable de composer. « Il me suffit que, partout où naîtront des hommes, on puisse suivre la méthode que je propose. » (J.-J. ROUSSEAU.)

Développer par trois termes, développement si aimé des grands écrivains. Ex. : « Pour convaincre, il faut des choses, des pensées, des raisons. » (BUFFON.) — La Saône s'avance, calme, majestueuse, paisible. — « Il faut savoir les présenter, les nuancer, les ordonner. » (BUFFON.) — « Le taureau s'agite en parcourant le cirque, secoue les flèches nombreuses enfoncées dans son large cou, fait voler ensemble les cailloux broyés, les lambeaux de pourpre sanglants, les flots d'écume rougie, et tombe enfin épuisé d'efforts, de colère et de douleur. » (FLORIAN.)

Généraliser. — La généralisation de certaines idées relève la phrase : Ta mémoire s'affaiblira si tu ne la cultives. On persuadera en employant cette forme : La mémoire s'affaiblit, si on ne la cultive. — Ce sont des couleurs qu'aucun pinceau ne peut rendre et qu'aucune langue ne peut exprimer. Au lieu de : mon pinceau et ma langue...

Remplacer le concret par l'abstrait. — *Substantif :* « Que sont devenus ces toits de chaume qu'habitaient jadis la modération et la vertu ? » (J.-J. ROUSSEAU.) — *Adjectif :* Malheur au peuple que la fertilité de ce terrain perfide attache ! pour : ce terrain fertile, mais perfide... — *Verbe :* Les siècles passés concourent à la félicité des hommes = rendent les hommes heureux. (*Id.*) La nature qui hâte la destruction des êtres faibles... (*Id.*) Ses formes sont aussi variables que ses nuances = varient... — *L'adverbe :* Le désordre où nous jette ordinairement la présence des grands hommes = a coutume de jeter...

Succession des phrases. — On doit donner le plus grand soin à la construction et à l'arrangement des phrases. « Tantôt, dit Condillac, les phrases pour se bien lier doivent être construites ensemble, tantôt elles ne veulent que se suivre ; il suffit de savoir faire ce discernement. Le vrai moyen de mal écrire, c'est de ne faire qu'une phrase où il en faut plusieurs, ou d'en faire plusieurs où il n'en faut qu'une. Si deux idées doivent se modifier l'une l'autre, il faut les réunir ; si elles ne doivent pas se modifier, il faut les séparer. » (*Art d'écrire*, liv. III.) Ici voir Grammaire : Propositions coordonnées et propositions subordonnées. Ex. : Les hommes agissent mollement dans les choses de leur devoir. Voilà une proposition que La Bruyère transforme en une phrase. « Les hommes agissent mollement dans les choses de leur devoir, *pendant qu'ils* se font un mérite ou plutôt une vanité de s'empresser pour celles qui lui sont étrangères. » Lorsque la phrase contient plusieurs propositions constituant une chaîne assez longue, il faut établir entre ces propositions ou jugements un rapport logique, facile à saisir. On doit chercher à saisir la subordination qui les lie. C'est ce que Condillac exprime dans cette formule : *Le principe que vous devez vous faire en écrivant, est de vous conformer toujours à la plus grande liaison des idées.* Les morceaux choisis dans nos grands prosateurs sont la meilleure école. Il est facile d'y reconnaître que, lorsque les phrases sont séparées, elles se suivent et s'enchaînent rigoureusement les unes aux autres. Ces remarques nous amènent à la période.

Période. — Aristote définit la période une phrase qui a un commencement et une fin par elle-même, et une étendue facile à embrasser. Autrement dit : c'est la réunion de plusieurs membres de phrase, d'une certaine étendue, liés entre eux de telle sorte que le sens ne s'achève qu'à la fin de la phrase.

La réunion de plusieurs propositions principales juxtaposées, quelque longue qu'elle soit, ne constitue pas une période, car période veut dire circuit. On ne donne ce nom qu'à un ensemble de propositions unies par coordination et surtout par subordination.

Les deux membres de phrase nécessaires pour constituer la période sont ou deux principales ou une principale et une incidente. Ex. : « La science des femmes, comme celle des hommes, sera en rapport avec leurs fonctions, mais la différence de leurs emplois fera celle de leurs études. » (Fénelon.) — Le bon livre que l'on met entre les mains d'un élève pénètre avec lui dans la famille. Voilà deux périodes très élémentaires. Elles sont et doivent être plus étendues.

Périodes à principales. — Plusieurs principales forment période, quand chacune d'elles présente une conjonction qui suppose dans les autres principales des conjonctions correspondantes : d'un côté, de l'autre — non seulement, mais encore — ni, ni — d'abord, ensuite, enfin — quoique, cependant.

Périodes à incidentes. — Les incidentes qui concourent à la formation de la période prennent ordinairement l'une de ces quatre formes : conjonction, pronom relatif, infinitif et gérondif (*en* et le part. prés.). — Mais il ne faut pas les multiplier, parce qu'elles formeraient un enchevêtrement difficile pour la pensée.

Construction de la période. — Nous n'insisterons pas sur la construction de la période ; les candidats les remarqueront sans peine dans leurs lectures. Nous leur conseillerons seulement de consulter l'importance des incidentes, l'ordre logique des idées, la clarté, l'harmonie et la variété.

Exemples de périodes : 1° « Tandis que l'amateur des arts s'indigne, dans Alexandrie, de voir scier les colonnes des palais pour en faire des meules de moulin, — le philosophe, après cette première émotion que cause la perte de toute belle chose, ne peut s'empêcher de sourire à la justice secrète du sort, qui rend au peuple ce qui lui coûta tant de peines, et qui soumet aux plus humbles de ses besoins l'orgueil d'un luxe inutile. » (Volney, *Voyage en Égypte*.) Période à deux membres.

2° « Soit qu'il fallût préparer les affaires ou les décider, chercher la victoire avec ardeur ou l'attendre avec patience ; — soit qu'il fallût prévenir les desseins des ennemis par la hardiesse ou dissiper les craintes et les jalousies des alliés par la prudence; — soit qu'il fallût se modérer dans les prospérités ou se soutenir dans les malheurs de la guerre, — son âme fut toujours égale. » (Fléchier.) Période à quatre membres.

Quand la période ne se présente pas d'elle-même et que le candidat remarque la forme brisée et sautillante de son style, il peut alors construire la période, soit en réunissant plusieurs phrases isolées pour n'en faire qu'une, soit en ajoutant à la pensée une pensée secondaire qui fournit un nouveau membre de phrase.

Usage de la période.—Nous avons dit, page 60, qu'il ne fallait pas craindre la période. Nous n'avons pas entendu par là qu'il faut s'en servir à tout propos. Ressource pour l'orateur dont le but est d'agir sur une assemblée, elle n'est guère de mise dans une dissertation de quatre pages. Tout au plus pourrait-on s'en permettre une vers la fin du devoir en guise de résumé. Qu'on l'étudie dans les auteurs et qu'on la cultive comme exercice de style, elle aura encore son utilité. Elle apprend à lier les phrases, à serrer une argumentation et à communiquer le mouvement à la pensée.

Les remarques de ce chapitre ne sont pas inutiles, surtout si l'on songe que le style demande un travail acharné. « Le vulgaire s'imagine que la prose est plus flottante que les vers et ne se développe pas suivant un rythme. Rien de plus faux. Une phrase bien faite donne à chaque mot une place telle qu'une simple conjonction ne saurait bouger sans que l'effet total diminue. Une page bien écrite se tient debout comme les stèles de marbre, immobil et d'une seule venue. Un nombre secret soutient les phrases et les pages; ce nombre les adapte à notre poitrine, de façon que nous pourrions les réciter tout haut presque sans fatigue. Ces qualités techniques, nécessaires surtout dans un siècle où la qualité des mots a beaucoup perdu, contribuent, comme disait Pascal, à faire un homme et non pas un auteur. » (Paul BOURGET, *Études et Portraits*, tome Ier.)

CHAPITRE III

Psychologie.

> La philosophie met de la précision dans l'esprit, démêle les idées et apprend à parler juste.
> (Mme LAMBERT.)

Définition. — La psychologie est la science de l'âme et des faits par lesquels elle manifeste son activité. Ces faits nous sont connus par la conscience; ils sont de trois sortes bien distinctes : les émotions, les connaissances, les volitions. On les rapporte à trois facultés : *sensibilité, intelligence, volonté*. Les facultés sont donc simplement les pouvoirs que nous avons de produire les actions diverses qui sont du ressort de la conscience : sentir, connaître, vouloir. A ces trois pouvoirs on peut en ajouter un quatrième, la faculté de mouvoir nos organes ou *force motrice*, que nous étudierons à propos de la volonté.

SENSIBILITÉ [1]

La sensibilité est en même temps la faculté d'aimer et celle d'éprouver le plaisir et la douleur.

Les plaisirs et les douleurs sont des *émotions*. On appelle *sensation* le plaisir et la douleur qui ont pour antécédent un mouvement du système nerveux, et *sentiment* les mêmes

---

[1]. Paragraphe dont les idées ont été légèrement modifiées.

émotions quand elles sont produites par une opération de nos facultés. Le langage ordinaire ne donne pas toujours à ces mots un sens aussi précis, mais il distingue la sensibilité physique et la sensibilité morale. Il ne confond pas la jouissance et la souffrance avec la joie et la tristesse.

La sensibilité, le plaisir et la douleur, qui en sont les manifestations les plus apparentes, ont leur principe dans les *inclinations*, dispositions innées qui ne se satisfont jamais sans plaisir et qui nous causent de la gêne ou de la souffrance, dès qu'elles sont privées de leurs objets. On les appelle aussi penchants, tendances, et quelquefois aussi instincts. Mille causes influent sur leur développement; elles subissent l'influence de l'hérédité, celle du milieu, des organes, des objets extérieurs, etc. Les inclinations satisfaites tendent à s'accroître, tandis que celles qui ne le sont jamais tendent à s'atrophier par inaction. L'inclination ne reste pas dans l'homme à l'état primitif; une fois que le plaisir est éprouvé, l'activité, librement satisfaite, s'éprend d'elle-même et de l'objet qui lui plaît, elle aime à la fois l'acte agréable, la joie qui y est jointe et la cause qui la provoque. Cette transformation de l'inclination, dans laquelle interviennent toutes les facultés propres à l'homme, est ce qu'on appelle *l'amour*, expansion de l'âme, sorte d'élan vers la cause qui nous affecte agréablement. A l'amour causé par le plaisir s'oppose la haine, résultant de la douleur, qui est comme un resserrement de l'âme dont les forces se sont heurtées à des obstacles, un mouvement de fuite et de concentration. L'amour donne naissance au désir, la haine a pour conséquence l'aversion. Nos inclinations étant diverses, il y a plus d'une façon d'aimer : 1° En premier lieu il y a l'amour de soi-même, l'amour-propre constitué par le développement d'un certain nombre d'inclinations qui toutes ont pour objet notre bien particulier, notre bien total, la vie sous toutes ses formes. Les unes tendent à maintenir et à développer les forces corporelles, ce sont les appétits : besoin de manger, boire, dormir, de remuer, d'exercer ses forces, l'attachement à la vie. Les autres tendent au développement de la vie intellectuelle et morale : besoin d'être ému, de se divertir, de connaître, amour de la liberté, de la domination. 2° Vient ensuite l'amour de nos semblables : amour de l'humanité, de la patrie, de la famille, instinct de sensibilité, de sympathie, amour de la nature. 3° En dernier lieu l'amour du vrai, du beau, du bien ; et l'amour de Dieu ou le sentiment religieux.

Passions. — Si l'inclination se transforme en amour, elle s'exalte aussi jusqu'à la passion. La passion a été définie d'une foule de manières. Pour Jouffroy et Garnier « le plaisir et la peine qu'on éprouve s'appellent suivant le degré de leur vivacité, émotion ou passion. » Cette définition n'est pas tout à fait exacte. La passion appartient à l'activité sensitive ; elle suppose dans l'âme du trouble, de la fougue, mais elle est une manière de sentir. Elle est l'effet et le signe d'une émotion violente ; l'émotion s'évanouit, la passion demeure et a des retours. Harpagon est avare constamment, l'avarice est son naturel ; elle est un désir excessif de grossir sa cassette, désir qui a détruit l'harmonie de son âme. C'est là aimer *passionnément* l'argent. Voilà pourquoi les anciens l'appellent un désordre.

PASSIONS FONDAMENTALES

| Amour. | Haine. |

PASSIONS DÉRIVÉES

Espérance.	Crainte.
Confiance.	Défiance.
Gaîté.	Tristesse.

Allégresse.	Désespoir.
Enthousiasme.	Dégoût.
Admiration.	Mépris.
Hardiesse.	Pusillanimité.
Colère.	Timidité.

Autant de passions que d'objets vers lesquels se porte l'amour. « Toutes les passions et leurs contraires, dit Bossuet, se rapportent à l'amour. »

INTELLIGENCE

Si l'on désigne sous le nom de cœur le pouvoir d'aimer et de sentir, on appelle esprit celui d'accomplir les trois éléments inséparables d'un acte intellectuel complet et qui sont : la connaissance, la pensée, l'entendement. Apercevoir les objets présentés constitue une *perception ;* y penser quand ils ont disparu, une *conception ;* élaborer ces idées, un *raisonnement.*

Le type des perceptions, c'est celle des faits psychiques par la *conscience*, qui, sans être encore une faculté, est la connaissance que nous prenons d'un phénomène en même temps qu'il se produit. Cette perception, la plus immédiate de toutes, c'est l'*intuition*. Nous percevons de la même façon les choses extérieures. Voilà pourquoi les sens et leurs opérations portent le nom de perception et même d'intuition. Les autres faits psychiques de connaissance immédiate sont du domaine de la raison. Conserver ces données est le fait de la *mémoire ;* le plus souvent elles forment des sortes de chaînes qu'on appelle associations d'idées, et le pouvoir de les reproduire, comme des images de ce qu'elles étaient, *imagination.*

Mais l'esprit s'élève du particulier au général par un procédé qu'on nomme *généralisation ;* procédé de connaissance et de science. Le mouvement se retrouve dans l'*induction*, qui réunit sous une loi commune des faits de même espèce. La marche contraire, tirer d'idées générales des éléments, s'appelle *déduction*.

Voilà le tableau sommaire des opérations intellectuelles.

De la connaissance de soi-même. Conscience. Données. — Les données que la conscience fournit à l'intelligence, ou les choses que nous connaissons par réflexion sont les phénomènes de motricité, de sentiment, d'intelligence, de volonté. Ces phénomènes sont variables; le moi conscient est permanent. Le moi se perçoit dans l'acte volontaire comme une force agissante. Le mouvement (remuer le bras) est un effet de l'acte du moi. Le moi est donc une *cause*. La conscience nous fait percevoir le moi dans ses rapports avec les organes; elle nous donne la perception et celle d'être la cause de la vie, celle de l'exercice de notre force motrice et de notre corps organisé. Elle nous fait voir le moi comme une force, une cause, un être; elle découvre les attributs de l'âme qui sont l'unité, la simplicité, l'identité.

Connaissance des corps. Perception extérieure. — Ce mot désigne à la fois la faculté de connaître l'extérieur, l'acte de connaissance et son résultat qui s'appelle aussi une perception. Cette connaissance se fait par la sensation, considérée seulement comme un phénomène instructif. Elle est sous ce dernier aspect le commencement d'une perception rudimentaire. Exemple : Devant la neige, j'ai la sensation du blanc, sensation subjective, il est vrai; mais, si l'on rapporte cette sensation à un objet extérieur, à la sensation de la verdure par exemple, on a une perception. Celle-ci est donc le développement de celle-là. A chaque sens correspond une sensation particulière : sensations de l'odorat, du goût, de l'ouïe, de la vue, du toucher, et les sensations vitales et musculaires. Mais la connaissance du monde extérieur n'est pas seulement l'œuvre des sens; elle est aussi l'œuvre de la raison et de l'attention. Nous percevons le corps par nos sens extérieurs. La perception de nos semblables est une extension de celle de notre corps. Les sens extérieurs nous donnent aussi la perception des corps bruts et nous font distinguer notre corps des corps étrangers.

Les sensations sont pour nous des signes : internes, elles déterminent l'étendue, la position, les distances des divers points du corps; externes, elles nous font communiquer avec le monde. Et, dans cette connaissance de nous-mêmes et du monde, la part de la nature est minime, celle de l'esprit est considérable. La perception extérieure est une expérience préparée par la nature pour démontrer à l'homme l'activité de son esprit. L'examen des données propres à chacun de nos sens confirmera cette vérité.

Données des sens. — Nous percevons les choses et leurs qualités par les sens, qui se distinguent par les perceptions que nous leur devons et les organes mis en jeu. Les organes sont hors les uns des autres, tandis que les perceptions sont réunies dans une même conscience. On ne confondra donc pas le sens et l'organe, la vue et l'œil, l'ouïe et l'oreille, le toucher et les mains.

Le *sens vital* nous fait connaître confusément notre corps et la manière dont s'exercent les fonctions de la vie.

Le *goût* donne la perception des saveurs; *l'odorat*, des odeurs; ils sont surtout des sens auxiliaires de la vie nutritive, plus développés chez les animaux que chez l'homme.

L'ouïe, sens social, nous donne la perception des sons et nous fait savoir qu'il y a quelque chose d'extérieur, et en décomposant les sons fournit à l'intelligence plus de matériaux. Le sourd peut tout apprendre sauf la musique. Il est fatalement muet, bien qu'il possède les organes qui produisent la voix, mais il n'a pu apprendre à parler par imitation, puisqu'il ne s'entend pas. L'industrie de l'homme lui est venue en aide.

La *vue*, sens artistique, nous fait connaître la lumière et les sons et par là la surface continue des corps. Elle nous donne une notion claire du monde. Toutefois, elle ne nous donne de l'étendue que deux dimensions, la longueur et la largeur.

Le *toucher*, sens scientifique, vient compléter cette idée de l'étendue en nous faisant connaître la profondeur des objets, le mouvement, la quantité, la solidité, la température. Il rectifie les autres sens.

Le *sens musculaire* presque inséparable du toucher donne l'idée de résistance. Dans la perception extérieure l'esprit est actif. Il faut de nombreuses expériences et une longue éducation pour que nos sens connaissent toutes les propriétés des corps. L'esprit par la mémoire, le jugement, la raison et l'imagination, interprète les données des sens, et, quand certaines illusions de la perception se produisent, c'est l'esprit qui se trompe et non le sens.

Connaissance des principes. Raison. — Nos connaissances se réduisent-elles aux intuitions de la conscience et aux perceptions des sens? L'empirisme prétend qu'elles se bornent à l'expérience, fruit de la réunion de la conscience et de la perception aidées de la mémoire. Le rationalisme plus justement que la *raison* nous découvre une réalité supérieure, celle des principes. La connaissance des corps nous donne d'une part l'idée d'espace; la réflexion, d'autre part, nous montre que nos pensées se succèdent: de là vient l'idée de temps; nous reconnaissons aussi que les phénomènes physiques et psychiques ont une ou plusieurs causes, et ces causes, des effets; qu'ils se manifestent dans des conditions fixes, particulières, et toujours; ce qui veut dire que tout a sa loi, et qu'il y a un ordre constant.

Ces jugements ont chacun leur formule. Principes de

l'*espace* et du *temps :* tous les corps sont dans l'espace, tous les faits sont dans le temps ; principe de *causalité :* tout changement a une cause ; principe des *substances :* toute propriété implique une substance ; principe de *raison suffisante :* rien n'existe qui ne doive avoir sa raison d'être ; principe de *causes finales :* tout a une fin ; principe des *lois* et de l'*ordre :* tout a sa loi ; à ce dernier se rattache le principe *moral :* tout acte libre a sa loi. Tous ces principes sont des jugements ou affirmations portant sur les rapports de deux idées. Ils sont synthétiques, universels et nécessaires. Cherchons pour chacun d'eux comment il se forme et ce qu'il signifie.

Espace et temps. — On ne peut concevoir l'étendue sans l'espace : les corps n'y seraient pas, l'espace n'en subsisterait pas moins. L'étendue est contingente ; l'espace, nécessaire. Nécessaire à l'étendue, il l'est aussi au mouvement. Il est infini ; avec des limites il n'est ni possible ni intelligible. Une définition ne le fait pas mieux comprendre. On incline à croire que c'est une manière de penser et non une réalité extérieure (Kant, Locke, Leibniz, Stuart Mill, Spencer). Il n'est rien en lui-même ; il n'est que la possibilité pour les corps d'exister. C'est l'ordre des relations et des positions, abstraction faite des objets. Il est la condition de toute expérience sensible, il est nécessaire au mouvement, il est l'objet de la géométrie qui, au fond, n'est que la détermination de l'étendue. Voilà pour le principe d'espace, dont la démonstration n'est pas définitivement faite.

La connaissance du moi implique le principe du temps. Nos perceptions et nos pensées s'ordonnent selon des relations d'avant et d'après, qui ne sont possibles que s'il y a du temps. Les événements sont dans le temps comme les corps dans l'espace : la succession, la durée, le temps sont trois notions aussi unies que celles d'étendue, de lieu, d'espace. Les phénomènes se succèdent, le moi reste. Ce sont deux points de vue de l'esprit et non deux choses séparées ; si le moi ne durait pas, il n'y aurait pour lui aucune idée de succession ; l'action du moi est continue, et cette continuité est le premier type de la durée, qui est notre manière d'être unissant la permanence à la mobilité. Nos actions, quoique successives, durent, et la succession de nos actes est le déploiement d'une force permanente. Locke dit : « L'idée de durée vient de la réflexion que les hommes font sur cette suite d'idées, dont ils observent la succession dans leur entendement. »

Mais, hors de nous, nos semblables et les choses durent aussi ; hors de nous il y a des successions qui ne dépendent pas de nous, et dont les relations sont nécessaires. On ne peut intervertir l'ordre chronologique des faits. La durée est donc un mode de l'existence telle que nous la percevons en nous et hors de nous. Il en résulte un rapport de simultanéité qui n'est, comme la succession, qu'un accident de la durée. La durée ne se conçoit pas sans le temps qui est éternel et infini, et par là rend toujours subsistante la possibilité de la durée. Kant considère le temps comme un des aspects de l'infini, le réduit à une loi subjective de l'esprit, en quoi il se rapproche de Descartes pour qui le temps n'est qu'une façon de penser. Leibniz est le plus près de la vérité en le définissant : « L'ordre des choses qui se succèdent, abstraction faite des choses elles-mêmes. »

L'étendue et la durée ont des ressemblances ; elles se mesurent, se divisent, se comparent, se pénètrent ; le mouvement met leurs rapports en évidence, car tout déplacement dans l'espace se fait en un temps ; ce sont trois grandeurs qui peuvent se ramener l'une à l'autre et qui sont continues. Voilà pour le principe de temps, qui ne permet pas des conclusions plus certaines que le principe d'espace.

Cause. Raison. Loi. — On est un peu plus assuré en parlant du principe de *causalité*. Tout a une cause en soi ou hors de soi. L'origine de ce principe est dans l'intuition du moi comme cause agissante. Tout être agit, et tout fait a sa cause. Il y a là une intuition de la conscience portant sur un individu et limitée au présent ; l'affirmation d'une vérité universelle, nécessaire, applicable à tous les êtres, partout et toujours. L'esprit a conscience de lui-même, non de l'universel, qu'il connaît, mais par une puissance, une faculté supérieure, la *raison*. Le principe de causalité est regardé par Stuart Mill et les empiriques comme une maxime générale formée par des expériences répétées. Pour eux, tous les faits se suivent uniformément ; la cause est nommée l'antécédent. Il y a donc succession et non production. Mais la cause première ? Ce serait vrai si l'homme n'était qu'un témoin des faits ; mais il est une cause, le moi ne précède pas ses actes, la force et le mouvement sont simultanés. L'expérience ne peut expliquer ce principe, ni l'hérédité, qui existe pour l'intelligence comme pour les inclinations, à moins que l'on ne regarde la race humaine comme auteur de la formation et du développement de la nature intellectuelle. Autrement ce n'est qu'une généralisation téméraire d'un fait incontesté : l'hérédité. Même explication pour le principe de substance, qui n'est qu'une formule du principe de causalité, et qui s'énonce ainsi : il n'y a pas de qualité sans substance (nié aussi par les empiriques).

Principe de raison suffisante. — Ce principe est formulé ainsi par Leibniz : « Rien n'arrive sans qu'il y ait une raison pourquoi cela est ainsi plutôt qu'autrement. » La cause d'une chose est ce qui la rend réelle, sa raison est ce qui la rend intelligible. Tout a une raison compréhensible pour un esprit puissant et parfait. C'est une sorte d'article de foi, et Bossuet dit : « Le faux, c'est ce qui n'est pas. » Il vient de ce que nous remarquons que nos actes ne sont pas produits aveuglément, et nous affirmons l'intelligibilité universelle, principe absolu, universel, nécessaire.

Leibniz en dérive le principe de la moindre action, c'est-à-dire que tout se fait le plus simplement; puis le principe de continuité, qui fait qu'il n'y a pas d'hiatus dans l'univers; enfin le principe des indiscernables, qui fait que deux choses ne sont pas identiques.

Principe des causes finales. — Formulé ainsi par Aristote : « Ni Dieu, ni la nature ne font rien en vain. » Tout a une fin, comme tout a une cause; on agit dans un but, c'est pour lui que le mouvement se fait; il est donc une cause finale. Il dépend du principe de causalité. Ce qui n'a pas de fin n'a pas de raison d'être, et il n'y a entre eux qu'une opposition apparente. Les causes finales sont rejetées dans les sciences, admises en métaphysique, et reconnues nécessaires en physiologie par Claude Bernard. Ce qui a rendu suspect ce principe nécessaire, c'est cette erreur où nous ont mis les optimistes en affirmant que l'univers avait été fait pour l'homme. « Sans l'homme pourtant, dit Kant, la création serait inutile et sans but final. » Ceux qui nient les causes finales confondent les causes avec les moyens et ajoutent qu'il n'y a pas de fin dans la nature. Kant répond que la fin est un tout, cause de ses parties.

Principe des lois et de l'ordre. — Tout a sa loi, et il y a des lois. Ce principe dépend des précédents et repose sur eux. « La loi, dit Jouffroy, c'est le mouvement régulier vers la fin. » L'ordre se substitue à la loi qui semble avoir sur lui la priorité parce qu'elle a la force. Il y a des lois nécessaires qui comprennent tous les principes que nous étudions, et des lois contingentes qui règlent les rapports des choses entre elles : métaphysiques et logiques, naturelles et physiques; enfin la loi morale qui règle les actions de l'homme, qui oblige et ne contraint pas. Ainsi le principe d'ordre a partout son application : réalisé dans la pensée, il est le vrai ; dans la volonté, le bien ; enfin, traduit par des signes sensibles, il est le beau.

Principe d'identité et de contradiction. — Ce sont plus des lois de la pensée que des principes de l'existence. Ce qui est est, A est A ; la même chose est et n'est pas ; avoir ces deux conceptions simultanées, c'est mentir. Il en dérive le principe de l'exclusion du milieu : une chose est ou n'est pas, il n'y a pas de milieu. Ils sont d'un grand usage en mathématiques. Tous ces principes ou vérités premières sont d'une haute importance ; ils sont présents dans tous les actes de la pensée. Ils ont tous leur unité qui est la causalité.

Connaissance de l'infini. — La première fonction de la raison, c'est de prononcer des jugements nécessaires et absolus, et en cela elle est une faculté régulatrice. La deuxième est de montrer que les principes ne peuvent être nécessaires si leurs deux termes sont contingents. Il faut un terme au moins, et c'est ce terme qui exprime l'idée de perfection et d'infinitude. C'est la raison qui est l'intuition de l'infini ; l'intelligence, selon certains philosophes, atteint directement le moi, le monde et l'infini, trois réalités qui correspondent aux trois pouvoirs distincts de l'intelligence : conscience, sens, raison. Cette doctrine est vraie dans ses combinaisons, mais elle exagère le pouvoir de l'intuition qui ne saisit que nous-mêmes. Nous percevons le monde par les sensations, faits subjectifs ; les unes nous sont faites et nous les rapportons à des causes ou objets qui nous résistent ; l'infini nous donne des pensées ; les principes seraient des impressions faites sur notre pensée, impressions qui sont impérieuses et éclairantes. La raison n'a donc pas l'intuition de l'infini, elle le découvre par des inférences faciles et rapides. La raison nous donne la connaissance des principes de l'être parfait, et ne porte qu'une seule opération, la causalité universelle. L'infini, le parfait, l'absolu ne sont qu'une même chose : l'infini s'entend de la puissance, l'absolu est l'indépendance de la puissance ; le nécessaire se ramène à l'absolu, le parfait réunit en lui l'infini, l'absolu, le nécessaire. L'infini et le parfait ne sont qu'une même chose malgré une opposition apparente. Cette connaissance du parfait, Platon l'explique par la *réminiscence*.

Avant d'entrer dans ce monde les âmes ont vécu et contemplé les idées ; une fois tombées dans ce monde, elles voient les réalités d'ici-bas, espèces effacées des choses divines comme un portrait d'une personne. Descartes soutient que nous les avons en nous ; mais Locke dit qu'elles ne deviennent actuelles que par l'expérience. Les rationalistes (Malebranche, Fénelon, Cousin) disent que la raison est impersonnelle. On peut la regarder comme une parcelle de la raison divine ou comme une vue de l'infini. Kant la regarde comme une faculté personnelle et dit qu'elle a un objet hors de nous : c'est le criticisme, doctrine difficile à saisir. L'activité intellectuelle aboutit donc à trois objets distincts : le moi, le monde, Dieu. Voilà les trois idées que nous devons à la faculté de l'intelligence.

OPÉRATIONS INTELLECTUELLES

Les actes intellectuels ont pour effet l'acquisition des connaissances ; d'autres servent à garder les idées, à les lier par des associations, à les représenter sous la forme d'images mentales : ce sont des conceptions. Concevoir, c'est penser à un objet ou à un phénomène qui n'est pas actuellement perçu. Les conceptions diffèrent des perceptions en ce que celles-ci sont précédées de la sensation. Il y en a deux sortes : tantôt nous nous rappelons l'objet, tantôt nous nous le figurons : ce sont là des souvenirs et des fictions, faits qui constituent la mémoire et l'imagination.

Mémoire. — L'acte parfait de la mémoire est le souvenir; les *réminiscences* sont des souvenirs mêlés d'oubli; la *reconnaissance*, c'est la possession présente de la connaissance du passé. On se souvient des états de conscience antérieurs; « on ne se souvient que de nous-mêmes, » dit Royer-Collard. Les éléments du souvenir sont la rétention et la reproduction. La mémoire retient, mais peut reproduire. Elle est une aptitude; et c'est pourquoi on l'appelle habitude. Les conditions du souvenir sont cérébrales, métaphysiques et psychologiques. Le cerveau joue un grand rôle; pour se souvenir, il faut rester identique, et être attentif. Sans la mémoire pas d'intelligence, car pour inventer il faut se souvenir. « Elle fait durer la connaissance, » dit Garnier. En résumé, tous les éléments du souvenir ont leurs conditions dans l'*association des idées*, qui est une opération par laquelle un certain nombre de nos idées peuvent naturellement s'appeler et s'unir. Nos idées s'associent selon des rapports accidentels et des rapports rationnels; mais il faut que ces rapports aient été perçus par l'esprit. C'est pourquoi Ravaisson a pu dire que le principe de l'association et de la mémoire n'est autre que la raison. Quant aux variétés et inégalités de la mémoire, elles s'expliquent par les variétés et les inégalités de l'association des idées et de l'attention.

Imagination. — Nous avons distingué l'imagination de la mémoire. Beaucoup de souvenirs prennent la forme d'images, beaucoup d'actes aussi de la pensée sont accompagnés d'actes d'imagination. L'imagination prend des formes différentes, mais ces formes sont toutes des images. L'image des choses reste après la perception; on la voit par un acte mental qui s'accomplit à l'aide du cerveau. Elle demeure en nous, ou nous la reconstituons à notre gré. Le mot d'image doit s'entendre de toute chose perceptible. L'image ne va guère sans la sensation. En me figurant l'odeur de la rose, je vois la rose, etc. L'imagination est donc un pouvoir créateur. L'image est l'effet de l'énergie de l'esprit stimulé par la sensation. L'image reproduit l'image formée au moment de la sensation. La réviviscence de cette image est due à l'imagination. L'esprit crée l'image de l'objet, aliment de la pensée, fondement de toutes ses conceptions sur l'univers. Nous avons peine à penser sans images; aussi, quand nous sommes en face du moi, de Dieu, de la force, notre intelligence faiblit devant l'irreprésentable. Mais notre imagination est toujours créatrice.

La puissance imaginative est donc mêlée à la perception extérieure; l'image reste, mais elle s'est modifiée. J'ai vu le Louvre, je me le représente un peu différent. Je l'agrandis et le rapetisse à mon gré; mais mon intelligence distingue entre mon souvenir et ma fantaisie. Avec nos souvenirs et les images nous faisons des combinaisons égales au point de vue de la matière; nous nous figurons des montagnes d'or; des idées abstraites, le temps comme un vieillard armé d'une faux. De là les symboles, et aussi, soit dans la pensée, soit dans la nature, les types, perfection de l'espèce. Enfin nous arrivons à la création des œuvres d'art. L'imagination tient donc de près à la mémoire; elle est plus vaste, mais l'entendement est aussi plus vaste qu'elle : on entend l'universel, on n'imagine que le particulier. Ces deux puissances se contrarient : l'imagination surtout affaiblit le travail de l'entendement (cholériques imaginaires, stigmatisés volontaires).

Imagination dans ses rapports avec le beau. Fondements psychologiques de l'esthétique. — L'imagination, sous l'inspiration du beau, produit des conceptions originales. Le beau se connaît grâce à la condition de voir et d'entendre. Le paon nous charme par son plumage, le rossignol par son ramage. Un beau paon, un beau rossignol ne donnent pas l'idée de la beauté : c'est la pensée qui la saisit en réunissant dans leurs rapports le sensible et l'intelligible. L'esprit devine l'invisible au moyen du visible; il en saisit les caractères qui, au point de vue du beau, sont la puissance et l'ordre. Le beau n'existe dans un objet que si cet objet excite notre sympathie; comme notre sympathie n'a pour objet que nos semblables, la beauté vraie n'est que dans la nature humaine. Le beau n'est connu que s'il est senti. Saint Augustin dit : « Nous ne pouvons aimer que ce qui est beau. » On peut répondre : il n'y a de belles que les choses qu'on aime. Le jugement esthétique est donc l'œuvre commune de l'intelligence et de l'amour. La beauté connue procure de la joie. Un sentiment y mène, un sentiment en provient. La notion du beau est originale; elle est distincte de celle du vrai, de celle de l'utile; l'utile n'a pas de fin, et ce n'est qu'en Dieu que la science et l'art se confondent, en ce sens que l'un expire à cette hauteur, et que l'autre y atteint sa perfection. Le beau n'est pas non plus le bien, car beaucoup d'actions belles sont indifférentes à la moralité et réciproquement. Mais il y a des rapports entre le vrai, le beau, le bien. Il y a de la vérité dans la beauté, car l'art crée des types plus vrais que ses modèles, la vérité devient belle en prenant corps, et la beauté morale n'est pas un nom : la liberté et la vertu en donnent l'idée. Il est donc plusieurs sortes de beauté : la beauté des forces motrices, la beauté vitale, la beauté intellectuelle et morale. Le beau n'existe pas en soi : « les choses ne sont belles, dit Spinoza, que par rapport à mon imagination. » Il n'existe que dans un rapport et la perception de ce rapport. Il n'existe que s'il est connu, et il n'y en aurait plus s'il n'y avait plus de vivants. L'âme elle-même n'a de beauté que par ses actes ou ses paroles. La beauté n'est pas l'objet de la raison pure; elle provoque seulement des pensées morales et religieuses, mais elle n'est pas Dieu ni un attribut de Dieu. Pour feindre que

Dieu est beau, il faut l'humaniser ou le regarder comme l'âme de l'univers. En le mettant au-dessus de la beauté, on le met au-dessus de toute imperfection.

Le beau explique le joli qui en est le diminutif, le sublime qui en est l'excès, et le laid qui en est le contraire. Le rire se concilie avec le beau dans la nature et entre dans l'art, dans la comédie et le roman; mais sa valeur esthétique est presque nulle, quand le rire est éclatant. Il y a un rire de l'esprit, qui s'égaie en lui-même et que l'art comique aspire à provoquer.

Invention dans les beaux-arts. — Le souvenir d'un bel objet laisse dans l'âme une image qui, se perfectionnant, devient un modèle que l'on suit pour juger de la perfection des choses de la nature et de l'art, c'est un idéal qui est l'œuvre de l'imagination. Il diffère de l'absolu, car il y a autant de formes innées d'idéal que de genres et d'espèces dans la nature et l'intelligence. L'idéal n'est pas non plus la fiction, car, bien qu'imaginaire, il a un fondement réel. Il est une conception de la vérité et l'embellit sans la dénaturer.

Certains hommes ont le don naturel et acquis d'exprimer ce que chacun pense du beau, et de parfaire ses conceptions incomplètes; le premier don est le génie; le deuxième, le goût. Avoir du goût, c'est donc apprécier la beauté. Le génie l'invente; il fait l'éducation de la conscience esthétique.

L'attribut le plus original du génie est l'invention des moyens d'expression, la vue instinctive et sûre des rapports de l'idée avec les signes. C'est l'alliance de la raison supérieure et de l'imagination. Son caractère est l'inspiration, sentiment qui vivifie l'invention. Dans l'inspiration la part du sentiment est grande, grande aussi celle de la volonté. Sans le travail personnel voulu, l'homme de génie, quel qu'il soit, serait un produit du hasard qu'on n'admirerait pas plus qu'un bel arbre. « C'est une longue patience, » dit

Buffon. L'expression du beau est le but des beaux-arts. Qu'on exprime la beauté de la nature en l'imitant, de l'idéal en l'imaginant, il y a toujours création. « L'imagination, dit Maine de Biran, crée en imitant et imite en créant : deux procédés pour interpréter la nature : le réalisme ou naturalisme et l'idéalisme. » L'idéalisme embellit la nature en l'interprétant; « il l'humanise, » dit Malebranche; le naturalisme la copie servilement; aussi a-t-il donné une place au laid et au grotesque. Les beaux-arts sont divers suivant les signes qu'ils emploient pour manifester la beauté. L'architecture exprime la force et aussi quelque idée morale. La sculpture est l'expression la plus achevée de la beauté; comme la peinture, elle supprime le temps et les mouvements, mais ne traduit pas comme elle les accidents simultanés d'une seule action. La poésie est plus claire et plus immatérielle. La musique est riche et pauvre à la fois; elle émeut, mais ne suscite pas d'idées précises, art immatériel et sensuel; soutenue par la parole, elle traduit le sentiment avec plus de précision. Ainsi l'esthétique, fondée sur la psychologie, montre comment l'âme s'initie à la beauté.

Jugement et raisonnement. — Les opérations intellectuelles décrites précédemment sont autant de manières de juger, autant d'affirmations. Donc le jugement, qui, selon Aristote, consiste à affirmer une chose d'une autre, les résume toutes. Pour juger il faut des idées. Il faut distinguer aussi l'acquisition des idées de l'acte qui saisit leur rapport. L'*appréhension* précède donc le jugement. Toute idée nous est donnée d'abord dans un jugement; elle sert ensuite à en produire d'autres, et suit donc le jugement ou le précède. Il y a des jugements immédiats et intuitifs (je souffre); les autres sont médiats et discursifs (les trois angles d'un triangle valent deux droits). A un autre point de vue, on distingue les jugements de la conscience, de la perception et de la raison. On divisera les jugements comme les facultés : jugements d'expérience ou de raison, contingents ou nécessaires, universels ou particuliers, analytiques ou synthétiques, *a posteriori* ou *a priori*.

Le *raisonnement* est une manière de juger en se fondant sur d'autres jugements, ou encore de tirer une connaissance d'une autre où elle se trouve implicitement contenue. En ce sens tout raisonnement est une déduction : déduire, c'est découvrir entre deux idées un rapport qui n'est pas évident à première vue, en les comparant à une troisième idée qui ait avec elles un rapport déjà connu. Descendre de ce qui est général à ce qui l'est moins, c'est déduire ; s'élever du particulier au général, c'est induire : voilà les deux façons de raisonner. L'induction ressemble à la *généralisation*. L'homme pense tout sous forme générale, mais il s'élève au général par un travail de la pensée opérant sur des données individuelles ; il l'atteint aussi par l'intuition. Les idées générales expliquent tout. Pour généraliser il faut plusieurs opérations, qui sont la perception, la mémoire, l'analyse, l'abstraction, la combinaison, l'expression. L'observation assemble les faits, la mémoire retient les résultats de l'observation, l'analyse décompose l'objet en ses éléments pour savoir ceux qui ont des rapports avec la perception antérieure, ce qui exige de plus une comparaison ; on combine ensuite les caractères communs, abstraits des autres ; enfin on exprime toutes ces opérations par un nom (fleur, par exemple) qui restera, et l'on a une idée générale. Il y a autant de sortes d'idées générales que de façons de penser ; puis divers degrés de généralité des idées : espèce, genre, classe, famille, etc. On appelle *compréhension* la somme des caractères contenus dans une unité générale (arbre), et *extension* le nombre des choses auxquelles elle peut s'attribuer (chêne, if, etc.). Tout ce qui précède montre l'importance de la généralisation : sans elle pas de science, puisque la science n'est que de l'universel ;

pas d'esprit philosophique, puisque cet esprit rapproche les résultats des sciences.

Nous avons déjà nommé l'*abstraction*. C'est une opération par laquelle nous séparons mentalement d'un tout un ou plusieurs éléments qui en sont inséparables. Elle se distingue de l'analyse et de la division. Analyser un bloc de marbre, c'est isoler les corps simples qui le constituent et donner la loi de leur combinaison. Le diviser, c'est simplement le couper en morceaux. L'abstraction est naturelle à notre intelligence, elle est un procédé scientifique qui simplifie l'objet à connaître. Le penchant à abstraire peut devenir dangereux, en faisant prendre des idées abstraites pour des réalités. C'est la cause de certains mythes qui personnifient des qualités : Jeunesse, Guerre. Toute idée générale est abstraite ; mais toute idée abstraite n'est générale que grâce à une perception antérieure.

VOLONTÉ

De l'instinct et de la volonté. — L'activité est le nom commun de toutes les facultés, qui sont diverses manières d'agir ; mais l'action complète comporte un mouvement organique et passe au dehors ; elle s'exprime par le mouvement, et la force motrice, que nous avons nommée une faculté, est le pouvoir exécutif. L'activité extérieure n'est que l'effet visible de l'activité intérieure ou jeu harmonieux des facultés de l'âme. Il y a cependant quelque chose de passif en nous. Mais l'activité se retrouve au fond de la passivité même : « Un être, dit Condillac, est actif ou passif suivant que la cause de l'effet produit est en lui ou hors de lui. » S'il s'agit de l'homme, la cause des effets est toujours en lui.

L'activité psychologique a trois formes : l'*instinct*, la vo-

lonté et l'*habitude*. On appelle surtout instincts des mouvements, des actes de la force motrice accomplis sans réflexion et sans volonté, comme sous l'impulsion d'un stimulant. Ils sont nombreux chez les animaux et les enfants. Comment les caractériser? Dans l'acte primitif l'action vient de nous, elle n'est pas nettement conçue, on n'en a qu'une conscience très vague, et l'instinct atteint sûrement son but. Voilà comment l'activité instinctive diffère de l'activité volontaire qui, elle, est éclairée par la conscience, conçoit son but, choisit les moyens et retient, à son gré, ou déploie sa force. L'activité volontaire ou volonté est le tout de l'homme, car nos facultés ne font rien d'efficace ou de grand que sous la forme volontaire. Elle leur donne leur perfection, est la cause principale de la personnalité; on ne peut, en effet, vouloir sans connaître sa puissance, ni décider librement un acte dont on n'a pas l'idée.

L'analyse d'un acte volontaire montre que la conception de l'acte à produire implique la conscience de la volonté, que pour vouloir il faut se posséder, et que pour se posséder il faut se connaître. Sans cela, il est impossible de se décider, de se déterminer et de se résoudre; trois termes marquant que l'action de la volonté est tout interne. La décision n'est du fait ni de l'intelligence, ni de la sensibilité; elle est donc la création originale de la volonté et, par suite, de la liberté. La volonté est tantôt répressive, comme dans la possession de soi-même, tantôt impérative, comme dans l'action. La volonté ne se forme pas soudainement; la réflexion l'accompagne. L'âme va d'une conscience presque imperceptible à la réflexion la plus intense et de l'acte instinctif à l'acte volontaire : l'instinct et la volonté ont quelques points de ressemblance, car l'instinct comporte une sorte de conscience, puisqu'il est un acte du moi. C'est ce que Cousin appelait la *liberté spontanée*, explication qui laisse la difficulté entière. La volonté est un pouvoir qui lutte, qui plie l'intelligence, réprime la passion. Ces trois pouvoirs ne sont pas des forces hétérogènes ; la volonté, c'est l'activité humaine devenue morale, c'est le moi complet : « vouloir est notre être, et la volonté est infinie, » dit Descartes, car elle n'est pas impuissante ; c'est notre intelligence qui est courte ; la passion aveugle nos organes faibles. La volonté se confond souvent avec la *force motrice*, faculté qui devient aisément volontaire : beaucoup de nos mouvements instinctifs deviennent volontaires, et beaucoup de mouvements volontaires deviennent habituels à force d'avoir été voulus. La volonté et la passion se ressemblent beaucoup aussi : désirer et vouloir ont des analogies que le langage consacre. Pareillement entre la volonté et l'intelligence qui devient une même chose quand elle est dirigée et concentrée par l'attention, acte d'intelligence volontaire, nécessaire à la connaissance et comprenant tous les actes particuliers des facultés secondaires de l'intelligence : observer, réfléchir, se rappeler, etc. Le résultat total du pouvoir volontaire est la formation de la personnalité. La personne est une force qui se dirige, se connaît, s'affirme en face des résistances. Chaque faculté contribue à la créer : les inclinations aiguillonnent l'action : la conscience et l'intelligence nous révèlent notre pouvoir, nous en montrent la fin et les moyens propres à l'atteindre ; la sensibilité nous avertit quand nous nous égarons ; enfin la force motrice exécute l'acte et écarte les obstacles extérieurs, comme la volonté, les obstacles intérieurs. La volonté nous fait entrer dans le règne de la moralité et mérite bien le nom de pouvoir personnel. La liberté est ainsi pour nous un moyen et une fin ; nous nous servons d'elle pour conquérir davantage et nous affranchir entièrement.

La liberté. — La liberté, telle qu'on l'entend ici, est

le pouvoir de vouloir, elle est identique à la volonté. C'est la liberté morale, et, pour l'étudier bien, nous devons : 1° constater la liberté par l'observation; 2° recueillir d'autres faits certains qui la supposent et en dépendent; 3° examiner si elle se concilie avec d'autres vérités qui semblent la contredire. Pour vouloir, il faut concevoir l'acte, le projeter, être désireux de l'accomplir ou de s'en abstenir, se recueillir, délibérer, se décider et exécuter. C'est l'analyse d'un acte pleinement libre. Mais on peut ne pas exécuter, et c'est dans ce sens que la liberté est le pouvoir des contraires. Quand j'agis, j'ai la conscience que je suis la cause de mon action, que cette cause est libre, et que cette action est soumise à mon consentement. Il y a donc identité de la causalité avec la liberté dans la conscience. Cette observation a été contredite souvent, mais elle est très forte. Spinoza dit que nous avons conscience du fait et nous en ignorons les causes; c'est faute de mieux que nous le rapportons à nous. Mais n'est-ce pas parce que nous savons que nous sommes des causes? L'argument de Bayle, montrant une girouette qui désire tourner, est sans valeur.

L'observation de la nature humaine et de la vie privée ou publique confirme cette donnée de la conscience. Certaines actions possibles sont ordonnées et d'autres défendues par des lois morales : les accomplir est un bien, les négliger un mal. Cette conviction est celle de notre liberté, solidaire de la loi morale. Un être non libre ne connaîtrait pas l'obligation, le remords, l'estime, etc., ni la responsabilité : toute la conscience morale repose sur l'affirmation de la liberté. Les institutions sociales s'appuient sur les mêmes principes : les droits, les devoirs, idées inséparables de celles de punitions et de récompenses. Tout cela est du domaine de la morale; comme aussi ces pratiques universellement admises et n'ayant pas d'autres fondements : serments, contrats, conseils, etc. Les preuves indirectes confirment la certitude de la liberté. Les fatalistes, qui nient cette liberté, seraient moins nombreux, si la liberté pouvait se concilier facilement avec d'autres faits tenus pour constants. Outre le fatalisme, d'autres doctrines nient la liberté : 1° le *scepticisme*, qui doute des choses les plus certaines et nie le principe de causalité; 2° le *matérialisme*, qui réduit toute activité à des mouvements; 3° le *panthéisme*, qui enferme l'homme, l'univers et Dieu dans l'unité d'une force également nécessaire. Si on introduisait le libre arbitre dans ces systèmes, ils s'écrouleraient.

Le *fatalisme*, seule doctrine à examiner ici, s'appuie sur des vérités scientifiques qui paraissent contredire la liberté, et sont autant de difficultés.

Difficultés physiologiques. — La physiologie, qui transforme toute l'activité morale et intellectuelle en fonctions du système nerveux, assimile la volonté à la loi des actions vitales. Il est certain que l'état du cerveau, le tempérament, le climat, le régime, l'hérédité agissent sur le corps et sur l'âme, font que les hommes n'usent pas semblablement de la liberté. Mais observer que la liberté a des conditions organiques, ce n'est pas affirmer qu'elle est un mouvement cérébral.

Fatalisme historique. — Une deuxième difficulté vient de l'histoire, qui paraît une démonstration perpétuelle de la fatalité, puis de la philosophie de l'histoire, qui regarde le développement de l'humanité comme fait d'après un ordre inflexible; enfin de la statistique qui, s'appuyant sur la loi des grands nombres, établit que chaque année il y a uniformité dans les actes saillants d'une nation (tant de crimes, etc.). Mais, parmi les changements, il en est qui sont dus à la liberté; c'est elle qui décide le plus souvent du sort des nations et de l'individu. Une autre difficulté résulte du *déterminisme*-mécanique, qui établit entre les causes et les effets un enchaînement fatal. Cette doctrine a été réfutée à propos du principe de causalité. Reste le principe de la conservation de la force ; mais, quand je veux, je crée ma résolution, et la liberté ne se définit pas : le pouvoir de créer de la force physique.

Difficultés psychologiques. — La véritable objection psychologique vient de l'intervention de l'intelligence dans les actes volontaires ; pas de liberté sans réflexion, ni délibération. On se décide en vue d'une fin et pour des motifs : la fin, nous ne faisons que l'apercevoir, les motifs sont indépendants de notre volonté ; nous cédons fatalement à un motif. C'est un déterminisme psychologique. On répond qu'on peut vouloir sans motif : exemple, la *liberté d'indifférence*, qui s'explique par la liberté spontanée (d'Assas) ; mais la liberté d'indifférence et la liberté spontanée supposent même des motifs et la réflexion. Les motifs d'agir nous appartiennent, on n'obéit donc qu'à soi-même (Ravaisson). On en pourrait dire autant des inclinations. Fouillée dit que « dans les motifs il y a une idée de liberté. » Jouffroy simplifie en distinguant les *motifs* (idées) des *mobiles* (passions). Les motifs qui ne sont pas les causes, ne contraignent pas, car il y a toujours une délibération avant l'acte. Ainsi donc l'influence des motifs sur la liberté n'est pas une question résolue.

Difficultés théologiques. — La liberté est incompatible avec la prescience divine et la providence. Si Dieu connaît nos résolutions, elles nous sont dictées ; s'il ne les connaît pas, il n'est pas souverainement intelligent ; de même, sa providence ayant tout réglé, nous ne pouvons rien changer. Les philosophes et les théologiens ont cherché à résoudre cette antinomie en sacrifiant généralement un des deux termes. Voici la réponse la moins défectueuse : l'homme peut être libre sans avoir le pouvoir de rien changer à des lois établies; quant au mot *prescience*, il ne convient pas à Dieu qui est au-dessus du temps et ne dure pas. Son intelligence est tout entière à la fois; c'est une sorte d'intuition qui embrasse la réalité totale. Il voit nos actes tous ensemble et en même temps, sans qu'ils soient produits d'un seul coup. Il ne les détermine pas, il nous voit agir librement. Nous n'agissons pas parce qu'il le sait, mais il le sait parce que nous agissons : deux vérités certaines, mais inégalement frappantes, parce que de notre côté tout est clair, parce que nous savons mal ce qu'est une force parfaite. « Il faut donc, comme dit Bossuet, tenir fortement les deux bouts de la chaîne, quoiqu'on ne voie pas le milieu par où l'enchaînement se continue. »

De l'habitude. — Nos actes ne sont pas du premier coup ce qu'ils deviennent à la longue; ils se modifient en se répétant (marcher, écrire, lire, etc.), deviennent plus faciles et plus rapides : ce sont des actes d'habitude. Beaucoup de choses que nous croyons naturelles sont acquises. Renoncer à ses habitudes, c'est souffrir. Nous éprouvons le besoin de les accomplir. « Les habitudes, dit Malebranche, s'acquièrent et se fortifient par des actes; les actes produisent les habitudes, et les habitudes les actes. » « L'habitude, dit Aristote, se forme peu à peu par suite d'un mouvement qui n'est pas naturel et inné, mais qui se répète fréquemment. » Voilà la condition de l'habitude. Comme notre vie est une perpétuelle imitation du passé, l'habitude est la forme définitive de notre activité. Le progrès de l'habitude n'est pas indéfini, et on ne s'habitue qu'à des états conformes à notre nature. La répétition est la condition de la formation des habitudes : c'est la volonté qui détermine la répétition et en est la cause. L'habitude ne va pas sans l'intervention de la volonté, autrement les animaux auraient une volonté. L'habitude n'est pas l'instinct. L'habitude fortifie tout ce qui est volontaire et laisse périr ce qui ne l'est pas. La sensation s'émousse à la longue, et la perception devient plus active ; la volonté est présente dans tous nos actes, si bien que nous sommes responsables de nos habitudes ; c'est ce qui fait la moralité de l'habitude. Les habitudes sont-elles des instincts héréditaires? Non, car l'habitude suit toujours un premier fait, et l'on ne peut donner le même nom à des faits analogues notés chez les végétaux et les animaux qu'aux faits de la vie spirituelle : « une pierre, dit Aristote, si souvent qu'on la jette en l'air, ne s'accoutume pas à s'y élever. » L'habitude a donc la même sphère que la volonté, et ses effets sur la vie psychologique sont les mêmes que sur la personnalité. Les habitudes les plus visibles sont celles de la force motrice ; tout art, tout métier est une habitude contractée. De là viennent les spécialités. La sensibilité a ses habitudes : les répugnances ou les goûts se fortifient par l'habitude (tabac, opium, alcool, etc.). Il y a aussi un amour des habitudes qui devient l'esprit de routine. Toutes les opérations intellectuelles sont des habitudes, sauf l'intuition. La réflexion devient une habitude, la mémoire aussi ; les associations en viennent ; enfin la généralisation, le raisonnement et les méthodes sont des habitudes intellectuelles. Il y a aussi les habitudes de la volonté : s'habituer à vouloir, c'est s'habituer à agir : de là les bonnes et les mauvaises habitudes, les vertus et les vices. Il faut retenir de tout cela que l'habitude conserve, et conclure qu'elle est nécessaire à un être destiné au progrès et qui participe à sa propre évolution.

Rapports du physique et du moral. — L'âme forme avec le corps un tout naturel ; elle agit sur lui, il agit sur elle. Il y a donc une mutuelle dépendance des phénomènes intellectuels et moraux et des phénomènes physiologiques aussi évidente qu'inexplicable. Dans la vie sensitive, le rôle des faits organiques est considérable ; dans la vie intellectuelle, les actions mentales sont prépondérantes. De ces deux séries la sensation et la volonté marquent les points extrêmes, et entre elles se placent des actions où les deux éléments se mélangent. Les actions physiologiques prédominent dans la sensation, dans le plaisir et la douleur. Mais la mémoire et l'imagination appartiennent en partie à la vie sensitive. Ce qui le prouve, ce sont les maladies qui éteignent la mémoire, la fièvre qui paralyse l'imagination. Les passions marquent le point culminant de la vie sensitive ; cette vie sensitive n'est pas séparée de l'exercice de l'intelligence et de la liberté ; par elle l'âme subvient aux besoins du corps. Elle sert aussi au progrès de la pensée. Elle est donc une initiation.

Dans la vie intellectuelle, les phénomènes psychologiques prédominent, et les phénomènes physiologiques s'effacent. Ils s'y trouvent encore, quoique invisibles, car c'est par l'intermédiaire du cerveau que nous pensons. Dans la pensée prolongée, la volonté exerce un effort sur lui. Avec les physiologistes, nous disons que le cerveau est l'organe de la vie consciente.

Où se localisent maintenant les actions cérébrales ? La science ne l'a pas encore démontré ; toutefois ses recherches montrent que l'homme pense par le cerveau. Mais la réaction du moral sur le physique est bien plus visible. Cela a été démontré à propos des opérations intellectuelles : c'est par le cerveau que le moi tient le corps. Saint Thomas disait que l'âme est partout dans le corps ; et à la question de l'ubiété de l'âme posée par Leibniz on peut répondre que le point par où l'âme agit sur le corps est le cerveau ou une partie du cerveau. Et pourtant n'y a-t-il pas une vie contemplative, affranchie de l'influence des organes ? Des pensées sans organes ? Cette question ne comporte pas une solution raisonnée : il faudrait, pour la résoudre, se placer en dehors de l'existence, et la définition d'Aristote, que « la pensée est la pensée de la pensée, » suppose encore l'acte d'un homme vivant; mais cet état très rare n'a plus d'objet matériel. Les actions cérébrales et mentales sont connexes : Tyndall dit que, étant donné l'état du cerveau, on *pourrait* en déduire la pensée ou le sentiment correspondant et réciproquement. Ces deux faits ne peuvent être saisis dans leur connexion ; les premiers ne sont pas les causes des seconds ; il y a entre eux une relation et non une identité. Etudier les rapports du physique et du moral constitue une science intermédiaire entre la physiologie et la psychologie, et qui se nomme *psycho-physique*. Jusqu'ici elle n'a opéré que sur la sensation ; mais il faut expérimenter sur l'excitation qui la produit et rechercher le rapport entre l'un et l'autre. Toutes les recherches faites pour établir ce rapport n'ont rien produit de certain. Cette science, inventée en 1860 par Fechner et soutenue en France par M. Ribot, n'est encore qu'à l'état embryonnaire.

La connexion des phénomènes de conscience et des phénomènes psychologiques est établie par l'hérédité, le sommeil, les rêves et la folie. Le sommeil, fait physiologique, est dû à une dépense de la force nerveuse et a pour vraie cause un ralentissement de circulation cérébrale. Il y a le demi-sommeil et le sommeil plein. Dans celui-ci nous vivons sans le savoir ; dans le premier les perceptions sont affaiblies sans être abolies. L'homme endormi n'a plus que le pouvoir d'imaginer : les images naissent par associations ; c'est la fantaisie qui les relie par des liens souvent frêles et factices. Les rêves naissent des dernières pensées de la veille ou des sensations éprouvées en dormant. La cause du sommeil psychologique vient donc de la disparition de la réflexion. La vie spirituelle alors comporte l'effervescence du sentiment : nous éprouvons des plaisirs, des douleurs. Et le fond de cette stérile vie imaginaire est composé de souvenirs. Nous rêvons de ce qui nous occupe le plus (voy. Lucrèce) ; mais la vie mentale n'est jamais suspendue. Le sommeil artificiel (somnambules, magnétisés, hypnotisés) ressemble en partie au sommeil naturel. Il y a en plus une exaltation de certaines facultés et en particulier de l'imagination. La folie est une maladie cérébrale avant d'être un trouble mental. On sait ce qui la produit. Il y a de l'analogie entre la folie et le rêve; le fou rêve tout éveillé. Les perceptions qui se mêlent à ses conceptions délirantes les entretiennent au lieu de les réduire, parce qu'elles sont jointes à des hallucinations et que le fou ne les en distingue plus. Il n'est pas sans conscience, mais a perdu la notion des rapports entre lui et la réalité. S'il n'est trompé que sur un genre de perceptions, ce sera un monomane. Le fou, ne se possédant pas (puisqu'on dit *aliéné*), n'est pas responsable. On le respecte et on le soigne parce qu'il peut redevenir une personne.

CHAPITRE IV

Logique[1].

> Je voudrais, pour ceux qui débutent, un cours de logique plus pratique que théorique, où l'esprit fût fortement exercé à diviser et à combiner les idées en des matières intéressantes et instructives.
> (BAUTAIN.)

> L'habitude d'une logique subtile et précise a contribué plus qu'on ne croit au progrès de la bonne philosophie.
> (CONDORCET.)

Définition. — La logique est à la fois une science et un art : elle est la science des lois et des procédés de l'entendement humain, autrement dit des méthodes, et elle est aussi l'art d'appliquer correctement ces méthodes dans la recherche de la vérité.

La vérité. — En dehors de nous la vérité est ce qui

---

1. Nous avons suivi, pour ce chapitre, MM. Joly et Liard.

est ; dans notre esprit, c'est la conformité de notre jugement avec ce qui est. La vérité en pédagogie, c'est cette science même, l'étude de la double nature de l'enfant et les lois de développement des différents pouvoirs dont il est doué, par l'éducation et l'instruction. — La vérité a pour contraire l'*erreur*[1], qui est la non-conformité de notre jugement avec ce qui est. Entre les deux il n'y a aucun milieu, bien que toute erreur renferme une part de vérité sans quoi elle serait incompréhensible. M. Rabier la compare à une plaque photographique qui ne reproduirait pas le modèle. Elle est dans l'affirmation, non dans l'idée. C'est pourquoi l'homme doit rechercher la vérité.

Criterium de la vérité : l'évidence. — En la recherchant, il peut la reconnaître à une marque distinctive qu'on appelle criterium et qui est l'évidence, seule autorité que puisse admettre la raison. Car l'évidence est la clarté avec laquelle une chose se présente à nous telle qu'elle est. Aussi à l'évidence correspond la *certitude*, état de l'esprit qui acquiesce nécessairement à une vérité évidente.

On distingue plusieurs sortes d'évidence et, par conséquent, de certitude, parce qu'il y a plusieurs sortes de vérités, et qu'à ces différentes vérités correspondent des facultés diverses : 1° l'évidence du *fait sensible*, fondement de la certitude physique et garantie des sciences physiques et naturelles ; 2° l'évidence *rationnelle*, qui produit la certitude rationnelle ou métaphysique, certitude qui s'attache aux principes de la raison et aux axiomes ; 3° l'évidence de la *conscience*, qui donne la certitude morale, certitude qui découle de différents points de doctrine ou de pratique sans l'aide du raisonnement ni de l'autorité.

Fondement de la certitude. — Notre esprit distingue-t-il une résistance faite à sa propre activité par une

---

1. Voy. *Sophisme.*

force qui ne dépend pas de lui et qui se rencontre avec la sienne? Voilà la certitude physique. Se sent-il opposant une volonté invincible à la scission qu'opérerait en lui l'adoption de deux jugements contradictoires? Voilà la certitude morale. Reconnaît-il qu'il est attiré vers l'idéal, vers l'infini? Voilà la certitude rationnelle et morale. C'est donc dans la conscience que l'homme trouve sûrement soi-même, la matière et Dieu ; c'est là qu'est la source de toute certitude.

Caractères de la certitude. — La certitude est, comme l'évidence, absolue et sans degrés. Elle ne saurait donc être confondue avec la probabilité, l'opinion, la possibilité et le doute, mots dont on trouvera une explication suffisante dans le dictionnaire. Pour le dogmatisme, le probabilisme et le scepticisme, systèmes dont l'exposition nous éloignerait du but que nous poursuivons, le lecteur consultera utilement l'histoire de la philosophie. Convaincu que la vérité existe et nous est accessible, nous ne devons ici qu'indiquer les moyens d'y arriver.

LA MÉTHODE EN GÉNÉRAL. L'ANALYSE ET LA SYNTHÈSE.

La méthode est l'ensemble des procédés que doit suivre notre intelligence dans la recherche et la détermination de la vérité. Mal dirigées, les forces de l'intelligence se dissiperaient sans profit. Aussi l'art de découvrir la vérité, dit Fontenelle, est-il plus précieux que la plupart des vérités que l'on découvre. La méthode générale a été formulée par Descartes dans ces quatre préceptes :

« 1° Le premier était : de ne recevoir jamais aucune chose pour vraie que je ne la connusse évidemment être telle; c'est-à-dire d'éviter soigneusement la précipitation, et de ne comprendre rien de plus en mes jugements que ce qui se présenterait si clairement et si distinctement à mon esprit que je n'eusse aucune occasion de le mettre en doute ;

» 2° Diviser chacune des difficultés examinées en autant de parcelles qu'il se peut et qu'il est requis pour les mieux résoudre ;

» 3° Conduire par ordre ses pensées en commençant par les objets les plus simples et les plus aisés à connaître, pour monter peu à peu, comme par degrés, jusqu'à la connaissance des plus composés et supposant même de l'ordre entre ceux qui ne se précèdent point naturellement les uns les autres ;

» 4° Faire partout des dénombrements si entiers et des revues si générales, qu'on soit assuré de ne rien omettre. » (*Discours sur la méthode.*)

Analyse et synthèse. — Ainsi, décomposer un ensemble en ses parties et reconstituer cet ensemble en retrouvant l'ordre des parties, voilà les deux opérations fondamentales de toute méthode. C'est d'abord l'analyse, puis la synthèse. Elles s'appliquent à l'étude des faits et à l'étude des idées : de là l'analyse et la synthèse expérimentales, et l'analyse et la synthèse rationnelles. Lorsqu'il s'agit de faits à connaître, l'analyse décompose un tout en ses parties, remarque les rapports de chaque élément avec ceux qui le touchent, et prépare ainsi la synthèse, qui est la science même, tandis que l'analyse n'en fournit que les éléments. Dans l'ordre des idées, l'analyse part de la question même à résoudre et la décompose en ses propositions élémentaires. La synthèse pose une proposition analogue à l'une de celles où aboutit l'analyse, puis y rattache des propositions parmi lesquelles doit se trouver celle que l'on veut établir. La différence de ces deux procédés est dans la nature du point de départ. Ils se complètent donc l'un l'autre ; ils se vérifient l'un par l'autre et sont soumis à ces deux règles : ne rien omettre et ne rien supposer. L'analyse et la synthèse se retrouvent en détail dans les deux grandes méthodes si fréquemment suivies en pédagogie : la méthode déductive et la méthode inductive [1].

MÉTHODE DÉDUCTIVE

La méthode déductive a pour but de découvrir les vérités contenues dans d'autres vérités déjà connues. Or la psychologie nous montre que la déduction a pour condition et pour principes [2] les axiomes et les définitions. Nous avons donc à donner ici les règles des axiomes, des définitions, de la déduction proprement dite et des formes qu'elle revêt.

Les axiomes. — Un axiome est une vérité évidente par elle-même, qui par conséquent n'a pas besoin d'être démontrée et sert à la démonstration d'autres vérités. Ce sont les types les plus parfaits de l'évidence, auxquels toute science de raisonnement ramène ses propositions. On distingue des axiomes les *postulats*, propositions identiques à des axiomes et demandées pour établir une démonstration. Il ne faut poser comme axiomes que des vérités évidentes par elles-mêmes et ne pas chercher à les démontrer.

La définition. — La définition est l'explication de la nature d'une chose par l'énonciation de ses principaux attributs [3] ; autrement dit : Définir, c'est déterminer la circonscription d'une idée. Si les axiomes sont les conditions du raisonnement déductif, les définitions en sont les principes. De la définition d'une figure la géométrie tire toutes les propriétés de cette figure, de même l'arithmétique de la définition d'un nombre. Puisque la définition nous donne

---

1. Tout ce que nous disons ici des méthodes se trouve confirmé dans tous les manuels de pédagogie par un chapitre spécial sur les *Méthodes*.
2. Voy. *Psychologie*, p. 84.
3. Voy. *Rhétorique*, la définition littéraire.

en abrégé toute la nature d'un être, il est facile avec elle de reconnaître quelles sont les idées que cette idée contient et quelles sont les idées qui la contiennent. N'est-ce pas là tout le raisonnement déductif[1]? Condillac a donc raison de dire que la définition est une analyse.

Quand il s'agit de connaître des êtres complexes comme le sont presque tous ceux qu'étudient les sciences morales et les sciences de la nature, la définition suppose l'emploi de presque toute la méthode inductive ; elle en résume les découvertes pour que la déduction puisse en tirer toutes les conséquences sans avoir besoin de recommencer indéfiniment les observations et les expériences. Dans ce cas la définition est un trait d'union entre les deux méthodes.

En conséquence, il faut finir par les définitions dans les sciences inductives : physique, chimie, géologie, botanique, zoologie et histoire ; il faut commencer par elles dans les sciences déductives : arithmétique, géométrie, mécanique et algèbre ; enfin, dans les sciences qui emploient tour à tour l'une et l'autre méthode, il faut la placer au milieu : psychologie, pédagogie, morale, logique, politique[2], etc.

Caractères de la définition. — Elle doit être courte et claire. Elle doit aussi être réciproque. Exemple : L'homme est un animal raisonnable, l'animal raisonnable est l'homme. Pour cela, il faut qu'elle s'applique à tout le défini et au seul défini, but auquel on arrive en définissant par le genre prochain et la différence spécifique. Exemple : Un losange est un quadrilatère, mais un quadrilatère qui a ses côtés égaux. On le distingue ainsi du parallélogramme, qui est aussi un quadrilatère.

La division. — La division est une proposition dont

---

1. Voy. *Psychologie*, p. 84.
2. Il ne faut pas voir ici une contradiction avec ce qui a été dit, page 16, de la nécessité de commencer la plupart du temps la dissertation par une définition, soit géométrique, soit littéraire. Il s'agit ici de la constitution et de l'enseignement d'une science et non d'un développement à faire. Voy. *Méthode dans les sciences.*

l'attribut développe l'extension du sujet ; c'est l'énumération des objets auxquels s'étend une idée. Elle supplée souvent la définition quand celle-ci est difficile. Elle doit être entière, c'est-à-dire que la somme des parties doit être égale au tout ; distincte et irréductible, c'est-à-dire qu'aucun des termes ne doit rentrer dans l'un des autres.

La déduction. — La déduction consiste à tirer des principes acquis par la généralisation ordinaire [1] ou par la science expérimentale un certain nombre de conséquences. Elle se ramène à trois propositions : La première pose le principe général, c'est-à-dire le type connu, le genre ou la loi dans laquelle doit rentrer l'inconnu. La deuxième fournit les données de la question, c'est-à-dire les caractères qui peuvent faire rentrer l'inconnu dans le genre posé par le principe général. La troisième tire la conséquence, c'est-à-dire affirme que l'objet en question a les caractères essentiels du genre dans lequel il rentre. Exemple : La géographie est-elle utile ? J'avance comme principe général : Tout ce qui étend l'expérience personnelle est utile. Puis, j'expose les données de la question : Or, la géographie étend l'expérience personnelle. Enfin, dans la troisième proposition, je conclus : La géographie est utile.

Les règles de la déduction sont : 1° que le principe ait une généralité véritable et bien déterminée ; 2° que les données soient exactes et suffisantes ; 3° que la conséquence soit contenue dans le principe général et conforme aux données.

La démonstration. — Toute démonstration est une déduction qui part de principes vrais et aboutit à des conséquences vraies, en faisant voir que la vérité des conséquences est contenue dans la vérité des principes.

Les règles de la démonstration sont celles de la déduction,

---

1. Voy. *la Généralisation en psychologie*, p. 81.

avec cette différence : tandis que, dans la déduction, le principe général peut être faux, il est nécessaire que dans la démonstration le principe soit évident par lui-même ou qu'il ait été précédemment démontré, c'est-à-dire rattaché à une vérité évidente.

Il y a la démonstration indirecte ou réduction à l'absurde, qu'il ne faut employer que lorsque toute autre est impossible, et la démonstration directe, qui comprend la démonstration par l'analyse ou ascendante et la démonstration par synthèse ou descendante[1].

LE SYLLOGISME

Le syllogisme est, d'après Aristote, un ensemble de trois propositions tel que, les deux premières étant posées, la troisième s'ensuit nécessairement. C'est la forme la plus complète et la plus concise du raisonnement déductif.

La psychologie[2] nous montre comment tout raisonnement déductif contient trois termes ou trois idées : le petit terme, sujet de la proposition à établir ; le grand terme, attribut de cette même proposition ; le moyen terme, servant à rapprocher le petit et le grand : ces trois termes affirmés successivement l'un de l'autre donnent trois propositions. Voilà le syllogisme. Les deux premières propositions sont appelées prémisses ; la troisième, conclusion. La première prémisse s'appelle majeure, parce qu'elle énonce le principe général ; la deuxième s'appelle mineure. La majeure affirme que le moyen terme est contenu dans le grand terme, la mineure que le petit est contenu dans le moyen terme ; la conclusion affirme que le petit est contenu dans le grand. Ex. : Tout homme est mortel ; or Pierre est un homme ;

---

1. Voy. plus haut, *Analyse et synthèse rationnelles*, p. 98.
2. Voy. *Psychologie*, p. 81.

donc Pierre est mortel. Le vice est dégradant; le mensonge est un vice ; donc le mensonge est dégradant.

Les règles particulières du syllogisme sont : que les mots employés soient assez précis et assez clairs, assez exempts d'ambiguïté pour que les règles de la déduction ne soient pas violées par la faute des mots et que les mots soient toujours employés dans le même sens.

Différentes espèces de syllogismes. — L'*enthymème*, syllogisme où l'esprit sous-entend une des prémisses : Mortel, ne garde pas une haine immortelle (Aristote). — L'*épichérème*, syllogisme dans lequel une ou plusieurs propositions sont accompagnées de leurs prémisses. Ex. : La géographie... (ex. cité pour la déduction). — Le *sorite* ou série de propositions enchaînées de telle sorte que l'attribut de la première devient le sujet de la seconde, et ainsi de suite (rare). — Le *prosyllogisme*, suite de syllogismes enchaînés de telle sorte que la conclusion du premier devient la majeure du second, et ainsi de suite (rare). — Le *dilemme*, syllogisme dans lequel on donne le choix entre deux propositions, mais devant aboutir toutes deux à une même conclusion. Ex. : Un officier à un soldat qui a laissé passer l'ennemi : ou tu étais à ton poste, ou tu n'y étais pas. Si tu y étais, tu es un traître et mérites la mort; si tu n'y étais pas, tu es un déserteur et mérites la mort. Pour que ce syllogisme, souvent employé, soit bon, il faut que l'adversaire ne puisse pas choisir une troisième proposition.

Le syllogisme, si délaissé, ne sert qu'à montrer la fausseté de certaines déductions.

MÉTHODE INDUCTIVE

La méthode inductive, ou ensemble des procédés employés pour trouver les vérités de fait, s'appelle aussi méthode d'observation et méthode expérimentale; c'est-à-dire qu'elle est désignée tour à tour par l'une ou l'autre de ses parties constitutives. *Observer, expérimenter, induire*, voilà en effet de quoi se compose cette méthode, si l'on y ajoute l'*analogie*, qui est une extension de l'induction, et l'*hypothèse*, qui n'est qu'une induction anticipée. Etudions chacune de ces parties.

L'observation. — Connaître la vérité des faits, c'est connaître comment ces faits se produisent ; c'est en déterminer les causes, les conditions, les lois. Pour y parvenir il faut observer. Le savant observe avec ses sens, et en les contrôlant l'un par l'autre. Mais les sens de l'homme sont loin de suffire pour trouver les faits élémentaires et les noter avec précision. On a donc inventé des instruments qui étendent le champ de nos observations et la portée de nos sens : télescope, microscope, thermomètre, téléphone, météorographe, etc. Ces instruments sont imparfaits ; mais l'observateur tient compte de leurs imperfections dans les observations qu'il fait. Tels sont les moyens d'observer. Quant à l'observation elle-même, on peut la définir : l'analyse, mais l'analyse préparant déjà la synthèse. L'esprit d'observation consiste à savoir remarquer les causes et les effets des phénomènes.

Sur quoi doit porter l'observation ? Sur le fait que l'on veut connaître. Ne peut-on observer que les faits qui constituent les sciences expérimentales ? Il est clair que le psychologue et l'éducateur observent aussi. L'éducateur, qui doit être doublé d'un psychologue, observe l'enfant dans sa vie de chaque jour ; il étudie ses facultés, son caractère, en note le développement et fortifie ses observations par des comparaisons, soit avec d'autres enfants, soit entre divers moments de la vie scolaire de ce même écolier. Il doit faire comme le savant qui étend toujours le cercle de ses comparaisons, afin de dégager mieux de l'accidentel et du particulier ce qui est constant et universel.

L'expérimentation. — Expérimenter ou faire des expériences, c'est provoquer artificiellement la production d'un phénomène et en modifier les conditions. L'expérimentateur observe et n'expérimente que pour observer. L'observateur écoute la nature, l'expérimentateur l'interroge et la met à la question. Le premier examine les faits dans leur complexité, le second les réunit ou les isole à volonté, opère en réalité la synthèse des faits. L'expérimentation double la puissance de l'homme et le rend conquérant de la nature. Les règles de l'expérimentation consistent : à étendre l'expérimentation, varier l'expérience, conserver l'expérience. Les observations et les expérimentations ont pour but de trouver la loi du phénomène étudié, qui est dans la liaison constante et nécessaire du phénomène avec un autre phénomène.

L'induction proprement dite. — La loi une fois déterminée pour les cas particuliers qui ont été observés et expérimentés, l'induction vient la formuler et l'étendre à tous les phénomènes de même nature se passant dans les mêmes circonstances. Les règles de l'induction[1] sont tirées de la définition même : 1° Quand on formule une loi, il faut n'y faire rentrer que ce qui a été observé ; 2° il ne faut étendre la loi formulée qu'à ce qui est vraiment même et à ce qui est dans les mêmes conditions.

L'analogie. — Il est quelquefois facile pour l'induction de trouver le général dans le particulier et d'aller du même au même ; mais il est des cas où l'on ne peut constituer des groupes généraux à cause de la difficulté d'établir l'identité de leurs caractères constitutifs. L'analogie y remédie. Elle consiste à conclure de certaines ressemblances permettant mieux de rapprocher les choses ainsi comparées et de les placer dans un même groupe. Exemple : Ana-

---

1. Voy. la théorie. *Psychologie*, p. 81.

logie entre la mémoire et l'habitude, entre la chaleur et la lumière, entre le bras de l'homme, le pied du cheval, la nageoire du poisson et l'aile de l'oiseau. L'analogie étend et simplifie la connaissance de la nature en généralisant. En voici les règles : 1° Ne pas se contenter de rapports superficiels; 2° noter les différences et en tenir compte; 3° fournir des hypothèses.

L'hypothèse. — Dans un sens général, une hypothèse est une supposition; dans la méthode, elle est une loi provisoire, une induction anticipée. Elle aide à faire la science. Elle est nécessaire pour diriger les recherches et grouper les connaissances acquises. Avant de chercher, il faut avoir une idée; beaucoup d'hypothèses ont amené de grandes découvertes. Maintenant pour grouper les observations faites il faut bien une idée, qui commence par être hypothétique et qui s'affirme avec les recherches et les observations. Toute hypothèse doit être vraisemblable et simple. Il faut pouvoir aussi la vérifier ; ce que l'on fait en déduisant les conséquences et en voyant si ces conséquences se sont réalisées. D'après Whewell, la coïncidence des faits prédits et des faits observés est une preuve décisive de la vérité de l'hypothèse.

Les empiriques. — On nomme lois empiriques ces uniformités dont l'observation ou l'expérimentation révèle l'existence, mais qu'on hésite à admettre sans réserve dans les cas différant beaucoup de ceux qui ont été observés, parce qu'on ne voit pas *pourquoi* la loi existerait. Elle n'est donc pas une loi primitive; supposée vraie, elle peut et doit être expliquée. Ainsi le retour périodique des éclipses constaté par les anciens fut une loi empirique jusqu'au moment où les lois générales des mouvements célestes en rendirent compte. Voici une loi empirique : les races animales et végétales s'améliorent par le croisement. (Méthode déductive et vérification.) Les savants y croient peu.

Hasard. — C'est l'antithèse de la loi. On rapporte au hasard un fait qu'on ne peut expliquer. Pourtant il est dû à une cause, à une loi. C'est donc une coïncidence de laquelle nous n'avons pas de raison d'inférer une uniformité. Un fait de hasard se produira-t-il dans les mêmes circonstances? Nous l'ignorons. Même le retour fréquent de la même coïncidence ne prouve pas qu'elle soit un cas d'une loi et qu'elle ne soit pas fortuite. Il ne faut donc pas soumettre les faits de hasard à des calculs.

LES CLASSIFICATIONS

Nous venons de parler des groupes généraux et de leur utilité pour la science. L'esprit aime à réunir les êtres qui ont des caractères communs. Ranger dans des groupes communs les êtres qui se ressemblent entre eux autant qu'ils diffèrent des autres, c'est là le travail de la classification. La division est déjà une classification. On distingue les classifications artificielles et les classifications naturelles. Les classifications artificielles reposent sur un nombre limité de caractères auxquels est attribuée une valeur arbitraire. Ainsi l'agriculteur classera les animaux en animaux utiles et en animaux nuisibles aux récoltes; un pharmacien, les plantes d'après leurs propriétés médicinales. Ces classifications n'ont pas une grande valeur scientifique, mais elles acheminent aux classifications naturelles, celles qui essaient de se rapprocher du système de la nature et qui, pour cela, s'appuient sur le plus grand nombre possible de caractères à chacun desquels elles s'efforcent d'attribuer sa valeur réelle. Elles nous font voir fragment par fragment le plan de la création. Voici les règles de la classification naturelle : Subordonner les caractères les uns aux autres en vertu : 1° de leur constance et de leur généralité; 2° de leur importance physiologique; 3° du rôle qu'ils jouent dans le genre de vie propre à l'animal.

La nature se divise en trois règnes. Mais chaque règne se décompose en un certain nombre de groupes. Ainsi le règne animal comprend : 1° des embranchements ; 2° les embranchements renferment les classes ; 3° les classes, les ordres ; 4° les ordres, les familles ; 5° les familles, les genres ; 6° les genres, les espèces. — Voy. Agassiz, *les Espèces*.

DE LA MÉTHODE DANS LES DIVERS ORDRES DE SCIENCES

Comment les méthodes se distribuent-elles dans les différents ordres de sciences? Les sciences se divisent en sciences du monde matériel et en sciences du monde moral.

De la méthode dans les sciences exactes ou mathématiques. — Les idées sur lesquelles opèrent ces sciences sont des constructions que l'esprit humain a faites au moyen de quelques éléments très simples. Poser des axiomes, établir des définitions et tirer de là des conséquences, sources de conséquences nouvelles, telle est ici la méthode, méthode déductive : c'est la démonstration.

La méthode dans les sciences physiques et naturelles. — Les sciences physiques étudient les phénomènes qui s'accomplissent dans les corps de la nature. Ce sont la physique et la chimie : toutes deux procèdent par observation, expérimentation, induction. Une fois les lois découvertes, le calcul mathématique, c'est-à-dire la déduction, intervient pour tirer les conséquences qui y sont contenues.

Les sciences naturelles observent les êtres de la nature animés ou inanimés, organisés ou inorganisés ; elles les décrivent, notent leurs caractères, constatent leurs relations naturelles et les classent. Telles sont la géologie, la botanique et la zoologie. Ici encore le savant procède par observation, expérimentation, induction.

De même pour la biologie et les sciences secondaires qui s'y rattachent : l'embryogénie, l'anatomie, la pathologie. Mais dans toutes ces sciences le raisonnement déductif joue un rôle important pour la vérification des hypothèses et les applications des lois découvertes.

La méthode dans les sciences morales et politiques. — Les sciences morales emploient tour à tour l'une et l'autre méthode, parce qu'elles opèrent à la fois sur des faits et sur des idées. Ce sont la psychologie, la pédagogie, la logique, la morale, la théodicée, la jurisprudence. Ces sciences débutent par la méthode inductive, tout en pénétrant (ce que les sciences physiques et naturelles ne peuvent faire) jusqu'au principe même et à la cause des phénomènes ; elle prédomine dans quelques-unes de ces sciences : la morale, la pédagogie, et surtout la jurisprudence.

Il en est de même de certaines sciences morales qu'on appelle sciences mixtes : la politique et l'économie politique. Dans toutes ces sciences on est obligé d'employer concurremment les deux méthodes. Ce n'est pas trop de tous les procédés de la logique pour atteindre à la vérité dans quelque ordre d'idées que ce soit. Aucune science ne peut se passer du secours des autres.

La méthode dans les sciences historiques. — L'histoire cherche avant tout à constater et à réunir des faits. Elle emploie l'observation rétrospective, comme les sciences physiques et naturelles ont recours à l'observation directe. L'historien se trouve souvent placé, comme le physicien et l'astronome, en face de problèmes dont les données sont incomplètes et l'inconnu considérable ; il doit donc employer l'induction, l'analogie, l'hypothèse. La connaissance de ces procédés de la méthode est indispensable pour un bon raisonnement et pour préserver des erreurs, qui sont toutes causées par la violation de l'une ou de l'autre des règles de la logique.

SOPHISME

Après les raisonnements justes, la logique doit décrire les raisonnements faux : Ils sont de deux sortes : 1° le paralogisme, raisonnement fait sans intention captieuse; 2° le sophisme, raisonnement fait dans l'intention de tromper.

Au paralogisme se rattachent les sophismes de *simple inspection*, faits sans intervention des procédés du raisonnement. Une tour vue à distance est affirmée carrée tandis qu'elle est ronde. En un mot, tous les jugements téméraires.

Sophismes formels ou dus à un vice de forme dans le raisonnement. Ils comprennent : 1° toutes les infractions aux règles essentielles du syllogisme; 2° l'équivoque; 3° l'amphibologie; 4° la confusion de significations de mots (boire des liqueurs fortes pour devenir fort).

Sophismes matériels ou nés du prestige causé par la matière même du raisonnement. Ils comprennent : 1° le *sophisme de l'accident*, qui conclut d'une règle générale à un cas spécial auquel une circonstance accidentelle rend cette règle inapplicable ou d'un cas spécial affecté de circonstance au même cas dépouillé de cette circonstance. Ex. : Je mange le jour ce que j'ai acheté la veille; or, hier j'ai acheté de la viande crue; donc je mange de la viande crue.

2° La *pétition de principe*, qu'on appelle parfois cercle vicieux, suppose acquis ce qui est en question; elle consiste encore à répondre à la question par la question elle-même : L'opium fait dormir parce qu'il a une propriété dormitive. Lorsque J.-J. Rousseau assigne pour origine aux sociétés humaines un contrat social et qu'il fait dériver de là les devoirs de l'homme en société, il fait une double pétition de principe : 1° Il faut être en société pour se lier par un contrat;

2° pour qu'un contrat engendre des obligations, il faut préalablement le respect des contrats.

3° L'*ignorance de la question*, qui prouve autre chose que la question. Ex. : Un faux monnayeur est défendu par un avocat qui dit : il a été bon père, bon soldat, etc., et le jury l'acquitte, etc...

Sophismes d'induction. — Ils sont de deux sortes : 1° Le sophisme d'induction formelle conclut de toutes les parties constitutives d'un tout au tout qu'elles constituent : La Terre, Mars, Vénus, etc., ne brillent pas de leur propre lumière; or la Terre, Mars, Vénus, etc., sont des planètes; donc les planètes ne brillent pas de leur propre lumière.

2° Le sophisme d'induction scientifique conclut d'un ou de plusieurs faits particuliers à tous les faits semblables présents et à venir : Cet aimant attire le fer, donc partout et toujours l'aimant attire le fer. Les anciens logiciens avaient classé ces sophismes sous deux chefs principaux : 1° *post hoc, ergo propter hoc* (après cela, donc pour cela). Ex. : Hier j'ai assisté à un dîner où l'on se trouvait treize, donc je dois échouer aujourd'hui à mon examen. 2° Dénombrement imparfait. Ex. : Un pauvre sur mille qui ont reçu de l'instruction cherche à s'élever au-dessus de sa condition, donc l'instruction dégoûte de la condition d'ouvrier.

Le remède aux sophismes? Un seul : l'application attentive des règles du raisonnement.

DEUXIÈME PARTIE

Longum iter per præcepta, per exempla brevo.
(SÉNÈQUE.)

PREMIÈRE CLASSE

Développement d'une matière donnée.

Développer le sujet suivant : *De la discipline. Quelle fin supérieure doit-elle se proposer ? Quels doivent en être les caractères particuliers ? Écueils à éviter.*

Matière. — (Nous avons placé cette matière en tête du devoir qui suit, afin de permettre au lecteur d'en mieux suivre le développement.)

Nous avons donc à développer, comme premier exercice, une matière dont les paragraphes sont indiqués. Nous allons rappeler les conseils généraux que comporte tout sujet de cette nature ; nous aurons lieu de nous en souvenir au cours de cette classe ; puis nous passerons aux conseils particuliers que réclame chaque paragraphe.

Conseils généraux sur le sujet. — *a*. Il faut observer scrupuleusement le nombre et l'ordre des paragraphes. — *b*. Chaque paragraphe est indivisible. — *c*. Chaque paragraphe est irréductible. — *d*. Chaque paragraphe doit former un tout indépendant. (Relire les pages 19, 20 et 21 de la *Rhétorique*.)

Conseils particuliers sur chaque paragraphe. — La nécessité d'observer le nombre et l'ordre des paragraphes tracés dans la matière s'explique tout naturellement par la logique qui a présidé à l'économie même, c'est-à-dire à la distribution du sujet. Pour comprendre cette économie, cette distribution du sujet, pour se rendre compte de cette marche ascendante des paragraphes, les candidats doivent faire deux exercices qui fortifieront singulièrement leur intelligence. Le premier consiste à chercher l'idée générale renfermée dans chaque paragraphe, comme si ce paragraphe était isolé; le second, à comparer entre elles les idées principales des différents paragraphes pour juger leur valeur relative et se rendre ainsi compte de la coordination des paragraphes.

Faisons ce double exercice sur chaque paragraphe de la matière qui nous est donnée.

Le premier paragraphe doit expliquer ce que l'on entend par discipline; on montrera, comme dans le devoir que nous allons donner en application de ces préceptes, une classe bien tenue, c'est-à-dire des élèves accomplissant tous les mouvements en silence et avec ordre, écoutant attentivement la leçon du maître et s'appliquant avec zèle à tous leurs exercices écrits. Ce sera un procédé vraiment littéraire (voy. page 16 : définition par l'énumération des parties), car il fournira un tableau, un exemple vivant de la discipline, le charmant spectacle d'une classe occupée. Puis, lorsque la définition pure et simple viendra compléter le paragraphe, elle l'éclairera d'un nouveau jour, et l'esprit du lecteur sera satisfait. Voilà pourquoi il convient de donner à ce paragraphe la forme analytique.

Nous avouons aussi que l'on aurait pu commencer le devoir par la définition même de la discipline; on aurait ainsi procédé comme dans l'ordre géométrique. C'est le cas de dire avec Alceste : Tout le monde en convient et nul n'y contredit!... Horace lui-même recommande ce genre de début rapide qui jette le lecteur *in medias res*, au milieu des choses, et un critique moderne que l'on ne s'attendait guère à voir d'accord avec Horace, Théophile Gautier, dans un de ses feuilletons dramatiques, recommande aux jeunes écrivains de se défier des débuts qu'il appelle ambulatoires. « On n'avait pas besoin, dit-il à un auteur qui n'entrait pas assez vite en matière, de toute cette cuisine préparatoire. » Est-ce à dire que le commencement de ce premier paragraphe soit inutile? Non; pour deux raisons : la première, c'est que les débuts appelés *ex abrupto*, c'est-à-dire brusques et soudains, ne sont souvent qu'un expédient, une échappatoire pour se dispenser d'un début préparatoire dont la lenteur prudente et circonspecte offre bien plus de difficultés que les mouvements subits et les réclamations inattendues. Serrer la bride à son imagination est moins commode que la lui livrer; maîtriser sa monture au départ est plus difficile que lui donner du champ. (Voy. *Rhétorique*, pages 15 et 29.) La deuxième raison qui justifiera ce premier paragraphe, c'est qu'il faut, autant que possible, varier et élever son sujet. Or, ce premier paragraphe le varie en faisant précéder une définition, chose abstraite, d'un développement descriptif, et il l'élève en lui donnant la forme animée et presque dramatique. Le premier paragraphe, ainsi envisagé, acquiert une plus grande importance; et l'on avouera que, s'il joue ce rôle dans la matière, il ne faut pas toujours, malgré le précepte d'Horace, jeter le lecteur au milieu des faits; qu'il y a même quelquefois, malgré la boutade de Th. Gautier, des cuisines préparatoires qui mettent le lecteur en appétit.

Le deuxième paragraphe est le commencement d'une courte étude psychologique qui enveloppe aussi le troisième. L'idée principale qui s'y rencontre est celle-ci : habituer l'enfant à distinguer entre ses actes et à se servir de sa volonté comme d'un pouvoir directeur de ses autres facultés.

Cette double besogne sera accomplie par la discipline, que l'on considère ici comme un moyen, une sorte d'instrument grâce auquel on atteindra cette fin supérieure dont parle la matière. Ce paragraphe a donc et doit avoir un *caractère général;* car, dans l'examen d'une chose quelconque, l'esprit se préoccupe d'abord des grandes lignes, et la description qui en est faite offre nécessairement un caractère de généralité. Voilà pourquoi le second paragraphe de notre matière a reçu la place qu'il occupe.

Le troisième paragraphe, au contraire, renferme la description des caractères particuliers de la discipline. Il trace les lignes secondaires de cet instrument et fait ressortir les détails de l'étude de psychologie commencée au paragraphe précédent. Ferme, la discipline atteindra sûrement le but important qu'on lui a fixé ; éclairée, elle sera juste et raisonnable; bienveillante enfin, elle fera aimer la règle et associera l'enfant à l'œuvre de son développement intellectuel et moral. L'étude psychologique est désormais complète, et l'on comprend facilement pourquoi ce paragraphe, qui a un caractère particulier, se trouve placé au troisième rang.

Quelle est la raison d'être et quelle est l'idée principale du quatrième paragraphe? Pourquoi le devoir ne s'arrête-t-il pas à l'endroit où nous sommes? C'est ce dont il faut se rendre compte pour ne rien écrire au hasard et ne pas surcharger son devoir d'un bagage inutile.

On remarquera d'abord que signaler les écueils où se heurtent facilement ceux qui font de la discipline, c'est dire implicitement ce qu'il ne faut pas que soit cette discipline (rigoureuse, raisonneuse, débonnaire), et la définir en quelque sorte par les contraires. Cette idée qui sert de conclusion au devoir présente une ressemblance avec celle qui lui sert de préambule : si deux idées du même genre ouvrent et ferment le développement, elles lui servent pour ainsi dire de cadre, elles en forment l'unité. De même que le premier paragraphe préparait la discussion suivante en montrant au lecteur une classe bien disciplinée, ainsi le dernier, en énumérant les excès que doit éviter tout bon maître, la termine par un motif semblable; le devoir ressemble alors à une œuvre musicale bien composée; il offre cette unité que réclame toute œuvre d'art.

Telles sont les observations auxquelles donne lieu l'étude de l'idée principale de chaque paragraphe et de la valeur relative des différents paragraphes entre eux.

Reste la question des proportions. Quelle dimension matérielle doit-on donner à chacun de ces paragraphes? Doivent-ils être également développés? Evidemment non. L'étude psychologique (second et troisième paragraphe) est la partie la plus importante du devoir et doit être la plus développée; la partie que, pour être bref, nous appellerons pédagogique est secondaire et doit être la plus courte. Le premier paragraphe est l'introduction, le quatrième, la conclusion du sujet. Quant au second et au troisième, ils sont le corps même du devoir, le gros de l'ouvrage. Le premier et le dernier comportent une douzaine de lignes chacun; le deuxième et le troisième, une quarantaine à eux deux environ. Faire un premier paragraphe aussi long que les deux suivants serait faire un devoir hydrocéphale; en faire un quatrième aussi étendu que les deux précédents serait faire un devoir podagre; un devoir bien composé doit offrir les harmonieuses proportions du corps humain, petite tête et petits pieds.

Tels sont les préceptes relatifs à la composition de ce devoir : l'érudition et le goût de chaque candidat feront le reste.

SUJET

Plan. — 1° Définition de la discipline : elle est le fondement même de l'école;

2° But supérieur qu'elle doit poursuivre : former la conscience morale de l'enfant, cultiver sa volonté et le préparer à la vie;

3° Caractères de la discipline : elle doit être ferme, éclairée, bienveillante;

4° Écueils à éviter : elle ne doit être ni rigoureuse, ni raisonneuse, ni débonnaire;

5° Conclusion : tant vaut la discipline, tant vaut l'école.

Développement. — Lorsqu'un jeune maître a fait régner le silence dans sa classe, que ses élèves accomplissent tous les mouvements avec ordre, écoutent avec attention ses leçons et s'appliquent avec zèle à tous leurs devoirs écrits, il croit et il est en quelque sorte autorisé à croire qu'il est l'auteur d'une bonne discipline. Est-il en effet possible à ses yeux d'enseigner sans avoir le silence et l'obéissance des élèves qui lui sont confiés? Comment faire des leçons profitables avec du bruit et en donnant satisfaction à ce besoin de mouvement si impérieux chez les enfants? Avec de tels sentiments, il les contient et les immobilise. Il ne lui vient pas encore à l'esprit que la discipline ainsi comprise n'est qu'une contrainte qui, selon le mot de Montaigne, rend les âmes plus opiniâtres et mène souvent les meilleurs enfants à la désobéissance et à l'indocilité. Cette discipline est sans doute une discipline; mais elle est matérielle; elle n'est pas toute la discipline, que l'on peut définir : l'ensemble des règles que suit l'instituteur pour assurer l'éducation de ses élèves, développer leur esprit et former leur caractère.

La vraie discipline doit donc poursuivre un but plus noble et plus élevé : conformément à la définition donnée tout à l'heure, elle apprendra à l'enfant à réfléchir et à agir; elle l'accoutumera à voir clair dans son esprit et dans son cœur; elle l'habituera à s'affranchir lui-même, à se gouverner et à devenir son propre maître; enfin elle lui apprendra à vouloir, mais aussi à respecter la liberté d'autrui : en un mot la discipline de l'école doit être une préparation à la vie. Les enfants n'auront-ils pas plus tard, dans la société comme à l'école, un maître commun, la loi et ses représentants? N'auront-ils pas avec leurs concitoyens des rapports semblables à ceux qu'ils ont dans le jeune âge avec leurs camarades? Ne faudra-t-il pas, au régiment ou à l'atelier, qu'ils se soumettent à une discipline plus rigoureuse que celle de l'école primaire? Apprendre aux enfants, selon le beau mot d'un ancien, ce qu'ils auront à faire étant hommes et les accoutumer de bonne heure à la pratique de tous les devoirs, tel est le but vers lequel doivent converger tous les efforts de l'instituteur, tel est le but supérieur de la discipline.

La bonne discipline se reconnaît bien vite dans une école; elle a des caractères qui ne permettent pas de la confondre avec cette autorité quelque peu despotique à laquelle un maître inexpérimenté se laisse trop facilement aller. Elle est tout d'abord ferme; cela veut dire qu'un instituteur ne doit maîtriser sa classe que par l'ascendant de son autorité; il faut qu'il domine la volonté de ses élèves, que son pouvoir soit accepté et qu'il ne vienne jamais à un enfant l'idée que les ordres de son maître peuvent ne pas être suivis. Cette autorité n'exclut pas l'affection réciproque de l'élève et du maître; elle met l'un et l'autre à la situation voulue. Elle doit être en second lieu éclairée; elle sera juste et fondée sur l'expérience; elle sera variable selon le caractère de chaque élève; parce que ce qui est douceur avec les uns est sévérité avec les autres, et elle sera d'autant plus juste que l'instituteur connaîtra mieux l'intelligence et le tempérament des enfants. Enfin elle sera bienveillante ; le maître n'oubliera pas l'âge, la faiblesse, les passions de l'enfance ; il se souviendra qu'il doit être comme un père pour ses élèves ; il songera qu'il a été écolier lui-même et que les enfants obéissent plus volontiers à la douceur qu'à la violence. En agissant ainsi, il fera aimer la règle et associera l'enfant à l'œuvre de son développement intellectuel et moral.

Ces caractères d'une bonne discipline font voir qu'il est des écueils à éviter et qu'un jeune instituteur peut facilement tomber dans un excès en voulant éviter l'excès contraire. La fermeté deviendrait vite de la rigueur ; qu'il ne s'emporte pas, sa dignité y perdrait, son autorité serait bientôt compromise et la discipline mise en péril ; qu'il n'ait pas uniquement recours aux punitions pour fortifier son autorité. C'est une discipline mécanique et brutale. En outre, il ne doit pas tolérer les répliques, les explications d'élèves entêtés qui veulent toujours avoir raison. Quand de telles discussions se produisent en classe, la perte de temps qu'elles produisent n'est qu'un moindre mal ; le désordre, le trouble et l'esprit de révolte sont beaucoup plus à craindre. Enfin l'écueil le plus dangereux et le plus à redouter, c'est la complaisance excessive, la débonnaireté. Quels progrès attendre d'une classe où les élèves sont presque les maîtres et n'ont plus aucune considération pour un instituteur qui a tenu les rênes trop lâches et ne sait pas gouverner ? C'est pour lui le dernier des supplices !

Que faut-il conclure de cette discussion ? C'est que tant vaut la discipline, tant vaut l'école. Que le jeune maître ait souvent cette vérité présente à l'esprit ; il ne s'épuisera pas dans des efforts stériles et il préparera pour son pays des citoyens utiles.

SUJET

Moyens d'obtenir le concours des parents pour assurer dans l'école le travail et la discipline.

Matière. — L'instituteur a besoin, pour l'œuvre de l'éducation des enfants, du concours des familles.

Il l'obtiendra : 1° Par sa bonne conduite et l'accomplissement de tous ses devoirs professionnels ;

2° Par l'emploi de moyens accessoires (livret de correspondance, récompenses, etc.) qui en assurent la régularité.

Développement. — Une classe primaire compte en général une cinquantaine d'élèves. C'est un nombre considérable. Qui ne voit que ce n'est pas une petite entreprise que de tenir tant de bambins régulièrement appliqués et obéissants, surtout lorsque le maître est jeune et que la classe comprend les trois cours? Et dire que l'instituteur n'a, pour assurer le travail et la discipline, que l'autorité qu'il tire de l'importance de ses fonctions! Les plus habiles et les plus patients ne réussiraient même pas assez dans leur tâche s'ils n'avaient sous la main des armes indispensables, les punitions et les récompenses, qui sont deux instruments nécessaires au gouvernement des élèves. Mais tous les soins que réclament une exacte discipline et une application soutenue sont, à parler rigoureusement, autant de soins dérobés à l'instruction proprement dite. Si le maître n'avait pas à s'occuper de la tenue des élèves, de l'étude des leçons et de la confection des devoirs, il se consacrerait entièrement à l'enseignement des matières du programme et les enfants feraient sans aucun doute les plus rapides progrès. Le bon instituteur diminuera autant que possible cette partie de sa tâche en intéressant au travail et à la discipline de la classe les parents eux-mêmes, qui sont pour l'œuvre de l'éducation des enfants ses collaborateurs naturels. Il leur demandera un concours qu'ils lui prêteront d'autant plus volontiers qu'il aura su faire ce qu'il faut pour le gagner.

Comment doit-il s'y prendre pour atteindre ce but? Quels sont les moyens qu'il emploiera pour obtenir cette efficace collaboration des familles? Les plus simples et aussi les plus sûrs. Il aura en public et dans les relations sociales la conduite la plus correcte et la tenue la plus digne; il surveillera sa langue et ses actes : il ne sera ni libre dans ses propos ni médisant; fera un choix dans ses fréquentations, entretiendra des rapports discrets avec les parents de ses élèves, se montrera poli et sincère avec les habitants de la localité, évitant de faire naître même dans quelques esprits tout soupçon de hauteur ou de bassesse. Une telle conduite lui attirera sûrement l'estime et la considération de tous. Ensuite, quand les enfants entendront leurs parents toujours parler en termes favorables de l'instituteur, l'estimer, le respecter et l'aimer, ils iront en classe avec plaisir, travailleront avec bonne humeur, se montreront dociles, respectueux et feront infailliblement des progrès. D'autre part, comme les enfants parlent classe à la maison, racontent tout ce qu'ils ont observé, — et ils observent beaucoup, — énumèrent tout ce qui s'est fait ou dit dans la journée, l'instituteur devra remplir avec conscience tous ses devoirs professionnels et, en les remplissant, se surveiller avec la plus grande attention : il aura soin de sa personne, mettra de l'ordre dans la classe et sur son bureau, sera exact, suivra ponctuellement son horaire et ne laissera jamais la classe seule ou inoccupée. Si les enfants ne rapportent à la maison que de bonnes paroles, s'ils n'accusent point la partialité du maître, s'ils disent qu'on travaille constamment à l'école et qu'on n'y fait pas de bruit, les parents comprendront que leurs enfants sont entre bonnes mains et ils seront tout disposés à soutenir l'instituteur d'un concours qui sera bientôt actif et affectueux.

Voilà pour le maître les moyens les meilleurs sans contredit d'amener les parents à contribuer sérieusement aux progrès de leurs enfants dans l'instruction et dans la bonne éducation. L'instituteur peut encore, en vue d'augmenter le travail et d'améliorer la conduite de ses élèves, user de quelques moyens accessoires qui lui gagneront le concours des parents ou tout au moins en assureront la régularité. Ces moyens consistent à établir, par exemple, une correspondance suivie entre la famille et la classe par un carnet qui contiendra les notes et observations de la journée ; à donner quelque chose de pratique à son enseignement et à le rendre ainsi plus attrayant ; à accorder des récompenses extraordinaires et à faire des distributions de prix. Mais il ne faut rien exagérer ; on ne doit pas croire non plus que ces procédés suffiraient pour intéresser toutes les familles au succès de l'école. Une classe qui serait dans ce cas ne serait certes pas une classe en progrès. Avoir recours à ces seules mesures, qui ne sont pas à dédaigner, mais qui ne sont que des moyens secondaires, serait vouloir former l'esprit de l'enfant en employant la crainte ou l'appât du plaisir ; ce serait en même temps fausser chez lui la notion du devoir, qui tiendra une si large place dans sa vie ultérieure. N'est-on pas plus certain d'obtenir des parents un concours qui assurera dans la classe le travail et la discipline en remplissant avec zèle ses devoirs professionnels et en se faisant aimer ?

SUJET

De l'ordre. — Avantages et beauté de l'ordre. — Comment s'acquiert cette qualité. — Moyens que doit employer le maître pour la communiquer à ses élèves.

Matière. — *a.* L'ordre est l'harmonieuse disposition des choses dans des lieux qui leur sont appropriés : il consiste à mettre chaque chose à sa place.

b. L'ordre fait gagner du temps et conserve les objets; d'ailleurs la beauté n'est pas dans la ruine.

c. Cette qualité s'acquiert par l'habitude.

d. Le maître donnera de l'ordre à ses élèves en usant de son autorité et en prêchant d'exemple.

Développement. — Lorsque l'inspecteur entre à l'improviste dans une salle de classe et qu'il voit les tables rangées avec symétrie et dans le sens le plus favorable au travail, les cartes et les tableaux placés dans la meilleure lumière, il est d'abord frappé de cette heureuse disposition de tout le matériel. Si d'autre part il examine les casiers des élèves et constate que livres et cahiers sont mis à des places distinctes, sont protégés par des couvertures et tenus proprement, il est satisfait de trouver que le détail répond à l'ensemble et il adresse à l'instituteur ce compliment mérité : votre école est dans un ordre parfait, j'en suis charmé. L'ordre ! que veut dire ce mot? C'est l'harmonieuse disposition des choses dans des lieux qui leur sont appropriés. Il consiste à mettre à sa place chaque chose et à fixer à chaque chose une place. Il est donc un rapport de convenance entre la place et l'objet qui l'occupe : la plus légère interruption de ce rapport choque un esprit bien fait, tandis que nous éprouvons du contentement à le voir fidèlement observé. Cet arrangement systématique et général, qui n'est autre que l'ordre, captive le sens de la vue comme une belle symphonie enchante le sens de l'ouïe. Et non seulement les personnes qui visitent l'école sont ravies d'y trouver un grand ordre, mais les élèves eux-mêmes s'y plaisent et y travaillent. L'ordre est donc une excellente manière de rendre l'école attrayante.

Mais l'ordre fait plus que rendre la classe séduisante ; il est utile et ses effets sont immédiats. Il fait d'abord gagner du temps. Est-ce un avantage si mince que de terminer plus de choses dans le même temps? N'est-ce pas accroître aussi l'étendue et l'intensité de l'action, but souverain de la vie? Les Anglais ont exprimé la même pensée, mais en gens pratiques et avec quelque brutalité : le temps, disent-ils, c'est de l'argent. Il y a donc tout bénéfice à acquérir de l'ordre, surtout si l'on considère que la vie est courte et que gagner du temps c'est prolonger l'existence et agrandir ainsi le domaine de notre activité. Cette vérité se démontre dès l'école. En effet, le bon élève, qui a sa case bien rangée, met à profit tous les moments du temps qu'on lui a donné pour faire un devoir; il saisit sans regarder et d'emblée le livre ou le cahier dont il a besoin pour travailler; car sa case, il l'a, comme on dit vulgairement, dans la tête; de plus, il a toujours les mains propres et prend la précaution de poser, dès qu'il veut écrire, un papier buvard sous sa main; de sorte qu'il n'est jamais obligé de recommencer une copie ou de déchirer une page de son cahier; il a ainsi terminé plus vite son devoir, et, le devoir fait, il a du temps encore pour le relire ou pour commencer une autre besogne. Au contraire, l'élève qui n'a pas d'ordre, dont la case est la confusion même, perd un temps précieux à la recherche d'un livre dont il ignore la place; il bouleverse sa case en entier et trouble souvent toute une classe. Il le trouve enfin; mais il a perdu une partie du temps assigné pour le devoir; alors, semblable au lièvre de la fable, il se hâte de le faire, le bâcle, le laisse inachevé ou le couvre de taches. Il le donne ensuite en hésitant ou en rougissant à son maître, qui, s'il ne le punit pas sur-le-champ, ne peut se défendre d'une première et fâcheuse impression. De ces deux manières de travailler, laquelle est la meilleure? Il est trop facile de répondre. Quand on a de l'ordre, on apprend d'abord beaucoup plus de choses en classe et l'on acquiert l'art de ranger ses actes et de mettre de l'ordre dans sa vie, qualité que l'on conservera le jour où l'on sera devenu homme. L'ordre produit donc une économie de temps. Il conserve aussi les objets et procure à celui qui l'a acquis un gain réel et immédiat ; car on ne bouleverse pas, à l'instar de cet élève négligent, impunément les cahiers et les livres. La violence et le désordre sont des causes de destruction. On détériore ses instruments de travail en les posant et reposant souvent avec brusquerie ; car on ne peut avoir pour eux, lorsqu'on est pressé, tous les ménagements désirables ; on les déchire, on les froisse, on les abîme, et au bout du compte il faut les remplacer. Voilà donc une perte d'argent. De plus, l'élève qui ne connaît pas l'ordre, en supposant qu'il ne soit pas obligé de remplacer ses livres ou de payer des dégradations dont il est responsable, a conscience de faire mal ; il est quelquefois honteux devant sa case en désordre, il prend le travail en dégoût et il a cessé de se plaire en classe. Car il faut, pour aimer le travail, autre chose que la réprimande et les punitions, autre chose que l'obéissance à la discipline matérielle. L'ordre est l'harmonie ; il est le fondement du beau : des livres tachés d'encre, des cahiers décousus et recroquevillés font peine à voir ; notre élève sent que la négligence et la destruction sont les ennemis du beau ; la vue de son petit matériel confondu voile et finit par effacer dans son âme l'idée de la beauté, qui lui est innée, et détruit en lui pour jamais le sens esthétique. Au contraire, une classe où tout se trouve à sa place, une case où tout est en ordre plaît et inspire le goût du travail : c'est que la bonne disposition de l'une et de l'autre donne satisfaction à ce sentiment du beau, qui est souvent très vif chez l'enfant. Quelle est donc l'efficacité de l'ordre puisqu'il développe la puissance du travail et la notion du beau ! Quelle aussi la nécessité de l'inspirer aux enfants !

Si l'ordre a ces avantages matériels et moraux, on peut

dire qu'il est une belle et grande qualité. Il est donc nécessaire de l'inspirer de bonne heure aux enfants, puisqu'il est un des facteurs importants de l'éducation. Mais comment les élèves feront-ils cette acquisition, vu que l'ordre n'est pas une matière spéciale du programme des études et ne se prête pas à un enseignement systématique, enfermé dans un cadre immuable? Il se rattache à la discipline et s'acquiert par l'habitude. L'ordre est une qualité rare ; c'est une vertu ; ce qui veut dire qu'il est une chose difficile à obtenir, parce qu'elle demande de l'effort et plus encore un effort soutenu. Mais l'enfant est-il capable de cette régularité dans l'effort? N'est-ce pas exiger trop de sa faiblesse? Il se trouve en effet dans un âge où le corps se développe, où ses organes tendres et délicats subissent du dedans et du dehors une foule d'influences; sa volonté est faible encore; aussi est-il enclin à la paresse et entraîné à se dissiper. On sera donc obligé, pour lui communiquer cette vertu, d'agir fréquemment sur sa volonté; on ne lui demandera qu'un effort léger, mais souvent répété. C'est en exigeant à toute heure cette répétition des mêmes actes, que ces actes deviendront plus faciles et que l'enfant contractera cette précieuse habitude de l'ordre. Car nous ne donnons pas le nom d'ordre à cette parfaite disposition apportée un beau jour par un élève qui s'est frappé soudainement le front et s'est dit : Je vais mettre de l'ordre dans ma case; aucune dans la classe ne sera mieux ordonnée que la mienne. C'est une chaleureuse résolution prise par un enfant qui n'a pas la notion de l'ordre; c'est un beau feu qui s'éteindra bien vite, car les sublimes entreprises sont sublimes et courtes. Notre petit héros retombe dans l'habitude contraire, qui est la sienne, celle du désordre, et il n'a fait que montrer sa faiblesse et son impuissance. Une journée est à peine écoulée que sa case se retrouve dans la même confusion que la veille. Au contraire, l'enfant dont on visite souvent la case a soin de ne laisser aucun objet hors de sa place, car il craint le blâme ou les punitions, et à la longue il y met de l'ordre avec aisance et sans effort : à la fin il croit qu'elle ne peut plus offrir un autre aspect. Il se plaît même à voir ses cahiers d'une propreté parfaite, ses livres soigneusement couverts et tout ce qu'il possède dans l'ordre le plus complet. C'est là le signe que l'habitude est acquise. Néanmoins l'instituteur doit toujours veiller, car dans cet âge si tendre, où les impressions sont si promptes et si vives, l'enfant, s'il n'était plus surveillé, se relâcherait, et d'un premier relâchement à la disparition totale de cette belle qualité de l'ordre il n'y a souvent qu'un pas. Les élèves excellents sont, à vrai dire, incapables de ces chutes profondes; aussi doit-on montrer quelquefois à leurs condisciples leurs cases toujours bien rangées. C'est une manière de louer les uns et de pousser les autres à suivre un bon exemple.

Comme l'ordre s'acquiert par l'habitude et que toute louable habitude exige de longs efforts, il serait dangereux pour un jeune maître de croire que les enfants travailleront à acquérir la vertu de l'ordre uniquement parce qu'on leur dit qu'elle est nécessaire. Ce serait trop présumer de la volonté de l'enfant, qui n'est pas encore assez forte. Il y a malheureusement beaucoup d'élèves, et il s'en trouvera toujours, qui sont étourdis et paresseux, qui oublient vite les conseils et les leçons de l'école. Le maître devra leur communiquer alors l'énergie qui leur manque en faisant appel à son autorité. Dans ce but il s'armera de patience et quelquefois de punitions ; il exigera de ses élèves une grande propreté, passera plusieurs fois par jour la visite des mains et du visage ; il veillera à ce que chacun d'eux range ses livres et ses cahiers dans le meilleur ordre. Même ceux qui n'ont qu'une ardoise et un crayon disposeront ce crayon et cette ardoise avec ordre dans leur bureau. Si quelque élève, par paresse ou par négligence, fait disparaître son porte-plume ou quelque autre, et, le maître en exigera le remplacement immédiat et au besoin punira. Telle est la manière dont il usera de son autorité pour inculquer à ses élèves les principes d'ordre. Mais, comme le meilleur enseignement se fait par l'exemple, le maître devra paraître à ses élèves comme un modèle d'ordre. L'instinct d'imitation est grand chez les enfants, et l'exemple a sur eux une décisive influence. Ils imiteront donc le maître dans tout ce qu'il fera. S'ils le voient arriver à l'heure exacte, mettre de l'ordre sur sa personne et sur son bureau, veiller à ce que le matériel de la classe ne se détériore pas et soit toujours heureusement disposé, ils seront vivement excités à se conduire comme lui ; ils reconnaîtront que ses actes répondent à ses paroles et ils auront déjà réalisé la première condition du progrès dans leurs études, ils auront acquis la vertu de l'ordre.

SUJET (CONFÉRENCE CANTONALE)

De la nécessité d'acquérir sans cesse de nouvelles connaissances.

Plan. — 1° L'instituteur doit toujours augmenter ses connaissances, car en fait d'instruction rester stationnaire, c'est rétrograder ;

2° Quand le travail professionnel est terminé, il doit s'occuper d'études personnelles : il se perfectionne lui-même en s'y livrant, et sa classe y gagne ;

3° Si le maître aime le travail, l'élève aussi ; c'est la marque d'une classe bien dirigée.

Développement. — Messieurs, le vrai maître ne croit pas que son éducation soit jamais complète ; il cherche au contraire à augmenter sans cesse ses propres connaissances. Il sait que, du moment qu'un homme cesse d'être un étudiant, il cesse en même temps d'être professeur effectif ; qu'il s'aliène la sympathie des enfants qui apprennent sous sa direction ; qu'il perd la vue des procédés qui font pénétrer dans l'esprit les vérités enseignées en classe ; qu'il devient enfin incapable de comprendre pleinement les difficultés éprouvées par d'autres qui pour la première fois reçoivent des connaissances. C'est en acquérant, et en étudiant la méthode par laquelle on acquiert soi-même que l'on peut aider efficacement les autres à acquérir. Je n'ai pas l'intention de dire ici que la science acquise de la sorte doit être tout simplement une provision plus grande de ce que l'on peut appeler le savoir de l'école ou de ce qui exerce une action directe et visible sur le travail scolaire. Il est trop certain que nous ne pouvons jamais connaître à fond toutes les questions qui sont du domaine de l'enseignement primaire. Les sciences, l'histoire, la géographie, la grammaire sont soumises à des modifications toujours nouvelles, se développent sous de nouveaux horizons et deviennent capables d'applications inattendues aux besoins et aux affaires de la vie. Un maître ne doit jamais connaître dans sa carrière d'enseignant le moment où il pourra dire : Je possède maintenant tout le savoir qu'il me faut pour ma classe. Rien n'est pour le progrès d'une école aussi funeste qu'une telle prétention. Des questions comme celles-ci : Quel rapport peut bien avoir cette étude avec ma profession ? En quoi cette lecture accroîtra-t-elle mon perfectionnement professionnel ? naîtront certainement dans l'esprit d'un homme consciencieux ; mais, s'il s'y arrête sans plus chercher, je puis lui garantir que son horizon intellectuel ira chaque jour se rétrécissant et que son enseignement s'abaissera. Celui qui cesse d'avancer rétrograde, et, comme le dit Diesterweg, celui qui cesse de se cultiver soi-même devient incapable de cultiver les autres.

Il est nécessaire de distinguer entre l'homme et le maître.

L'homme est quelque chose de plus. Les besoins humains doivent être satisfaits plus que les besoins professionnels. Notre travail fait, à vrai dire, le centre de notre monde; mais la vie veut une circonférence aussi bien qu'un centre, et cette circonférence comprend des sympathies et des goûts qui ne sont point hors de notre profession. Or, pour la satisfaction de vos goûts personnels et les lectures à faire dans vos heures de loisirs, voici ce que j'ai à vous dire : lorsque vous aurez terminé votre œuvre professionnelle, suivez résolument vos penchants; ne supposez pas que votre profession exige de vous de la froideur et du détachement pour tout ce qui n'est pas elle. Si, lorsque je visite une école et que je demande à l'instituteur à quelles matières les élèves s'attachent de préférence, il me répond: ils donnent une égale attention à toutes les matières enseignées, je vois bien que son cœur n'est pas dans sa besogne. Chaque école devrait, pour certaines connaissances qui ne sont pas d'une rigoureuse nécessité, refléter en quelque sorte les goûts particuliers du maître qui la dirige. Les exigences de notre profession et celles des parents doivent d'abord être satisfaites; mais, lorsqu'elles le seront, vous pouvez sans remords vous occuper, les uns de mathématiques, les autres de poésie, d'autres enfin de l'histoire locale. Il est bien certain qu'une telle étude, faite avec sincérité et passion, ne peut qu'être efficace pour le travail de la classe. Vos travaux personnels vous fourniront d'heureuses digressions pour votre enseignement, vous donneront de la précision et de l'ordre dans vos exposés. Tout est dans tout, disait Jacotot, mot que l'on peut interpréter avec le sens que toutes les connaissances sont de la même famille et que les faits méthodiquement acquis éclairent les autres et rendent la science plus facile. La seule chose à craindre pour soi-même et pour ses élèves, c'est la stagnation, la torpeur de l'esprit, la routine et l'indifférence pour le savoir.

Lorsque votre âme perd la capacité d'acquérir, cesse de faire un joyeux accueil à toute vérité nouvelle, soyez sûrs que vous avez perdu le pouvoir de stimuler l'activité intellectuelle des autres et de les rendre capables d'atteindre n'importe quel but sérieux.

Lorsque Rabelais nous fait le tableau de l'éducation que Gargantua reçoit de Ponocrates, il nous représente maître et élève comme des personnes qui se délectent dans le travail, qui cherchent toujours à dissiper quelque doute de leur esprit, qui ne rougissent pas d'interroger les plus humbles comme les plus grands pour s'instruire et donner plus de certitude à leurs connaissances. Ces qualités sont aujourd'hui aussi indispensables que jamais. On doit constater, chez le maître qui a une réelle vocation pour l'enseignement, un amour du travail pour le travail même. La perfection est sans aucun doute difficile à réaliser; je crois même qu'elle n'est pas nécessaire pour faire bien; mais, si notre perfectionnement exige des labeurs et des peines, il faut se rappeler que ce n'est pas le travail, mais que ce sont les ennuis qui font du mal à un homme. Les fatigues et les peines n'ont pas d'autre source qu'un travail mal réglé, un travail auquel on ne prend pas goût, un travail que nous sentons qui nous pèse, mais non le travail lui-même, le travail bien ordonné et bien organisé. Alors, quand nous sommes livrés à ce travail, que nous sentons que nous sommes capables de quelque chose, que nous faisons la preuve de notre énergie et de notre capacité intellectuelle, le triomphe et la vue des difficultés vaincues font naître dans notre âme une jouissance dont rien n'approche. Cette jouissance de l'homme qui s'élève et se voit persévérer et grandir dans l'être, Messieurs, vous en êtes tous capables, et je vous la souhaite.

(Inspiré de M. Fitche.)

SUJET

De l'amour de la patrie. — *Vous indiquerez comment l'institutrice peut développer ce sentiment dans le cœur de ses élèves.* — *Vous montrerez la part des divers enseignements dans la culture de ce sentiment.*

Lorsqu'on fait un premier séjour loin du lieu de sa naissance, on trouve que les heures s'écoulent bien lentement, et, si cet éloignement devient l'exil impie dont parle le poète, l'ennui nous obsède, la tristesse envahit notre âme : c'est que nous regrettons le toit paternel, notre famille, nos amis, les figures qui nous sont connues et jusqu'à l'aspect des lieux visités dans notre enfance. C'est ce regret du pays absent qui témoigne de l'amour du sol natal : sentiment naturel à tous les cœurs bien nés, mais qu'il ne faut pas confondre avec l'amour de la patrie qui est à cet amour du clocher dans le rapport du tout à l'une de ses parties. L'amour de la patrie s'étend pour nous, Français, du lieu de notre naissance à toute la France; il franchit l'horizon familier pour embrasser dans son entier la terre qui nourrit les individus appartenant à notre race, parlant notre langue, obéissant à nos lois, ayant les mêmes sentiments et les mêmes volontés. La patrie est en effet une nation dont on fait partie, c'est-à-dire une société politique dont les membres ont les mêmes traditions, la même histoire et les mêmes destinées. Aussi a-t-on donné à cette association organisée le nom de mère, de nourrice commune, parce que c'est la patrie qui nous nourrit et nous protège; c'est elle qui nous défend contre les ennemis du dehors et contre les ennemis du dedans. Nous devons donc l'aimer et remplir vis-à-vis d'elle tous les devoirs que de tendres fils rendent à une mère chérie. Or, c'est cet amour réfléchi et actif de la patrie qui porte le beau nom de patriotisme. Être patriote, c'est donc connaître à la fois son pays et obéir à ses lois; c'est participer selon ses facultés aux charges qui incombent à tous les citoyens comme membres d'un même corps politique : c'est enfin savoir sacrifier ses intérêts et, au besoin, sa vie pour le bien du pays, pour la conservation de ses plus précieux trésors : l'honneur et la liberté.

Les enfants et surtout les jeunes filles n'ont que bien rarement l'occasion de pratiquer cette vertu du patriotisme et de remplir ces devoirs difficiles qui sont plutôt du ressort de l'homme. Aussi n'est-ce pas à l'enseigner que l'institutrice consacrera ses efforts. Le patriotisme ne s'enseigne pas à volonté comme l'histoire ou la géométrie. Il s'inspire, on y prépare; pour l'inspirer et y préparer, l'institutrice a des moyens qui sont très efficaces et qui sont à sa portée, puisque le patriotisme bien entendu est le fruit de toute bonne éducation. Elle l'inspirera sans aucun doute en montrant que la patrie n'est que la famille agrandie, que nos pères ou nos frères l'entendent de même, puisque, à l'appel de la France en danger, ils vont à la frontière pour y défendre plus sûrement leurs femmes ou leurs sœurs, et les parents de chacun, tandis que, si la conception contraire était juste, ils ne défendraient que leur pays natal ou leur famille, division qui amènerait infailliblement la ruine commune, car « toute puissance est faible à moins que d'être unie. » Elle montrera aussi que c'est l'union des habitants d'un même pays qui seule rend possible l'exécution de grands travaux dont tout le monde profite, qui nous permet d'établir des relations avec les autres peuples, de jouer un rôle considérable dans le monde et d'arriver à la gloire. Tous ces résultats ne peuvent être atteints que par la pratique des vertus publiques et privées : l'abnégation de soi-même, la probité, la justice, la tolérance et la charité. En procédant de la sorte, elle fera aimer à ses élèves toutes les belles choses qui sont le fondement de notre grandeur, et détester tout ce qui a été pour nous et par notre faute des causes de revers. Ces idées confinent à l'histoire de France; ce qui veut dire que l'institutrice a un moyen plus puissant encore que ses conseils pour inspirer le patriotisme, c'est son enseignement.

En enseignant l'histoire et la géographie, elle montrera ce qu'était la France autrefois et ce qu'elle est aujourd'hui ; c'est un excellent moyen de faire aimer notre pays que d'intéresser les élèves aux épreuves qu'il a traversées, que d'inspirer l'admiration des hommes illustres et des femmes célèbres qui ont personnifié les plus hautes vertus de notre race. Il est bon d'enseigner que la sainteté de Blanche de Castille a produit les éminentes qualités d'un Louis IX ; l'amour de la patrie, l'héroïsme d'une Jeanne d'Arc et tous les actes de civisme accomplis durant la lutte de la France contre l'Europe coalisée. On s'adressera au cœur des enfants pour leur faire aimer les grands Français et « la terre généreuse ». Le même esprit éclairé et libéral animera les leçons que fera l'institutrice sur la morale et l'enseignement civique. Là surtout elle aura soin de mettre dans la vraie lumière les services que l'État rend à chacun de nous; elle leur inspirera la reconnaissance qui lui est due pour la protection accordée à tous par ses lois; elle leur parlera de leurs devoirs, du respect des parents et des pouvoirs publics, de l'affection qu'elles doivent à un pays qui leur distribue libéralement l'instruction et facilite leur entrée dans la vie. Nos lois et nos mœurs n'ont-elles pas amélioré la situation de la femme en l'arrachant à un abaissement sans nom et à des servitudes souvent humiliantes? Ne lui ont-elles pas permis de profiter au même degré que l'homme de tous les progrès matériels et moraux qui découlent de la civilisation contemporaine? L'institutrice complétera cet enseignement par un choix intelligent de devoirs de classe, des lectures, des dictées, des morceaux de chant et de récitation capables de charmer et d'instruire. C'est par de tels soins qu'elle développera dans le cœur de ses élèves le sentiment et l'amour de la patrie; elle les habituera dès l'école aux devoirs difficiles de la vie, devoirs trop sérieux pour qu'on se dispense d'y préparer.

Sujet

Développer cette pensée en l'appliquant au point de vue éducatif à la mission de l'instituteur : « c'est sur la volonté qu'il faut agir ; ce sont des actes qu'il faut provoquer, solliciter, obtenir, car l'éducation c'est le combat. »

Plan. — *Introduction* : Qu'est-ce qu'élever la volonté ? Division du sujet.

a. L'indépendance est l'habitude de se déterminer de soi-même : on apprendra donc à l'enfant à n'obéir qu'à la règle.

b. La justice est l'habitude de faire respecter son droit et de respecter celui d'autrui : on fera donc dépendre ce respect de la volonté de l'enfant et non du caprice du plus fort.

c. Le courage est l'énergie secrète qui fait entreprendre et supporter : on l'obtiendra par les exercices physiques qu'on fera suivre de sanctions.

d. La bonté est la vertu par laquelle l'homme se fait aimer : on la développera par des préceptes et des exemples. *Conclusion.*

Développement. — Faute d'exercice, le sens du vouloir subit chez l'enfant une sorte d'arrêt dans son développement ; et, comme les passions grandissent avec l'âge, les progrès de la volonté ne leur apportent pas un indispensable contrepoids ; si bien que l'éducation n'atteint pas pleinement son but, qui est la formation d'une volonté vertueuse. Comment l'instituteur comblera-t-il cette lacune, et développera-t-il chez ses élèves l'esprit d'initiative et la volonté. Élever la volonté, c'est former par l'habitude ce qu'on nomme le caractère. Le caractère est une manifestation extérieure de certaines qualités morales, principes de la dignité de l'homme et de sa supériorité sur la nature. Ces qualités sont l'indépendance, la justice, le courage et la bonté, quatre types de vertus que l'analyse découvre dans toute *bonne volonté*.

L'indépendance est l'habitude de se déterminer à l'action, de soi-même, sans contrainte extérieure, ou en faisant sienne toute prescription de la nature ou de la loi qui s'adresse à la volonté. Car il entre souvent plus d'indépendance dans la résignation et l'obéissance que dans la révolte et la protestation. Ne pas être asservi à autrui est le premier degré de l'indépendance; ne pas être asservi à soi-même en est le second. La liberté ne consiste pas seulement à n'obéir qu'à soi, mais à n'obéir qu'à ce qu'il y a de meilleur en soi, c'est-à-dire à se déterminer habituellement d'après les motifs de l'ordre le plus élevé. L'homme vraiment libre est celui qui fait de lui-même ce qu'il sait être le mieux. Or, l'enfant toujours contraint en présence de son maître, agissant rarement par lui-même, ne peut pas contracter l'habitude du libre arbitre, source de l'initiative. Supprimons donc ce luxe de prescriptions extérieures qui le dispensent de vouloir; travaillons à substituer en lui une discipline libre à une discipline servile; n'ayons pas l'air de le mener uniquement par les cloches, les commandements militaires et les signaux. Ne faisons pas de la cour ou de la classe une prison. Apprenons-lui à faire de lui-même son métier d'écolier, à obéir à la règle des études et non à un maître. Et que cette règle soit large, raisonnable; qu'il en approuve les sanctions et les prescriptions. S'il l'observe, ce sera en toute liberté; s'il l'enfreint, ce sera en toute responsabilité. Ainsi se formera en lui cette première condition de l'indépendance, vouloir de soi-même. Quant à vouloir le meilleur et à l'exécuter, qui ne voit que cette discipline affranchie est encore le seul moyen de le réaliser? Le caprice disparaîtra de la classe; plus d'école buissonnière, plus de retard les jours de gai soleil. Il saura se refuser de petits plaisirs par obéissance à la règle. Certes, il y aura des défaillances, mais en petit nombre, car l'instinct de la règle est chez l'enfant au même degré que l'instinct de la dissipation. A l'école surtout ce n'est pas la rigueur de la loi qui produit l'ordre; c'est la raison et la fermeté des hommes chargés de la représenter. C'est donc à l'école que l'enfant fera l'apprentissage de la liberté. Le libre écolier prépare le libre citoyen.

La seconde qualité à acquérir par l'éducation est celle de la justice. Elle consiste dans l'habitude de faire respecter son droit et de respecter celui des autres. Or, l'homme naît seulement capable de recevoir une éducation de justice et de liberté. Le respect du droit d'autrui n'est chez nous que le résultat d'un entraînement, car il contrarie l'égoïsme violent de notre animalité. A l'école, ce respect de la personne des camarades ne vient guère que de la crainte du maître. Il dépend donc beaucoup des circonstances. Si le maître ralentit sa surveillance ou ne tire pas de sa science disciplinaire l'autorité nécessaire à contenir les plus forts et à protéger les plus faibles, le droit des inférieurs n'est plus qu'une chimère. Ceux qui ont les poings les plus vigoureux imposent aux plus faibles de petites lâchetés, des oppressions de toute sorte et se font redouter. Que devient alors l'idée de justice chez les uns et chez les autres? Ne vaudrait-il pas mieux que ce respect d'autrui dépendît de la droite volonté des élèves? Accoutumez-les à la pratique incessante des devoirs de justice, montrez-leur que les plus forts doivent protéger les plus faibles, que l'avantage d'être plus puissant impose des devoirs de défense, que cette protection est récompensée par l'affection des protégés et que la vraie force consiste dans l'union de tous. Et quelles occasions d'exercer la justice naissent de ces relations entre égaux, inférieurs et supérieurs! Les élèves sont sensibles à ces procédés qui flattent leur amour-propre et font naître la fierté. La pratique de cette loi demande du temps, car ils ont bien des faiblesses; mais rien ne s'improvise. Une telle discipline est possible; il faut donc l'essayer. Elle préparerait à l'exercice des devoirs de justice dans la société. Elle créerait une habitude précieuse. Quel noble rôle pour un maître !

Le troisième enseignement moral et pratique que l'instituteur doit aux enfants est celui du courage, secrète énergie qui fait entreprendre et qui fait supporter. Le principe du courage est la confiance qu'on s'inspire à soi-même, et cette confiance vient du sentiment intime qu'on a de sa force et de son adresse, deux avantages qui naissent ordinairement de l'éducation. Le courage ne doit pas être enseigné, il doit ressortir du travail général de la classe et s'inspirer. Car le loisir réservé aux exercices physiques est bien court. Les récréations et les promenades sont les deux choses qui le développent le plus. La force morale ou énergie personnelle naît de l'entrain que le maître sait donner à ses élèves pour les travaux de la classe et les jeux; l'adresse s'acquiert dans les récréations et par la gymnastique; sauter, lever, tirer, courir, grimper, lancer vers un but développent les sens; le colin-maillard, la toupie, la balançoire, le cerf-volant, la paume cavalière exercent la main, l'oreille, le jarret, tout le corps en un mot. Le maître y prendra part le plus souvent; il fera oser; c'est chose difficile si l'on n'a pas convaincu les élèves qu'on est pour eux avant tout un ami et un guide. Mais ces exercices ne produiront tout leur effet que s'ils sont suivis de sanctions. Si l'action des enfants n'a pas un but immédiat, si l'on ne sait pas les intéresser, les passionner, ils ne persévèrent ni dans ce qui les fatigue ni dans ce qui les amuse. L'ennui vient vite et bientôt l'abandon. Il faudra donc des récompenses. Le développement de l'énergie personnelle est si important qu'on ne doit négliger aucun moyen capable de l'assurer.

La dernière qualité à acquérir par l'éducation est celle de la bonté, vertu par laquelle l'homme se fait aimer. La bonté est naturelle; mais l'éducation seule peut la rendre effective. L'exercice de la bonté présuppose la culture du corps et de l'esprit, culture qui rend l'enfant capable de protéger et d'aider ses camarades. Dans cette première forme de la bonté, la nature a la plus grande part. Il faut y ajouter la bonté morale ou charité, vertu qui dépend presque entièrement de l'éducation. Etre bon, c'est être capable de se faire aimer; se faire aimer, c'est posséder l'âme des autres, et, pour posséder cette âme, il faut donner la sienne. D'où il suit que l'essence même de la bonté consiste dans l'habitude de se donner, de sacrifier à autrui soi ou quelque chose de soi. L'instituteur communiquera cette habitude à ses élèves dans la vie de l'école et hors de l'école. Il les obligera d'abord à s'entr'aider, puis à se montrer bons aux faibles, aux pauvres, aux misérables. Dans cet enseignement tout moral il se gardera bien d'être dogmatique; il leur fera trouver la raison de tous leurs actes, car les motifs de nos actions nous commandent bien plus impérieusement qu'un maître. Il y joindra l'exemple. Il ne suffit pas, en effet, que l'instituteur donne à l'écolier le spectacle quotidien du dévouement professionnel, du devoir accompli, de la prodigalité généreuse de sa force et de son talent. Il devra l'initier à la pitié, lui faire voir les dessous misérables de notre brillante civilisation, le mener voir les pauvres, les travailleurs, les déshérités, lui faire comprendre que bien souvent son bonheur dépend des souffrances qu'il voit, et que les soulager c'est acquitter une dette. Une telle pratique vaudra mieux que tous les préceptes et enracinera dans son âme la noble vertu de la solidarité.

Quand le maître aura communiqué à ses élèves ces belles habitudes de l'indépendance, de la justice, du courage et de la bonté, il reconnaîtra que la volonté est un champ qui se cultive comme une autre faculté et que le meilleur fruit que l'éducation puisse donner est un caractère[1].

SUJET

Quelles sont les qualités d'un bon instituteur ?

Plan. — *a.* Conduite publique : énumération des moyens qu'il emploiera pour s'attirer l'estime de tous et se faire aimer.

b. Éducation : moyens qu'il emploiera pour établir dans sa classe une autorité incontestée et se faire en même temps aimer de ses élèves.

c. Instruction et enseignement : qualités professionnelles et pédagogiques dont il devra faire preuve dans son école.

d. Conclusion : Aimer sa profession, perfectionner ses méthodes et augmenter son instruction.

Développement. — La profession d'instituteur est, comme la plupart des carrières, semée de difficultés qui naissent les unes du milieu qu'on habite, d'autres de notre rôle d'éducateur, d'autres enfin de l'enseignement même que nous sommes chargés de donner. Il est donc nécessaire que le jeune homme, placé à la tête d'une école, s'en rende clairement compte, afin d'être plus capable de les éviter ou de les surmonter. Son premier soin, à son arrivée, doit être de produire une bonne impression sur les habitants de la commune. Qu'il se présente donc comme un homme qui a l'intention non d'y faire un séjour forcé et plus ou moins

---

[1] On reconnaîtra dans ce devoir plusieurs idées de M. Manœuvrier, *Éducation de la bourgeoisie*. — Cerf, 1889.

court, mais de s'y fixer et d'y vivre de la vie de tous ; qu'il évite de se plaindre aussitôt soit du logement, soit de sa classe, soit des habitudes locales, convaincu, comme il doit l'être, que l'on rencontre partout des difficultés, et que la sagesse consiste à s'accommoder aux circonstances pour arriver à les dominer. La commune offre-t-elle, ce qui se voit, hélas! trop souvent, le spectacle de divisions politiques ? Qu'il remplisse alors ses fonctions de secrétaire de mairie avec la plus étroite impartialité ; qu'il se garde bien de la démangeaison d'être quelqu'un et de jouer un rôle militant. Cette réserve est l'unique moyen de gagner l'estime d'un Conseil qui ne professe pas les opinions que lui-même enferme dans son cœur et de garder vis-à-vis du maire une indépendance qui est toujours relative. Mais que cette impartialité ne soit point taxée d'indifférence par les gens de la commune. Qu'il se fasse, au contraire, en dehors des rivalités locales, l'agent et l'apôtre de tout ce qui peut favoriser l'intérêt général : qu'il fouille, par exemple, à ses moments de loisir dans les archives de la mairie et se renseigne auprès des habitants pour faire une notice sur la commune, qu'il trace de la localité et des environs un plan en relief et une carte murale, ou dresse une flore de la région. Ces travaux, utiles d'abord aux enfants de sa classe, serviront plus tard de documents pour l'histoire de la France. Quant à ses relations avec les personnes, elles doivent être telles qu'on peut les attendre d'un homme bien élevé ; qu'il se montre respectueux envers ses supérieurs, affable et poli avec tous. S'il se conduit de la sorte, il sera aimé et il vivra tranquille.

Pour sa conduite à l'égard de ses élèves, il s'inspirera des mêmes principes qui sont le fondement de sa vie publique. Les enfants lui arrivent favorablement prévenus, puisqu'ils n'ont jamais entendu parler de lui qu'avec sympathie, disposition qui sert et affermit son autorité personnelle. Cette autorité ne lui viendra pas des peines disciplinaires dont il est armé; mais elle sera toute morale, elle procédera toute de l'ordre qu'il apportera dans le travail scolaire, de l'exacte justice qu'il observera dans la distribution des récompenses et des punitions, enfin du soin constant qu'il aura de rendre plus parfait son système d'éducation. Et non seulement il sera jaloux de garder intacte son autorité; mais, ce qui vaut mieux encore et n'est pas incompatible avec l'autorité personnelle, il recherchera l'affection de ses élèves; car il sait que, selon le beau mot de Michelet, l'éducation c'est l'amitié. Dans ce but il se montrera bon, actif et digne. Il doit comprendre en effet que dans l'enseignement le caractère du maître peut exercer sur l'élève une influence considérable. Durant une longue vie commune, rien autant que le caractère ne modifie un autre caractère. On enseigne non seulement par ce qu'on dit et fait, mais encore et puissamment par ce que l'on est. Dans le travail de la classe, la valeur de l'œuvre dépend surtout de celle de l'ouvrier. Il est impossible de séparer l'une de l'autre. Et, comme à l'école élèves et maître vivent en un contact plus étroit que dans toute autre profession, il est nécessaire d'examiner autant le caractère de la besogne à faire que la manière de l'entreprendre. Se faire aimer, ce qui est le plus sûr moyen de connaître les enfants, sera donc le fondement de sa méthode d'éducation. Les élèves le comprendront; aussi feront-ils des efforts pour lui plaire et suivre ses conseils. Ils se distingueront bientôt par leur politesse et leur bonne tenue; dans la rue, dans leurs jeux, dans la famille, à l'église ils ne seront point autres qu'à l'école. D'une telle éducation donnée aux enfants tout le monde sera content, et l'instituteur sera heureux de la donner.

Il n'aura pas moins à cœur l'instruction que l'éducation. Aussi le verra-t-on toujours dans sa classe avant l'arrivée des élèves; de sorte que la salle sera prête et le travail de la séance déterminé. Le modèle d'écriture sera au tableau noir, les livres dont il aura besoin se trouveront sur sa chaire, chacun pourvu d'un signet indiquant la leçon du jour, ce qui voudra dire que la classe aura été préparée. Il suivra soigneusement son horaire, de sorte que chaque moment sera bien employé. Il saura rendre attrayant l'enseignement de l'école en alternant avec art les exercices et en évitant la routine. Aussi le verra-t-on placer à la classe du matin et dans la première séance l'étude des matières qui demandent un effort de mémoire et d'intelligence, rendre son enseignement plus concret à mesure qu'il s'approchera de la fin de la classe, mettre plus particulièrement à la séance du soir les travaux qui exigent l'attention de l'œil et qui sont compatibles avec le besoin d'agitation naturel à l'enfance : par de tels soins il évitera le surmenage intellectuel, et les élèves reprendront le lendemain leur besogne avec la même ardeur que la veille. Pour les leçons et les devoirs, il se guidera sur la force de chacune des divisions de son école. Les leçons seront choisies avec goût et sobrement expliquées, elles seront courtes et gaies. Il apportera le même soin dans le choix et l'explication des devoirs ; il fera lui-même des recueils de problèmes, de dictées et de compositions françaises, recueils qu'il modifiera chaque année. Pour les explications que comportent les autres matières du programme, il les rafraîchira constamment par des lectures personnelles faites dans de bons livres qu'il prendra dans la bibliothèque du canton ou qu'il empruntera à l'obligeance de quelques personnes de la localité. Il complétera son instruction professionnelle en assistant régulièrement aux conférences cantonales qui, bien que rares et ne donnant que des informations incomplètes, sont néanmoins utiles pour l'appréciation des livres de classe et le perfectionnement des méthodes. Il n'oubliera pas non plus d'étudier les ouvrages de pédagogie qui sont sous sa main, et les revues d'enseignement et d'éducation.

Tout cela, dira-t-on, exige un travail immense et qui ne saurait être suffisamment rétribué. Nous répondrons que la récompense matérielle n'est pas la plus noble qu'on retire de l'enseignement et que, dès qu'on a choisi la profession d'instituteur, il faut constamment travailler pour rester à la hauteur de sa mission. C'est un point d'honneur. Du reste ces soins, quand ils sont réguliers, ne demandent que peu de temps et n'empêchent pas les occupations personnelles. Mais le plus touchant spectacle, c'est celui d'une école dirigée par un homme amoureux de ses fonctions, c'est-à-dire une classe débarrassée de l'appareil scolastique, fruit de la routine, une classe qui répond pleinement aux exigences de la vie sociale, où le maître aimé et honoré de ses élèves est devenu leur éducateur et leur conseiller, une classe enfin où les enfants viennent avec joie parce qu'ils sentent que toutes leurs facultés s'y développent et parce qu'ils y trouvent la satisfaction de tous les bons instincts de leur âge.

Tel est, dans ses grandes lignes seulement, le portrait que l'on peut faire du bon instituteur.

PLANS

I

Y a-t-il une science spéciale de la réprimande? Et quelle doit-elle être? — Définition de la réprimande (dictionnaire). — Elle est importante et facile. — Faits auxquels elle s'applique.

1° Caractères qu'elle doit réunir : courte, précise, affectueuse, raisonnée, animée. Elle doit adopter la forme de l'interrogation.

2° Conditions essentielles chez la personne qui la prononce :

conduite exemplaire ; simplicité et franchise ; chaleur douce des paroles ; désintéressement visible et affection réelle pour le réprimandé. — Conditions relatives au caractère de celui qui la subit : elle ne doit ni s'appuyer sur un intérêt mesquin, ni invoquer la plus haute idée morale ; elle doit être appropriée à l'état actuel de l'âme en faute.

3° La réprimande ne tient pas lieu d'une forte éducation ; c'est une correction rapide qui a pour but de faire apercevoir au coupable une contradiction : exemples de fautes à réprimander et raisons à donner à celui qui veut excuser sa conduite.

4° Le maître supposera, sans le croire, dans l'esprit du coupable des pensées qui amènent des protestations favorables à la réprimande : ex. : ressembler à un tel ! Il finira par une communion de sentiments avec le réprimandé, qui empruntera quelque chose de grave à son caractère, à son expérience et à son affection.

Conclusion : Quelques lignes de résumé.

(D'après M. Portelette, *Compositions françaises de mor. et de litt.* Gaume).

II

Nécessité de surveiller les enfants après la classe. — Comment peut se faire cette surveillance ?

1° Nécessité de surveiller les enfants après la sortie de classe : raisons : absence des parents, fréquentations de la rue, accidents, ordre.

2° Moyens employés en Allemagne pour recevoir les enfants entre les classes : refuges où on les fait manger et où on les occupe.

3° Ne pourrait-on pas les faire rester dans les préaux, cours, etc., où, après avoir mangé, ils s'amuseraient ?

Corrigé : *Revue pédagogique*, 15 novembre 1885.

III

Expliquer, 1° dans son application générale, 2° en se plaçant au point de vue de l'éducation, cette maxime : Plus fait douceur que violence.

1° Expliquer les mots *douceur* et *violence* : qu'est-ce qu'une personne douce, qu'est-ce qu'une personne violente ? Appuyer ces définitions de deux exemples pris dans La Fontaine : Fable de *Phébus et Borée* (d'où la maxime est tirée) et celle du *Lion et du Rat*, dont la morale est la même. Montrer ensuite et pour terminer cette première partie que la douceur gagne les cœurs et est une vraie force.

2° Quels résultats obtient le maître qui emploie la violence ? Il produit la crainte, qui empêche les enfants de s'ouvrir et comprime l'essor des facultés. Des exemples. Montrer ensuite que le maître qui emploie la douceur produit les effets contraires. Il inspire la confiance, développe les facultés intellectuelles et morales.

3° On atteindra le vrai but de l'éducation en alliant la douceur à la fermeté.

IV

De la nécessité et des moyens de rendre l'étude aimable.

1° Sur ce point, l'un des plus difficiles de l'éducation, il faut que le maître arrive à faire aimer l'étude et à se faire aimer lui-même.

2° Il atteindra ce but en répandant de l'agrément sur les principes qui sont secs et rebutants, en étudiant les caractères de ses enfants et en tempérant l'autorité par la raison.

3° Le grand art est donc de rendre l'enseignement attrayant et d'adoucir l'étude par des divertissements.

Corrigé de trois pages, Rollin, liv. VI, article 10.

V

Dans quelle mesure et par quels moyens peut-on rendre attrayant le travail de l'école primaire ?

1° Les pédagogues sont unanimes à reconnaître qu'il faut rendre le travail attrayant pour les enfants. Citer des opinions et poser la question.

2° Dans quelle mesure ? Allier sagement le travail et le plaisir. Montrer que cela est possible. L'un accroît l'autre.

3° Moyens : donner des devoirs courts et variés ; graduer les difficultés ; être clair et patient ; user habilement des récompenses et des punitions.

4° Conséquences : le travail fortifie la volonté et élève l'enfant à ses propres yeux.

VI

Dans quelle proportion faut-il allier les jeux et le travail dans l'éducation des enfants de cinq à huit ans?

1° L'enfant doit avoir des heures de récréations, mais il doit aussi apprendre à travailler.
2° Le travail n'est pas agréable en lui-même, mais on l'entreprend en vue d'autre chose. Le jeu est agréable en lui-même, témoin la promenade et les jeux des hommes.
3° L'homme est le seul animal voué au travail. Il est donc très important d'apprendre à l'enfant à travailler. L'oisiveté est plus lourde encore que le travail.
4° C'est à l'école que le penchant au travail doit être cultivé, car l'école est une culture forcée sans être une geôle.

Corrigé : *Pédagogie*, de Kant, p. 80, 81, 82, traduction Barni-Thamin.

VII

De la nécessité et des moyens de conduire les enfants par le sentiment de l'honneur.

1° Inspirer aux enfants le sentiment de l'honneur et la crainte du déshonneur, c'est avoir établi dans leurs esprits les vrais principes de conduite et avoir trouvé le secret de l'art de l'éducation.
2° Si les maîtres les louent ou les blâment à propos, ils produiront sur leurs esprits plus d'effet que par le recours à la menace et aux punitions.
3° Grâce à cette méthode, ils comprendront que, s'ils son loués et estimés, c'est pour leur bonne conduite, et ils aimeront toutes les formes de la vertu.

Corrigé : *Pensées sur l'éducation*, art. 56, 57, 58. Locke, trad. Compayré.

VIII

Exposer quelle est l'importance de l'esprit d'ordre pour l'instituteur.

1° Définition et importance de l'esprit d'ordre. Il consiste à mettre chaque chose à sa place et à donner une heure pour chaque exercice.

2° Dangers auxquels s'expose (développement par les contraires) un maître qui ne fait pas régner l'ordre dans sa classe.

3° C'est une faute préjudiciable au maître et aux élèves.

    Corrigé : *Revue pédagogique*, mai 1881, page 516.

IX

Montrer le but que se propose la politesse et en déterminer la vraie nature. — Efforts que doit faire l'instituteur pour l'établir.

1° Le premier travail de l'éducation, œuvre de politesse, consiste à dégrossir les natures brutes et encore sauvages, puis à leur apprendre le savoir-vivre.

2° La vraie politesse ne consiste pas dans les grandes manières. Exemples de villageois qui ont une politesse douce et naturelle, plus agréable que les dehors mondains.

3° Regrets de voir disparaître la bonne politesse, remplacée dans les écoles et le monde par la rudesse et la vulgarité. Devoir de l'instituteur.

    Corrigé : Dupanloup : *l'Éducation*, tome Ier, pages 18, 19, 20, 21. (Depuis : l'éducation n'est pas seulement..., jusqu'à la fin.)

X

De la politesse. — Comment l'instituteur doit-il et peut-il rendre ses élèves polis ?

1° Définition : Mme Lambert (avis d'une mère à son fils) définit la politesse l'art de concilier ce que nous devons à autrui avec ce que nous nous devons à nous-mêmes. Expliquer cette définition en quelques lignes.

2° En quoi consiste-t-elle? C'est la vertu de l'homme policé. Elle commande le respect des personnes, surtout dans leur sensibilité, des actes de déférence à leur égard qui font voir notre disposition à accomplir *nos devoirs* envers elles et à reconnaître *leurs droits*. Voilà..... Seulement notre définition (concilier) ne permet pas notre abaissement, la platitude... Elle n'est pas ce que La Rochefoucauld appelle un désir de recevoir des politesses et d'être estimé poli. Elle est un devoir de justice; mais *summum jus*... Elle est plus, parce qu'elle tient à la bonté, à la charité : La politesse est à l'esprit Ce que la grâce est au visage ; De la bonté du cœur elle est la douce image, Et c'est la bonté qu'on chérit (Voltaire). Donc se sacrifier un peu, se priver, être modeste, avoir l'air d'estimer plus les autres que soi-même. La violation de la politesse est au fond une injustice. Donc politesse est justice et bienveillance. Voilà la politesse dans la société.

3° C'est à cette politesse que doit préparer l'instituteur. Comment y arriver?

a. Qu'il y ait de l'ordre chez l'enfant et chez le maître (tableau de travail régulièrement suivi, punitions et récompenses données à propos). De même pour les devoirs, leçons et interrogations. Visites, bonne tenue partout : voilà pour l'enfant. L'exemple (bureau, livres et tenue personnelle), voilà pour l'instituteur. *Tous ces soins* seront de *tous les jours*. C'est ainsi que s'établit l'ordre.

b. L'ordre produit : la propreté, qui, au dire de Volney, est une vertu : chez l'enfant : livres, cahiers, vêtements, personne. Chez le maître, *idem*. — La sociabilité : pour l'enfant : devoirs envers camarades et autres personnes. — Pour l'instituteur : conseils pour remplir ces mêmes devoirs.

Conclusion : C'est en ayant tous ces soins, en inculquant ces sentiments, qu'on les amènera (les enfants) à cette politesse qui, au dire de Joubert, est la fleur de l'humanité.

(Plan avec indications, intermédiaire entre le plan et le développement.)

XI

Comment peut-on faire la psychologie pédagogique de l'enfant ?

1° On ne parvient à diriger l'enfant qu'en se pliant aux inclinations de sa nature. C'est plus profitable que de discuter sur ses qualités et ses défauts.

2° L'éducation doit commencer dès que l'âme naît chez le nourrisson. Les difficultés de la discipline rendent cette étude psychologique nécessaire.

3° Une éducation excellente veut qu'on associe la pédagogie et la psychologie. Sans cette union, il est impossible de régler l'ordre des études, de faire un choix entre les sciences et les lettres et d'apprécier la valeur des méthodes d'enseignement.

Corrigé : Compayré : *Histoire des théories pédagogiques en France*, pages 8, 9, 10.

XII

Du caractère violent et du caractère indolent, lequel est, d'après vous, le plus aisé à réformer ?

1° Définition du caractère violent : Procéder par des exemples : l'enfant qui bat sans nécessité les animaux, détruit une plate-bande par instinct de destruction, qui entre en colère à toute remontrance ou punition méritée, est un caractère violent ; il emploie la force hors de propos. Pourquoi l'est-il ? C'est parce qu'il est faible et ne se possède pas. Il sera mené par une force supérieure à la sienne ; car celui qui est fort (dévelop. par les contraires) se contient... Ex. : le duc de Bourgogne et Fénelon.

2° Définition de l'indolent : C'est l'enfant qui, lorsqu'il a un devoir à faire, ne le fait pas, ne se défend pas contre les entreprises d'autrui ; en résumé, celui qui n'a pas assez d'énergie pour remplir ses devoirs et faire prévaloir ses droits. Comment peut-on le mener ? La persuasion n'y peut rien. Il faut donc employer des moyens de coercition. Ex. : le Dauphin et Bossuet.

3° Conséquences de cette conduite vis-à-vis de l'un et de

l'autre : 1° violence supérieure ou persuasion (voy. *Emile*, liv. II); 2° prévenir et supprimer les obstacles. Laideur de la violence et dangers de l'extrême facilité : 1° Emploiera-t-on les moyens violents? — Non. Système des variations naturelles (défendre); 2° le maître forcera d'agir le plus possible.

Conclusion : C'est le premier qui est le plus aisé à réformer.

XIII

Dire s'il est bon de combattre chez les enfants l'inégalité des facultés, et par quels moyens on peut y arriver.

1° Montrer qu'une faculté, telle que l'imagination, la raison, etc., quand elle est très développée chez un homme, provoque notre admiration ; mais qu'une personne *accomplie*, c'est-à-dire qui possède des facultés bien équilibrées, plaît encore davantage. Des exemples.

2° Est-il permis à un instituteur de faire chez des enfants ce qui est chez l'homme une nécessité, c'est-à-dire de *pousser* des élèves dans l'étude de quelques matières de la classe? Non, car tel n'est pas le but des classes primaires. L'expliquer.

3° Si l'instituteur ne doit pas pousser au développement de telle ou telle faculté, il doit combattre le penchant qu'ont certains élèves à faire ce qui leur plaît davantage. Par quels moyens? Combattre les facultés littéraires par les facultés scientifiques. Des exemples.

4° Une école ne se juge pas d'après les succès dans les concours et les examens, mais bien par les résultats d'ensemble que le maître a obtenus.

XIV

Est-il nécessaire d'apprendre par cœur et dans quels cas?

1° Incontestablement, car apprendre par cœur développe la mémoire, qui a le droit d'être cultivée pour elle-même et contribue au développement des autres facultés.

2° Cas. *a*. Il y a en arithmétique et dans toutes les sciences exactes des formules employées fréquemment et citées sans cesse, qui simplifient le travail et qui, pour cela seul, doivent être apprises par cœur.

b. Il y a des choses dont nous avons besoin de nous rappeler la substance seulement, mais qui sont plus faciles à retenir quand elles ont pris une forme fixe et brève. Ex. : Définitions, axiomes, règles, etc.

c. D'autres choses méritent d'être apprises et pour les idées et pour la forme qui les exprime : un mot historique, pièce de vers, maxime, etc.

3° Ces connaissances sont utiles pour le commerce de la vie, pour la profession qu'on exerce et aident souvent le travail des autres facultés de l'esprit.

XV

Expliquer et apprécier cette décision de Rousseau : Émile n'apprendra jamais rien par cœur, pas même les fables de La Fontaine, toutes charmantes qu'elles sont.

Il faut d'abord savoir ce que Rousseau entend par mémoire (Compayré, *Pédag.*, p. 3). Il n'y a pour lui que la mémoire des sens et des choses : le premier livre de l'enfant doit être *Robinson Crusoé*. Il repousse l'étude par cœur de choses abstraites parce qu'il associe la mémoire au jugement. Donc pensée vraie et fausse. Telle est la division.

1° Part de vérité : Il faut enseigner à l'enfant des choses justes et à sa portée ; lui faire connaître beaucoup de choses par les yeux, non par le livre ; exciter son esprit par le travail, fortifier son jugement par la comparaison ; ne pas lui faire apprendre trop par cœur, car on court le risque de lui enseigner des erreurs. Mais faut-il supprimer des exercices de mémoire tout ce qui n'est pas connaissances naturelles et physiques? (Des exemples.)

2° Part d'erreur : Parce que l'enfant ne comprend pas toutes les qualités du style des fables (les énumérer) et d'autres morceaux de prose ou de vers, faut-il ne lui rien faire apprendre au point de vue de la langue et du style? Réfuter Rousseau, théoricien, par Rollin, homme d'enseignement, qui dit : on doit toujours donner aux enfants des leçons et des devoirs un peu au-dessus de leur force réelle. Il en est des exercices de mémoire comme de toutes choses ; ils ne sont mauvais que par l'abus qu'on en fait.

Conclusion : Cultivons sagement la mémoire chez l'enfant ;

XVI

Comment la vie de l'école normale peut-elle développer chez la jeune maîtresse les qualités du cœur et de l'imagination?

1° Une jeune fille bien instruite et bien élevée est l'honneur de sa maîtresse et la joie de ses parents; mais aux qualités de l'esprit elle doit joindre celles du cœur, qualités qui attestent chez elle une âme sensible et bonne (1er paragraphe).

2° La vie scolaire, telle qu'elle est, semble peu favorable à l'épanouissement du cœur commencé par la vie de famille. Les programmes, en effet, sont absorbants, imposent la nécessité du succès final et font naître l'égoïsme dans l'âme de jeunes filles chez qui la vie variée de la famille avait développé le cœur et l'imagination (2°, 3° et 4° paragraphes).

3° Les dangers de ce surmenage intellectuel sont : le refroidissement du cœur ou une réaction du tempérament. Le devoir d'une directrice est donc de prévoir ces dangers, de les signaler quand ils se produisent et de rechercher les moyens de les conjurer (5° et 6° paragraphes).

4° Ces moyens consistent à fournir aux élèves de fréquentes entrevues avec les familles, à faire naître entre elles la camaraderie et l'amour de la maison où elles vivent (7°, 8°, 9° et 10° paragraphes).

  Corrigé : *Revue pédagogique*, 15 mars 1887. Dissertation d'une aspirante au certificat d'aptitude à la direction des écoles normales.

XVII

Expliquer, discuter et apprécier cette pensée : Savoir suggérer est une des grandes finesses de l'éducation.

1° Qu'est-ce que suggérer? La suggestion mentale est l'art de faire naître par insinuation et par inspiration des idées dans l'esprit de l'enfant.

 a. La suggestion repose sur l'association des idées : aucune pensée, aucun fait de la vie de l'esprit qui n'éveille une autre pensée, un autre fait, car les facultés de l'âme ne s'exercent pas isolément. L'instituteur doit donc fonder son œuvre pédagogique sur la vie psychologique (des exemples).

b. Or, son œuvre comprend l'éducation et l'instruction ; il suggérera donc :

1° Des faits de conduite : piété filiale suggère reconnaissance, respect pour les parents, amis, bienfaiteurs, etc. ; justice : liberté, protection, etc. ; propreté : santé, etc.

2° Des faits d'instruction : cause suggère effet ; date : grands événements ; noms d'artistes : monuments célèbres ; vérité morale : vérité mathématique, etc.

c. Manière de suggérer. L'instituteur qui connaîtra bien la connexité des faits de la vie psychologique : sensibilité, intelligence et volonté, d'une part; mémoire, imagination, raison, jugement, de l'autre ; et les rapports qu'il y a entre les diverses matières qu'il enseigne, sera très apte à suggérer. Il se préoccupera surtout des associations logiques et naturelles et moins des associations factices dont le souci pourrait dénaturer son enseignement. Deux exemples : Histoire : Constructions faites au nom de Louis XIV, c'est le peuple qui les paiera et s'appauvrira (morale rattachée à histoire). Géographie : Rhône : traverse Lyon (soieries, métiers), d'où : leçon de choses. De même : Découverte de l'Amérique. — Renaissance.

2° L'esprit de finesse est donc la condition de la suggestion. L'instituteur doit donc avoir, selon le mot de Pascal, la vue bonne et pénétrer. Appliquer aussi à la suggestion le mot de d'Alembert : la meilleure suggestion, c'est d'en faire.

XVIII

Quels sont les moyens généraux les plus efficaces pour exciter et soutenir l'attention des élèves?

1° Définition de l'attention : voy. *Psychologie*. C'est diriger en agissant sur la volonté les forces intellectuelles de l'enfant vers un but précis (élargir cette définition au moyen d'exemples tirés des travaux de l'école).

2° Comment agir sur cette volonté ? Par le plaisir : *a.* Plaisir immédiat, que cause l'action même de s'instruire ; des leçons attrayantes, des tâches proportionnées et des préceptes intelligibles feront aimer l'étude. *b.* Plaisir en perspective, qui naît de l'acquisition d'une connaissance qui vous causera plus tard de la satisfaction ; les promesses de fortune et d'honneurs dus à l'instruction, peu efficaces à cause de leur éloignement, agiront néanmoins si l'on y joint l'idée de devoir, de fierté et de contentement des parents.

3° Par la douleur : *a.* Les punitions seront un stimulant pour l'étude, si l'on en fait la conséquence de la négligence ou de la non-exécution d'un travail prescrit. *b.* La perspective d'une punition peut exercer une influence suffisante. Dans le cas contraire, il faut avoir recours à des punitions très proches, très intelligibles et inévitables. Elles sont un moyen inférieur.

4° Par la recherche d'un milieu calme, l'absence de distractions et d'émotions. Par la préparation au travail de l'esprit de l'enfant. Par la rapidité et la vivacité des transitions qui laissent des impressions fortes et sont favorables au discernement et à la mémoire.

5° Court résumé, car le devoir n'est qu'une énumération de moyens.

XIX

De l'attention. — Nécessité d'employer tous les moyens et quels moyens pour la provoquer et soutenir chez l'enfant. — Avantages que le développement de cette faculté procure pour l'éducation et l'instruction.

a. Définition de l'attention : voy. *Psychologie*. Elle est spontanée et volontaire. Son importance et son mécanisme : 1° Sans elle pas de mémoire, et la mémoire est le principe de toutes les connaissances, de l'intelligence même à tous ses degrés et sous toutes ses formes ; 2° elle est essentiellement motrice ; elle agit par des muscles sur des muscles en les arrêtant, de sorte que, d'après Maudsley, celui qui est incapable de gouverner ses muscles est incapable d'attention.

b. Attention spontanée : Son caractère est de toujours reconnaître pour cause immédiate quelque état affectif, car l'enfant, comme l'animal, etc., ne prête spontanément son attention qu'à ce qui le touche. Exemples. Employer des concomitants physiques pour produire chez lui un état de convergence de tout l'organisme et la concentration du travail : précautions, changements, surprises, étonnements, etc. Des exemples.

c. Attention volontaire : Exige de l'effet ; doit être provoquée artificiellement chez l'enfant par divers procédés qui se ramènent tous à cette formule : rendre attrayant par artifice ce qui ne l'est pas par nature, etc. Indiquer certaines matières de l'enseignement qui sont spécialement dans ce cas. Moyens de l'exciter et de la soutenir : crainte, curiosité, intérêt en général, l'habitude. Des exemples.

d. Avantages de l'attention volontaire : Elle est le seul procédé de perfectionnement et de progrès ; ceux qui la possèdent au plus haut degré sont le mieux armés pour la lutte. Faisons-la donc acquérir de bonne heure à nos enfants.

Voy. RIBOT : *Psychologie de l'attention* (Alcan, 1889).

XX

Une institutrice écrit à une de ses amies, institutrice comme elle, mais beaucoup plus jeune, pour lui parler des habitudes et de l'importance qu'il y a à ne pas en contracter de mauvaises.

1° Après un court préambule qui roulera sur l'amitié et la vocation d'institutrice, elle définira l'habitude et montrera les avantages des bonnes habitudes chez la maîtresse et chez les élèves.

2° Les effets des bonnes habitudes font comprendre combien il est dangereux d'en contracter de mauvaises et d'en laisser contracter de telles. Des exemples.

3° D'où la nécessité : *a.* D'étudier les penchants des élèves pour les faire tendre au bien ; *b.* De s'étudier soi-même pour se corriger et accroître son autorité.

XXI

De la routine et de l'habitude chez l'instituteur. — En montrer les effets.

1° Définition de l'habitude (définition littéraire et éclairée par des exemples qui en montrent les avantages).

2° La distinguer de la routine qui sera définie par un portrait du routinier (administration, enseignement et industrie).

3° Avantages de l'habitude : régularité, facilité, perfection et accroissement dans le travail accompli.

4° Inconvénients de la routine : Elle atrophie toutes les facultés chez le maître, et ne développe chez l'élève que la mémoire ; elle est funeste au progrès général.

Conclusion : Il faut donc l'éviter et la remplacer par des habitudes qui en ont les avantages sans en avoir les inconvénients.

XXII

De l'amour de la patrie (sol natal).

1° La Providence a inspiré à chaque homme l'amour du sol où il est né. Les pays les plus ingrats attachent plus encore que les contrées privilégiées. Exemples de l'Esquimau, etc.

2° C'est surtout quand nous sommes éloignés de notre pays que nous sentons l'amour qui nous y attache. Exemples divers et celui d'Andromaque, donnant des noms troyens aux lieux de son exil.

3° La source de cet instinct est dans des souvenirs de peu d'importance au premier abord, mais ils suffisent pour produire les plus douces émotions et quelquefois les actions les plus héroïques.

Corrigé : Chateaubriand, *Génie du christianisme* (morceau fort connu). Ajouter quelques conclusions pédagogiques.

SUJETS ANALOGUES

1° Les punitions à l'école primaire. — A quelles conditions sont-elles légitimes, efficaces et d'un effet salutaire ? — Comment les bons maîtres réussissent-ils, sinon à les supprimer, du moins à les réduire au plus petit nombre possible.

(Certificat pédagogique.)

2° Discuter et apprécier cette pensée de Locke : C'est par la crainte et le respect que l'instituteur doit d'abord prendre de l'empire sur l'esprit de l'enfant ; c'est par l'amour et l'amitié que plus tard il doit le conserver.

3° De l'effort personnel ; montrer qu'il importe de le développer de bonne heure chez les élèves, dans leur intérêt propre et pour le bien de la société. — Moyens à employer pour en faire contracter l'habitude dès l'école primaire.
(Certificat pédagogique.)

4° De l'intuition dans les facultés intellectuelles. — Quelles qualités développe-t-elle chez l'enfant ? — Quelles matières de l'enseignement sont surtout propres à l'acquisition de ces qualités ? (Certificat pédagogique.)

5° On dit que le développement de l'intelligence se fait presque toujours au détriment de celui du cœur. Dire ce qu'il y a de vrai dans cette opinion et montrer comment l'instituteur doit s'y prendre pour développer parallèlement chez ses élèves les facultés intellectuelles et les facultés aimantes de la nature humaine. (Certificat pédagogique.)

6° De l'imagination. — Dans quelle mesure faut-il, étant donnée la tendance évidente des maîtres à mettre en jeu dans l'enseignement les facultés d'observation exacte, faire intervenir l'imagination ? — Quelles sont les matières qui se prêtent le plus à l'exercice de cette faculté ? (Certificat pédagogique.)

7° Nécessité de rendre l'enseignement pratique. — Moyens d'y parvenir. — Matières qui en sont susceptibles.

8° On prétend que l'instruction détourne des travaux manuels. — Cette assertion est-elle fondée ? — Montrer comment l'étude et le travail manuel peuvent se prêter un mutuel appui.
(Brevet supérieur.)

9° Quelles bonnes habitudes ferez-vous contracter à vos élèves, quand vous serez institutrice, et par quels moyens ?
(Brevet élémentaire.)

10° Quels jeux trouve-t-on à votre école ? — Quels sont ceux que vous préférez ? — Raisons de votre préférence.
(Brevet élémentaire.)

11° Qui aime bien châtie bien. — Comment entendez-vous cette maxime ? — Comment en faites-vous l'application à votre école ? (Brevet élémentaire.)

12° Montrer que la politesse comprime nos défauts et fait ressortir nos bonnes qualités. (Brevet élémentaire.)

13° On dit qu'enseigner c'est choisir. Expliquez le sens de cette maxime pédagogique et démontrez-en la vérité par des exemples. (Brevet supérieur.)

14° L'instruction sans l'éducation est une épée aux mains d'un insensé. — Montrer la vérité de cette parole et en tirer la conclusion naturelle. (Brevet élémentaire et supérieur.)

15° Développer cette pensée en l'appliquant, au point de vue éducatif, à la mission de l'instituteur : « C'est sur la volonté qu'il faut agir, ce sont des actes qu'il faut provoquer, solliciter, obtenir; l'enseignement n'est qu'un prélude; l'éducation, c'est le combat. » (Préparation à l'inspection primaire.)

16° Un inspecteur primaire, après avoir visité un jardin d'enfants, adresse un rapport à son inspecteur d'académie : Dans ce rapport, il fait un exposé de la méthode Frœbel, met en relief le caractère et la graduation des exercices, indique les exagérations contre lesquelles il importe de se mettre en garde, et termine en énumérant les procédés de Frœbel qui pourraient, à son avis, être introduits avec profit dans les écoles primaires. (Préparation à l'inspection primaire. — Comité de la rue Caumartin.)

17° Les écoles maternelles. — Leur organisation pédagogique. — Leur caractère. — Leur but. — Montrer, au moyen d'un exemple, la différence qui doit exister entre une leçon faite aux élèves de l'école primaire et une leçon faite aux enfants de l'école maternelle. (Idem.)

18° Développer cette pensée : « Faire appel à la mémoire seule, c'est dresser l'homme et non l'instruire, c'est le rabaisser vers l'animal. » (Préparation à l'inspection primaire.)

19° Expliquer et développer cette pensée : Les qualités du cœur sont beaucoup plus nécessaires que celles de l'esprit : l'esprit plaît, mais c'est le cœur qui lie. (Brevet élémentaire.)

20° Expliquer et commenter cette phrase de Plutarque : L'enfant n'est pas un vase à remplir; c'est une âme à former. Tirer de cette maxime quelques conséquences pratiques applicables à l'enseignement primaire. (Brevet élémentaire.)

21° Aimer ceux à qui l'on commande est une grande force

pour être obéi. Expliquez cette pensée et montrez-en l'application à l'école et dans le monde.   (Brevet élémentaire.)

22° Dire en quoi consiste l'exactitude et quels sont les inconvénients de l'irrégularité dans la vie scolaire et dans les occupations du ménage.   (Brevet élémentaire.)

23° Une directrice d'institution trace dans une lettre affectueuse à une de ses anciennes élèves ses devoirs de mère de famille et de maîtresse de maison.   (Brevet supérieur.)

24° Quels sont et comment comprenez-vous les devoirs de politesse auxquels un jeune instituteur stagiaire est astreint vis-à-vis de son directeur, de ses collègues, de ses élèves, des parents et des autorités locales ?   (Brevet élémentaire.)

25° Développer cette pensée de Fénelon : La curiosité des enfants est un penchant de la nature qui va comme au-devant de l'instruction ; ne manquez pas d'en profiter.
   (Brevet élémentaire.)

26° Pourquoi dit-on qu'il faut obéir pour apprendre à commander ? — Expliquer par des exemples, pris dans la vie scolaire et ailleurs, la nécessité d'une discipline.
   (Brevet élémentaire.)

27° Des exercices d'observation. — Leur but et leur importance. — Principaux exercices d'observation à introduire à l'école primaire.   (Certificat pédagogique.)

28° On dit qu'il faut apprendre aux élèves des écoles maternelles à bien parler. — Qu'entendez-vous par là, et comment vous y prendriez-vous ?   (Certificat pédagogique.)

29° « A mesure que l'enfant grandit, il faut de plus en plus raisonner avec lui. » Expliquer cette pensée de Fénelon et l'appliquer à l'enseignement des principales matières du programme.   (Certificat pédagogique.)

30° Développer cette pensée d'Augustin Thierry : Il y a au monde quelque chose qui vaut mieux que les jouissances matérielles, mieux que la fortune, mieux que la santé elle-même, c'est le dévouement à la science.   (Brevet supérieur.)

DEUXIÈME CLASSE

(Préparation d'un plan.)

Sujet à traiter : *Lettre d'une jeune stagiaire à une amie, institutrice de campagne.*

Deux petites filles, d'une famille pauvre et habitant un des quartiers ouvriers de la ville, ont cessé, l'hiver venu, de fréquenter l'école. Elle est allée prendre de leurs nouvelles en compagnie de sa directrice. Elle racontera les émotions que son cœur a éprouvées pendant cette visite et le parti qu'a pris la directrice pour faire revenir les enfants à l'école, tout en soulageant une famille malheureuse.

Nous voici en présence d'un sujet tout différent de celui de la discipline. Ici nul développement, nul canevas, nulle division par paragraphes, nulle trace de plan : une indication sommaire, comme dans les sujets donnés aux examens, laissant toute latitude au savoir-faire du candidat. Il devra donc tout inventer; sa plume, pareille à la baguette du chercheur de sources, doit découvrir toutes les sources de développement. Sa tâche est difficile, mais elle n'est pas impossible. Il ne faut que de la réflexion.

Voici comment il pourra procéder :

C'est une lettre qu'il a cette fois à écrire; mais il ne faudrait pas croire, en voyant le titre de ce devoir, qu'il est dispensé de faire une matière et de la développer avec méthode. Courte ou longue, noble ou familière, toute lettre est une composition littéraire soumise, comme les autres genres, à des règles certaines et presque inflexibles. Qu'il prenne, pour en faire la preuve, la correspondance de Mme de Sévigné ou celle de Voltaire et qu'il opère sur une lettre comme nous l'avons fait pour les plans dont nous indiquons ici les corrigés ; il reconnaîtra que toutes les lettres de ces deux modèles du genre épistolaire peuvent se ramener à un plan parfaitement clair et rigoureusement suivi. C'est la forme qui fait illusion ; et ceux qui s'y laissent tromper, c'est-à-dire ceux qui ne savent pas composer, sont seuls à prétendre que dans une lettre on doit écrire au courant de la plume, la bride sur le cou, sans méditation et sans plan. D'ailleurs, qu'il retienne bien ce conseil que, si dans un examen on lui dicte un sujet mis sous forme de lettre, c'est presque uniquement pour lui faciliter l'entrée en matière et la conclusion de son travail.

Rappelons encore, avant d'arriver au début de notre sujet, qu'une lettre met des personnages en présence, et que c'est une obligation de donner à chacun de ces personnages le caractère qui lui convient. C'est faire une application d'un principe qu'en rhétorique on appelle le respect des mœurs oratoires. Ici les personnages qu'il faut présenter au lecteur sont d'abord l'adjointe et la directrice, ensuite la mère de famille et ses enfants que nous rencontrerons au cours de la visite qui leur sera faite. Ceux que l'on doit s'attacher à bien peindre sont évidemment la directrice et l'adjointe. Nous ne l'entreprendrons pas, parce qu'ils sont trop connus ; pour la mère et les enfants, ce ne sont que des comparses, en quelque sorte, qui, loin de chercher à usurper le premier rang, se contenteront d'être ce qu'en langage de théâtre on nomme des utilités. Un mot sur eux, au moment de la rencontre, suffira pour les caractériser. Nous nous bornerons à faire une seule remarque sur les personnages de premier plan : on doit conserver entre leurs caractères certaines nuances que comporte la différence d'âge et de situation. On représentera l'adjointe sous les traits d'une jeune fille bonne et généreuse par instinct, écoutant la voix de son cœur et se laissant aller même avec irréflexion aux élans naturels de ses sentiments !

Ainsi, quand elle voit le misérable taudis qu'habite une famille digne d'intérêt ; lorsqu'elle apprend que c'est faute de vêtements que les petites cessent d'aller en classe, vite elle porte la main à la poche, et donnerait, comme on représente souvent la charité dans les romans, sa bourse entière, si elle n'était contenue par la directrice, qui s'est aperçue du mouvement, et que l'on montrera, elle, sous les traits d'une personne positive, d'une femme de raison. C'est qu'elle est peut-être une mère de famille, tout au moins une ménagère forcée de suivre autant les calculs de la raison que les inclinations de la sensibilité. Elle a appris par une expérience quotidienne à se défier du premier mouvement chez elle et chez les autres ; c'est une caissière que le maniement des recettes et des dépenses met tous les jours en présence d'un livre de comptes, et pour qui la vie de famille qu'elle s'est créée est un perpétuel exercice d'arithmétique. Elle est comme une mère pour la jeune fille. Il n'est donc pas étonnant que, sans parler de la politesse qui veut qu'en ces sortes de choses on se règle sur ses supérieurs, elle semble lui apprendre à faire la charité avec réflexion, selon ses ressources et en pensant au lendemain. Voilà dans quel esprit il conviendra de concevoir ces deux personnages.

1° **Début de la lettre.** — Les conseils donnés à propos du devoir précédent sont encore de mise dans celui-ci. Il faut les avoir toujours présents à l'esprit. On se gardera donc bien d'entrer brusquement en matière. Plusieurs raisons s'y opposent : d'abord l'émotion de la personne qui écrit cette lettre n'est pas si vive qu'elle ne puisse s'empêcher, dès le début, de faire explosion ; ensuite la visite même qu'elle va raconter a dû être précédée de certaines circonstances qu'il faut découvrir ; enfin tout commencement de lettre entre amis contient une réflexion préliminaire, une observation confidentielle et amicale, sorte d'embrassade, puisque ici nous avons affaire à des dames, (salut ou poignée de main, si ce sont des messieurs), comme il est naturel quand on renouvelle connaissance par la poste. Toutefois ce préambule personnel sera court et renfermera, autant que possible, une allusion au sujet de la lettre. Ainsi, la jeune fille peut rappeler à son amie quelque circonstance de leur vie d'autrefois où l'affection toute particulière que l'on doit témoigner aux enfants pauvres de sa classe a été l'objet de leurs pensées ou la matière de leurs conversations.

2° **Episodes préparatoires au sujet.** — Après cette courte introduction, on arrivera à la première scène de l'acte qu'on veut raconter. Mais on n'entrera pas encore tout de suite et de plain-pied dans son sujet même ; on s'y acheminera progressivement, ainsi que l'on traverse le vestibule et le corridor d'un riche appartement avant de pénétrer dans le salon. Quels sont ici le vestibule et le corridor, c'est-à-dire les épisodes préparatoires du sujet? Il doit en exister ; ils sont presque indiqués par le sujet donné. Une directrice et une adjointe ne vont pas d'un seul coup dans une mansarde, comme transportées par la baguette toute-puissante d'une fée. Quelques faits doivent précéder cette entrée; quelques épisodes doivent l'amener. Il s'agit de découvrir ces détails préparatoires et de leur donner un caractère assez naturel pour qu'ils ne ressemblent pas à ces développements oiseux connus sous le nom de bagatelles de la porte. En voici deux qui se présentent d'eux-mêmes à l'esprit : 1° *Une conversation entre la directrice et son adjointe.* La directrice a dû plus d'une fois dans ses directions pédagogiques parler des rapports constants et bienveillants que l'on doit entretenir avec les familles. Qui fait son devoir strictement ne le fait qu'à demi. Quand les élèves manquent plusieurs jours consécutifs à la classe, il faut non seulement les signaler au rapport, mais aller, dès qu'on le peut, voir la famille, s'informer si les enfants

sont malades et demander une foule d'autres choses qui marquent aux yeux des parents que l'on s'intéresse réellement à leurs enfants. Cette conduite, que le cœur et l'amour du métier commandent, inspire confiance et contribue à la prospérité de l'école qu'on dirige. Eh bien ! un cas pareil s'est justement présenté dans la classe de notre adjointe. La directrice lui propose incontinent d'aller ce jour-là, qui est un jeudi, rendre visite à cette pauvre famille dont parle la matière ; elle joindra ainsi l'exemple au précepte et fera de la morale en action. Tel sera le premier épisode préparatoire, et que nous avons appelé le vestibule du sujet.
2° *Le trajet du groupe scolaire à la maison pauvre, à travers un quartier et des rues misérables.* Le second épisode aura l'avantage d'offrir un tableau général de la pauvreté des grandes villes avant le tableau particulier. Les grands écrivains emploient toujours ce procédé de composition. Ils présentent d'abord leur pensée sous une forme synthétique, puis ils la reprennent pour la présenter sous une forme analytique. Après le développement général, ils donnent le développement particulier. Qu'il s'agisse d'un fait matériel comme un incendie, une inondation, une tempête, ou d'un fait moral comme la nécessité de l'aumône, l'obligation du travail, la préparation à la mort, ils présentent leur pensée d'abord par un résumé, une vue d'ensemble, un coup d'œil à vol d'oiseau, ensuite par une série de détails, un dénombrement de parties. C'est le procédé que nous avons indiqué pour la partie centrale du devoir qui faisait l'objet de la classe précédente. Une autre observation importante, c'est qu'il faut joindre à la description générale de ces ruelles un portrait sommaire des passants déguenillés, quelques observations morales dans le but d'ôter au développement tout caractère de réalisme ; ainsi on pourra mêler à la description cette pensée générale que la pauvreté à la campagne offre un aspect moins affligeant qu'à la ville,

ou un sentiment de pitié pour ces pauvres repoussés des riches, qui logent eux dans les quartiers opulents. Les réflexions de ce genre relèvent le sujet ; c'est le marbre au lieu du plâtre, l'or à la place du cuivre. Tel sera le second épisode préparatoire que nous avons appelé le corridor du sujet.

On voit par les détails précédents qu'on peut toujours arriver progressivement à une idée principale, qu'il ne faut pas y courir précipitamment, mais s'y acheminer ; d'ailleurs, le caractère de la dissertation, qui est d'allure calme et réfléchie, qui laisse au discours la passion pour ne s'occuper que de l'examen des idées, ne comporte guère les entrées en matière connues sous le nom d'*exordes ex abrupto*. De telles façons de débuter doivent être considérées (quand elles ne sont pas des traits de génie) comme des preuves d'inexpérience, des aveux d'impuissance ou des expédients de paresseux.

3° **Le sujet même. Première partie. La visite.** — Nous voici maintenant arrivés au sujet même ; et c'est ici que la difficulté commence ; car l'écueil du devoir est, dans une peinture de ce qui a été vu et ressenti, de se laisser entraîner par le sentiment et d'oublier le côté pédagogique de la lettre. Il s'agit de décrire l'intérieur de ce pauvre réduit et la famille qui l'habite. Voici comment il faut procéder pour mettre de l'ordre et de l'intérêt dans cette description : pour l'ordre, il convient de décrire les objets, c'est-à-dire la chambre et le mobilier, avant les personnes, en vertu de cette règle de composition qu'on doit toujours aller *du moins au plus*, autrement dit des détails moins importants aux considérations plus intéressantes ; ce qu'il y a de moins important dans une maison, ce sont les murs et les meubles ; ce qu'il y a de plus intéressant, ce sont les habitants. Dans la description du mobilier, on ne se bornera pas à une nomenclature sèche et fastidieuse, à un inventaire de commissaire-priseur. On se gardera bien aussi d'entrer dans une foule de détails minutieux et fantaisistes, cette vermine, dit Voltaire, qui ronge beaucoup de bons livres. Ondoyante ou stricte, c'est là une forme qu'on doit sévèrement s'interdire dans un devoir fait d'après les règles de l'art ; et nous employons ce mot à dessein, parce que tout devoir de candidat au certificat d'études pédagogiques est, ou du moins doit être, autant que possible, une œuvre d'art; elle doit offrir l'application la plus rigoureuse des règles du goût. On tâchera donc de joindre à la description du mobilier une idée morale, c'est-à-dire que l'originalité de ce développement consiste à mettre à côté de chaque détail matériel, comme l'inspirant et le suggérant, un trait de caractère, une habitude propre à la pauvreté. Par exemple, on fera en sorte de ne choisir dans l'énumération des détails du mobilier que des objets capables de révéler la malpropreté, le manque de goût, l'irrégularité des habitudes, le désordre extérieur, l'indifférence pour le renouvellement de l'air et de l'entrée du soleil, en un mot tous ces défauts qui indiquent chez le pauvre une sorte d'abandon de lui-même et d'affaissement moral. Ce sont ces travers de l'esprit et ces maladies du cœur qu'il faut faire comprendre dans la description ; telle est l'idée qui doit donner au paragraphe sa physionomie ; sinon on ne fait, nous le répétons, qu'un inventaire, c'est-à-dire un développement sans valeur.

Après la description de la chambre ainsi entendue, on passera au portrait de ceux qui l'habitent. Une femme pâle, maigre et maladive dont la robe est plus que fanée ; deux petits garçons et trois petites filles (deux sont élèves de l'adjointe) tout grelottants de froid, près d'un foyer où finissent de se consumer quelques débris fumants. Nos deux visiteuses, après un coup d'œil qui leur fait comprendre cette profonde misère, sont saisies d'une pitié immense.

Ces pauvres enfants ne seraient-ils pas mieux dans une classe bien chauffée, amplement aérée et magnifiquement éclairée, gais et occupés avec leurs petits camarades? A la vue de cet intérieur la jeune fille connaîtra, mieux que d'après toutes les leçons, la beauté et la nécessité de l'hygiène. Dès leur entrée dans ce réduit, la directrice et l'adjointe forment la résolution tacite de tirer de là les enfants au moins une partie de la journée.

Au tableau succédera le dialogue; mais on n'oubliera pas qu'on écrit une lettre et qu'une lettre ne peut reproduire textuellement une longue conversation; elle ne doit en offrir que le résumé; on n'oubliera pas non plus que les questions trop minutieuses sur la vie, les occupations, les ressources de cette famille pauvre seraient un bavardage déplacé, attestant plus de curiosité que de pitié chez nos visiteuses. On se souviendra qu'une observation partie du cœur, un mot éclairé d'un sourire, un encouragement accompagné d'une larme indiquent plus de tendresse chez la bienfaitrice qu'un long questionnaire. On pourra enfin supposer que ces dames ne se bornent pas à de simples consolations, ni même à de pures promesses, mais qu'elles font à leurs protégés une première libéralité. Cette entrevue sera terminée par quelques paroles de la directrice. Quand on n'est pas assez fort par soi-même, on appelle à son aide. Elle annoncera donc à la pauvre femme qu'elle écrira au maire ou lui rendra visite pour l'intéresser à son sort et à celui de ses enfants. C'est ainsi qu'une autre partie nécessaire du sujet, la deuxième, se trouve annoncée. Mais ici on n'oubliera pas que, même dans une scène simple et naturelle, du moment où l'on fait une œuvre littéraire, on fait une œuvre d'art, et que l'art revendique partout ses droits; même dans une mansarde, près d'un grabat, à côté de haillons toute personne qui parle doit soigner son langage et remplacer la conversation par le style; sans cesser d'être naturelle, elle peut être soignée ; il faut non seulement bien agir, mais encore bien parler, même devant les pauvres. La charité et l'instruction doivent se donner la main. Il est inutile de prêter une réponse à la mère pauvre. Son silence sera plus significatif que ses paroles ; tout au plus doit-elle prononcer quelques monosyllabes de reconnaissance, quelques mots entrecoupés de larmes.

Deuxième partie. Les conséquences. — Que doit être maintenant cette deuxième partie, épilogue de la visite ? La jeune fille voit son rôle terminé ; car la directrice s'est chargée de conduire seule l'affaire jusqu'au bout ; c'est d'ailleurs son devoir ; c'est elle qui personnellement doit éclairer le maire sur certains besoins qui sont de sa classe, et surtout dans les attributions de la municipalité. Elle a fait une visite au maire, parce que dans une visite on obtient une réponse plus vite que par une lettre. Cette démarche a été couronnée de succès ; le maire a promis un secours efficace qu'il tirera de la Caisse des écoles, et la directrice en a informé aussitôt son adjointe. Ce paragraphe de notre composition sera donc un résumé méthodique des idées que la directrice a exposées dans le cabinet du maire. C'est ici que la pédagogie propre reprend tous ses droits. Quelles seront ces idées ? Elles seront évidemment celles que nous connaissons déjà ou que l'on pourrait facilement trouver en semblable occurrence ; d'abord le motif de la visite faite au maire par la directrice, puis un tableau de la misère qu'elle a vue de ses yeux, ensuite une demande de secours pour que ces enfants, habillés chaudement, puissent revenir en classe ; enfin et comme conclusion, une promesse de secours donnée par le maire. C'est là pour ainsi dire la matière de notre devoir. On pourra même, si on le juge à propos, employer quelque peu la forme directe en citant quelques paroles du discours de la directrice. Ce paragraphe d'analyse, qui sera bref, aura donc, malgré ses courtes proportions, quatre parties différentes. Dans un développement de ce genre, tout en observant l'ordre logique des idées, et en laissant chacune d'elles à sa place, on pourra supprimer les transitions. C'est un lest qui alourdirait la fin de cette lettre.

4° **Conclusion du devoir.** — On agira ici comme il a été dit pour le quatrième paragraphe du sujet développé dans la première classe. On exprimera quelques pensées qui ramèneront le lecteur à celles du début de la lettre : on fera une courte réflexion sur la joie d'avoir accompli une bonne action ; notre jeune fille comprend maintenant qu'il est facile et avantageux de remplir ses fonctions avec dévouement ; on gagne l'affection des élèves et des familles, l'estime de soi-même et la bienveillance de ses supérieurs.

Ces observations, qui sont longues, ne doivent pas donner à penser que la lettre aura des proportions énormes ; elle ne dépassera pas l'étendue ordinaire d'un devoir d'examen, soixante-quinze à quatre-vingts lignes au plus.

Nous terminerons par une dernière observation relative à l'ensemble du récit. Comme le compte rendu de cette visite est présenté sous forme épistolaire et qu'une des conditions du genre épistolaire est de ramener de temps en temps la personne qui écrit et celle de son correspondant, pour empêcher la lettre de tomber dans le récit pur et simple, la dissertation ou l'histoire proprement dite, il faudra dans cette composition, de distance en distance, imaginer des tournures, inventer des réflexions morales, des interpellations directes au correspondant, qui rappelleront l'auteur de cet écrit et celui qui va le recevoir.

De même que sur l'enveloppe d'une lettre on met à la fois un cachet de cire, signe de l'expéditeur, et une adresse, signe du destinataire, ainsi dans l'intérieur même de la lettre, c'est-à-dire dans la rédaction, dans la teneur, on doit mettre sous les formes dites *personnelles*, du *je* et du *tu*, du *nous* et du *vous*, les traces des deux personnes que suppose toute correspondance. C'est ce qu'on appelle satisfaire aux règles du genre. L'écrivain doit être assez discret pour ne pas abuser de ces formes ; ce serait un défaut aussi grave de les prodiguer que de s'en abstenir.

Il serait utile ici de se reporter au paragraphe : *Formules pour fin de lettres :* Stylistique, page 36.

Nous ajouterons à ces conseils relatifs à une lettre particulière quelques renseignements sur le cérémonial à observer pour toute correspondance. « César et Pompée, dit Voltaire, s'appelaient dans le sénat César et Pompée ; mais ces gens-là ne savaient pas vivre ; ils finissaient leurs lettres par *vale*, adieu. Nous étions, nous autres, il y a soixante ans, *affectionnés serviteurs;* nous sommes devenus depuis *très humbles et très obéissants*, et actuellement *nous avons l'honneur d'être*. Je plains notre postérité, elle ne pourra que difficilement ajouter à ces belles formules. »

Les formules finales ne nous manquent pas aujourd'hui, c'est plutôt l'art de choisir celle qui convient en propre à la personne à qui l'on écrit. On dit à un inférieur qu'on est *son affectionné serviteur*, on l'assure de son *estime*, de sa *considération*, de sa *considération distinguée*. Cette dernière formule peut même être renforcée par un superlatif. On présente à son égal *ses civilités empressées*, les *sentiments distingués avec lesquels on est* ou *on a l'honneur d'être son dévoué*, son *très dévoué serviteur;* on présente aux dames *des hommages*, *des hommages sincères, empressés, respectueux;* on offre à un supérieur *l'assurance de son respect*, *profond respect* et, à l'occasion, l'expression *de sa reconnaissance;* on lui dit qu'on a l'honneur d'être *son très humble et très obéissant serviteur*. Ces formules n'ont rien de servile ni d'humiliant,

Ce sont dehors polis que l'usage demande.

PLANS

Comment faut-il se préparer au certificat d'aptitude pédagogique?

I

1° Il y a deux sortes de préparations : la préparation éloignée et la préparation immédiate.

2° Préparation éloignée : Elle est complexe et repose sur l'influence de la réflexion, provoquée par les faits extérieurs, sur une étude approfondie de l'enfant et sur l'étude de soi-même.

3° Cette première préparation est incomplète si l'on n'y ajoute la seconde : la théorie de la science et de la langue de la pédagogie. Il faut donc étudier les livres qui développent la mémoire et le raisonnement, et, dans cette étude, aller des pédagogues simples aux grands pédagogues de tous les temps et de tous les pays.

4° Un mot de conclusion.

 Corrigé : Mme Chasteau : *Revue pédagogique*, 1883,
  premier semestre, p. 494 à 499, depuis : Pour
  passer convenablement... jusqu'à : Cependant...

II

Les maîtresses des écoles maternelles doivent ménager leurs forces.

1° Mme de Maintenon montre par des exemples qu'il faut savoir ménager ses forces en ne se fatiguant pas inutilement.

2° Elle explique les effets produits sur de jeunes caractères pour s'être fatigués mal à propos.

3° Il faut savoir se reposer sans nuire à sa charge et se rendre ainsi, à un moment donné, capable d'un grand dévouement.

 Corrigé : *Textes de M. Faguet*, page 583.

III

De la bonne humeur. — Nécessité de la bonne humeur pour les progrès de la classe. — Moyens de la provoquer et de la diriger.

1° Définition. La bonne humeur est une disposition de gaieté et de satisfaction qui tient à la santé du corps et de l'esprit, et qui peut être déterminée chez l'enfant par des circonstances extérieures. Ses effets généraux.

2° La belle humeur et l'entrain, c'est-à-dire l'activité joyeuse et heureuse, font naître le plaisir d'apprendre et la joie de travailler. Rien n'est si funeste aux progrès qu'une école ennuyeuse.

3° Elle est nécessaire aujourd'hui surtout que les programmes ne se prêtent pas à un travail patient et mesuré, et que l'on demande à l'éducation de prompts résultats. Dans ce cas, elle oblige les maîtres à ne pas dépasser la mesure, et elle entretient chez l'enfant une agilité d'esprit qui empêche la volonté de défaillir.

4° Moyens : Elle est le premier sentiment que le maître doit communiquer, le premier aussi qu'il doit éprouver. De plus, sourire, encouragements, récompenses, vivacité, dévouement, bonté, tous ces moyens, contenus dans de justes bornes, entretiennent la vie de la classe et ne détruisent point l'autorité.

IV

De la nécessité et des moyens de rendre l'école agréable.

1° L'enfant n'obéit guère au devoir, parce qu'il ne le comprend pas ; il cède plus volontiers à la crainte et au plaisir par répugnance instinctive de l'effort.

2° Il faut donc vaincre cette répugnance, en rendant l'école agréable par un bon éclairage, les salles par la propreté et l'ornement des murs de la classe qui en formerait un livre à images.

3° A ces obligations, qui sont du constructeur d'écoles, l'instituteur joindra ses soins qui consistent dans la température, le chauffage, la ventilation, etc., autant de moyens qui attireront l'enfant à l'école.

Corrigé : *Revue pédagogique*, mai 1881. A. Martin.

V

Allocution d'un instituteur à ses élèves pour les détourner de toute destruction inutile.

1° Début analytique : L'enfant qui frappe un chien sans nécessité..., un âne parce qu'il le trouve laid..., jette de la terre sur une ruche d'abeilles pour les mettre en colère, écrase un crapaud..., brise un vase, coupe un rosier... fait une mauvaise action et justifie le mot de La Fontaine : Age sans pitié. L'histoire appelle vandalisme la conduite d'hommes qui sont violents et cruels sans nécessité. Des exemples.

2° Est-ce à dire qu'il faut regarder comme absolu : Tu ne tueras point ? Non, il est permis de tuer par nécessité. Énumérer certains cas. Mais tuer pour tuer, etc..., excusable quelquefois chez l'enfant qui ignore, est une chose laide chez un homme. Pourquoi ?

3° Les Français l'ont bien compris puisqu'ils ont les premiers protégé les animaux (*loi* GRAMMONT ; — *Société pour la protection des animaux* ; — *Société pour la protection des vieux monuments* ; etc.). L'homme a en effet un rôle dans la création : le Français a un caractère qui répugne à ces violences (voir son caractère dans Montesquieu). C'est pour des qualités de ce genre que les étrangers nous aiment...

4° Il ne faut donc ni méconnaître la nature et nos rapports avec elle, ni démentir notre caractère. D'ailleurs il est une autre raison, tirée de l'utilité : ne pas frapper les animaux domestiques (les énumérer), c'est un dommage et de l'ingratitude, — ne pas briser les choses, elles coûtent...

5° Résumé un peu vif de ces points principaux.

VI

Que penser de ceux qui, préoccupés des besoins immédiats des classes populaires, veulent que dans les cadres de l'école il soit fait une place prépondérante au travail manuel ?

1° Pour donner une large place aux exercices manuels il

faudrait retrancher des programmes quelqu'une des connaissances générales qui préparent dans l'enfant l'homme et le citoyen.

2° Conséquences particulières : Cette mesure laisserait pour toujours dans un état d'infériorité manifeste l'apprenti qui n'aurait pas la culture générale nécessaire et ferait déserter les écoles.

3° Conséquences générales : Une loi sage a compris que ce serait porter atteinte à l'éducation professionnelle elle-même, l'enfant ne restant pas assez longtemps à l'école pour y apprendre sérieusement un métier.

Corrigé : O. Gréard, *l'Enseignement primaire*, pages 327-330.

VII

Quels ouvrages doivent composer une bibliothèque populaire? — Raisons de ce choix.

1° Une bibliothèque populaire doit se composer de livres absolument irréprochables au point de vue des mœurs (page 425);

2° De livres bien écrits et habilement choisis dans les chefs-d'œuvre classiques, car un livre mal écrit n'est pas assez honnête pour le peuple (pages 426-427);

3° De livres amusants et qui ne sont qu'amusants, car on a à vaincre l'ignorance et le cabaret (pages 427-428);

4° De livres techniques destinés à propager les découvertes scientifiques et les meilleurs procédés industriels. On remplacera ainsi le culte du sabre par celui du génie (page 429).

5° Résumé (page 430).

Corrigé : J. Simon, *l'École*, pages 425 à 430.

VIII

Nécessité de créer des bibliothèques pour l'école. — Composition de ces bibliothèques. — Services qu'elles peuvent rendre.

1° Comme les enfants aiment la lecture, il faut multiplier

pour eux, pauvres ou riches, les livres capables de les intéresser et de les instruire (26 lignes).

2° Le meilleur moyen pour arriver à ce but est d'enrichir la bibliothèque de l'école par :

a. Des livres d'instruction : énumération de ces livres (31 lignes) ; —

b. Des livres de lecture proprement dite, comprenant des œuvres d'imagination et de poésie : énumération de ces livres (32 lignes).

3° Conclusion : une bibliothèque, composée de cent volumes environ, transformerait la vie intellectuelle des élèves et atténuerait les pertes que subit l'été l'instruction des enfants de la campagne (14 lignes).

Corrigé : Michel Bréal, *Quelques mots sur l'instruction publique*, pages 81-84.

IX

Comment faut-il faire et diriger ses lectures pédagogiques ?

Introduction : les candidats lisent trop vite et sans méthode. Conséquences.

1° La pédagogie étant toute d'intuition, il faut y joindre l'observation et l'étude de l'âme de l'enfant ; c'est pourquoi les commençants ne peuvent, en lisant vite, comprendre les pédagogies, qui sont des livres difficiles et demandent à être digérés.

2° Il faut donc choisir ses ouvrages et ne pas lire ces manuels incapables de mettre la pédagogie à notre portée. Commencer par l'histoire des systèmes d'éducation qui est l'introduction de toute pédagogie rationnelle.

3° Il faut néanmoins des notions préliminaires, qui facilitent l'intelligence des théories qu'on lit. L'ordre des temps est favorable à notre éducation pédagogique.

Conclusion : Dans ces lectures il ne faut prendre que ce qui touche à l'école primaire.

Corrigé : Brouard, *Revue pédagogique*, 1883, 1er semestre, pages 123-129.

X

Caractériser les lectures et indiquer les livres de lecture qui en classe et hors de la classe conviennent aux élèves du cours supérieur (*filles et garçons*).

1° Pour les lectures de nos grands enfants des deux sexes il ne faut pas recommander ordinairement les livres qui renferment les types des passions les plus généreuses et des sentiments héroïques (citer des exemples du théâtre classique).

2° Mais ces lectures doivent porter sur des sujets simples et familiers, qui enseignent les vertus journalières (des exemples.).

3° Ce n'est rien, en apparence, que ces vertus de ménage, mais elles sont l'honneur des familles et contribuent à la force des nations par l'habitude du respect de soi-même.

Plan pris dans M. Gréard, *l'Enseignement primaire*, p. 137, fin.

XI

Un jeune homme a demandé conseil à son ancien instituteur sur le choix des livres qu'il pourra lire avec le plus de profit. Réponse de l'instituteur.

1° Le maître lui conseille d'abord de rester fidèlement attaché à la lecture.

2° Eviter les livres frivoles : parmi les livres sérieux, ceux qui lui paraîtront les meilleurs et qui lui plairont le plus seront pour lui les plus profitables; il lui recommande toutefois les livres d'histoire. Dire pour quels motifs.

3° Pour conclure, il lui rappellera que ce n'est point à l'aide des livres seuls ou même principalement grâce aux livres qu'on devient un homme. On se perfectionne beaucoup plus sûrement par l'action, par le travail que par la lecture.

Chaumont : octobre 1887, *Brevet élémentaire* (aspirants).

XII

Lettre d'un directeur à un de ses stagiaires, nommé à une école rurale, pour lui donner des conseils sur le classement de ses élèves.

1° Si votre classe a les trois cours, le succès de votre enseignement dépend du bon classement de vos élèves.

2° Le principe qui doit présider au classement est que chaque enfant doit trouver dans la classe où il est entré son niveau ou degré d'enseignement et connaissances acquises.

3° Manière de classer : faire, d'après l'article 14 de l'arrêté du 18 janvier 1887, des examens de passage ou d'entrée : mettre dans le cours élémentaire les élèves sachant lire et écrire, dans le cours moyen les élèves connaissant assez bien les règles de la grammaire et les quatre opérations de l'arithmétique, dans le cours supérieur les élèves pourvus du certificat d'études ou capables de l'obtenir.

4° Le classement fait, rendez votre enseignement méthodique en appliquant scrupuleusement les nouveaux programmes.

XIII

Une institutrice écrit à une mère qui gâte son enfant.

1° L'enfant doué du meilleur naturel a besoin de correction. Cependant votre fille n'est jamais reprise de... Vous riez de ses petites colères...; si elle pleure, vous lui donnez tout pour l'apaiser...; vous allez même au-devant de tous ses caprices... C'est elle donc qui commande... Les rôles sont renversés... N'est-ce pas là le moyen d'encourager ses défauts naissants?

2° Pour ce qui est des études, elle ne travaille que quand elle veut, et comme elle veut... On donne toujours tort à ses maîtresses... Comment fera-t-elle des progrès si elle suit sa paresse encouragée à la maison?... Si on la traite avec la sévérité commune, elle prendra la classe en dégoût... Si cette enfant ne s'habitue pas à mettre le devoir avant le plaisir, que de déceptions vous lui préparez! que de regrets vous vous ménagez!

3° Faites donc un effort sur vous-même... Sachez la priver de vos caresses, quand elle ne les a pas méritées, etc.... Exigez qu'elle soit studieuse... Vous aurez de la peine, et cela lui coûtera; mais elle deviendra la meilleure des enfants, et vous serez la plus heureuse des mères. (Sujet délicat et qui demande des précautions oratoires! — Vous supposerez que la mère vous a demandé conseil.)

XIV

Est-il d'une bonne pédagogie de substituer aux récom-

penses honorifiques, qui sont de tradition dans nos écoles, des prix en argent ?

1° Il est fâcheux de laisser croire aux enfants que l'argent est la fin de tout, et de faire intervenir dans l'éducation une question de gros sous.

2° Les livrets de caisse d'épargne sont, à vrai dire, des prix en argent ; mais ils visent un but particulier : inspirer le goût de l'épargne aux enfants et aux parents. Institution et réglementation de ces livrets.

3° A part cette exception, qui est justifiable, laissons les enfants travailler dans un but désintéressé ou d'instruction ou d'honneur.

Corrigé : Francisque Sarcey, *Dix-neuvième Siècle*, 20 septembre 1889.

XV

De la nécessité et des moyens de développer chez les enfants la franchise, la tolérance, la justice, la charité et tous les sentiments qui font la bonne camaraderie.

1° Montrer, en les définissant, combien sont belles ces vertus et quel charme elles ont chez l'enfant, qui a de soi le cœur ouvert et droit.

2° Leur importance pour la vie de l'école, qui est un apprentissage réel de la vie hors de l'école. — Peindre la vie d'écolier et montrer que, comme la vie de l'homme, elle repose sur la loi de la solidarité.

3° Pour atteindre le but proposé, l'instituteur pénétrera l'éducation et l'instruction qu'il donne de l'esprit de sociabilité. Puis à la parole joindra l'exemple.

XVI

On a critiqué la mise un peu recherchée d'une jeune fille, passant d'un extrême à l'autre, elle se néglige. Sa mère lui fait à ce propos les observations suivantes :

1° Ses premières toilettes (à développer) ont déplu en elles-mêmes (à développer) et par les défauts d'esprit et de caractère qu'elles semblaient révéler (*id.*).

2° Sa négligence actuelle (id.) est peut-être encore plus choquante (id.) pour des raisons de même ordre (id.).

3° Mais il y a un juste milieu. On peut s'habiller proprement, décemment, avec modestie, avec goût (id.). Rien n'est plus raisonnable (id.) et rien n'est plus charmant (id.).

— Donné à Chambéry : octobre 1888, Brevet élémentaire (aspirantes).

XVII

Indiquer le rôle de la sœur aînée dans une famille pauvre et nombreuse où la mère est obligée de se décharger sur elle d'une partie de ses soins et de ses devoirs.

1° A mesure que les forces de la mère diminuent, la jeune fille, qui grandit, s'associe davantage aux travaux de la maison. Services qu'elle rend à ses parents.

2° Elle prend de l'autorité sur les autres enfants. Elle les soigne et les dirige. Dans quelle mesure ? Dire comment elle se conduit avec les garçons et avec les filles, avec les plus âgés et avec les plus petits.

3° Plaisir qu'elle trouve à remplir ces différents devoirs. Affection dont on l'entoure. Estime qu'elle inspire.

Chambéry : octobre 1887, Brevet élémentaire (aspirantes).

XVIII

Dans une lettre adressée à une amie, vous parlerez du concours que vous prêtez à votre mère pour l'éducation et l'instruction d'une jeune sœur âgée de six ans.

1° Après une introduction courte et conforme à une lettre intime vous direz comment est composée votre famille et quelles occupations empêchent votre mère de consacrer un temps convenable à l'éducation et à l'instruction de votre jeune sœur.

2° Vous expliquerez comment vous-même, seconde mère par les circonstances et future institutrice, faites connaître et pratiquer à votre sœur les devoirs de son âge.

3° Vous montrerez ce que vous lui enseignez et de quelle

manière vous enseignez (Enseignement mixte : maternel et classique).

4° Résultats : vous peindrez le bonheur de votre mère, votre propre satisfaction, et vous jugerez votre œuvre.

XIX

On dit souvent qu'il faut préparer la jeune fille aux vertus du ménage. — Montrer quelle peut être l'industrie de la mère de famille et quel doit être dans le ménage son rôle d'éducatrice. — Moyens d'y parvenir.

1° Le rôle de la ménagère embrasse toute l'économie domestique et comprend quatre parties : le logement, le mobilier, le vêtement et l'alimentation. Son industrie sur ces quatre points donne à la famille le bien-être et le contentement (Pages 209 et 210).

2° Elle accroît la vie morale : elle enseigne la tendresse, le devoir, l'honneur et les généreux instincts, et détruit tout ce qui est contraire à ces beaux sentiments (211).

3° Comment concilier ce rôle avec la nécessité de fréquenter l'atelier? Ce travail rapporte. De plus, la France qui est un pays industriel, mais avant tout agricole, peut se passer du travail des femmes à l'atelier. Si, comme cela se pratique, nombre de filles et de femmes assiègent les portes des usines parce que, en dehors du tissage et de la filature, elles ne savent rien faire de leurs dix doigts, cela prouve que nos écoles ne valent rien (212).

4° Créons des écoles pour les filles, qui ont les mêmes droits à l'instruction que les garçons : nous donnerons ainsi aux maris des compagnes qui empêcheront la fréquentation du cabaret, donneront aux enfants une mère et raviveront la sève morale d'une société débordée par le scepticisme (213).

Corrigé : J. Simon, *l'École.*

XX

Quelles sont les vertus de ménage qu'exige de la jeune fille ce docteur anglais qui a dit : Desdémona est morte pour avoir laissé trainer ses mouchoirs et n'avoir pas su ranger son linge !

1° Définir la femme vraiment ménagère. Ses travaux :

a. Qualités acquises : amour du travail, ordre, économie, propreté, etc.

b. Qualités de caractère : bonté, douceur, patience, etc.

Voilà les qualités qui, selon Mme de Maintenon, sont requises pour diriger convenablement une maison.

2° Moyens pour les développer ou les réaliser :

a. Moyens théoriques : études morales. Connaissance de ses devoirs, lectures sur l'ordre, l'économie, la propreté. Leçons et conseils. Beauté de la femme d'ordre.

b. Moyens pratiques : parties de l'enseignement reçu : couture, coupe, assemblage, etc., tous les travaux manuels ; sciences : arithmétique, chimie, hygiène, comptabilité, économie domestique, etc...

3° Conclusion : Tout cela s'enseigne et se donne sans que les leçons de la classe en souffrent ; la pratique en peut commencer même à l'école.

XXI

Quels sont les moyens de faire servir la liberté, dont l'enfant a joui jusqu'à l'école maternelle, à sa propre éducation morale ?

1° Comme l'enfant a joui dans la famille d'une grande liberté, il faut user de ménagements pour l'habituer peu à peu à la discipline de l'école, sans anéantir cette liberté qui est une force pour l'éducation.

2° Que la directrice, au lieu de dresser l'enfant, le traite comme un être libre ; car il doit provoquer la science, non la subir.

3° Langage et moyens pratiques pour lui apprendre son droit et son devoir, distinction qui est la base de l'enseignement civique. Il faut qu'il puisse faire mal, faire bien et juger l'un et l'autre.

4° On aidera ainsi au développement de sa personnalité, à la formation de son caractère et à l'éclosion en lui du germe d'une qualité maîtresse : l'amour du travail.

Corrigé : Mme Kergomard, *Éducation maternelle*, pages 66-69.

XXII

On dit qu'il vaut mieux bien apprendre une chose qu'apprendre beaucoup de choses. — Appliquer cette maxime à l'enseignement de l'école primaire et montrer comment on peut la concilier avec le grand nombre des matières du programme.

1° Définir. Cette maxime, très suivie dans l'enseignement public et l'enseignement privé, repose sur cette idée qu'il vaut mieux posséder d'une manière précise et solide une science que parcourir superficiellement un champ plus vaste.

2° Prise à la lettre, elle ne convient pas à l'éducation moderne en général, dont le but est si complexe, mais, dans l'esprit, elle s'applique bien à l'enseignement primaire qui a pour but de donner, dans un temps très court, à des laboureurs et à des ouvriers, un enseignement très élémentaire, mais ineffaçable. Insister sur un tel but.

3° Mais les matières enseignées à l'école sont nombreuses. Montrer que l'instituteur apprendra à ses élèves les faits saillants et utiles de l'histoire de France, par exemple, de l'arithmétique, etc. Dans ce but il fera, selon les exigences de chaque cours, des revues, jusqu'à ce qu'il soit certain qu'ils n'oublieront pas.

4° Telle sera pour le maître la conciliation demandée : à ceux qui doivent quitter de bonne heure l'école, il faut des principes certains et bien retenus ; à ceux qui doivent continuer, il faut des fondements solides, puisqu'on veut édifier plus haut.

Conclusion : Il distribuera bien son temps et son travail mensuel ; ce qui lui permettra de voir lentement, mais sûrement, ses matières, et de faire chaque semaine, chaque mois et à la fin de l'année, des revues des choses principales.

XXIII

Expliquer, en l'appliquant à l'instituteur, la maxime suivante : L'éducation qu'on donne aux autres profite toujours à soi-même.

1° Définir le mot *éducation*. Il a ici le sens général et comprend l'éducation proprement-dite et l'instruction. La question est donc de montrer que l'instituteur, en exerçant sa profession, se perfectionne au triple point de vue de l'intelligence, du cœur et du caractère.

a. Intelligence. — Par les revues qu'il fait, soit en préparant, soit en exposant, il fixe mieux dans sa mémoire les connaissances qu'il possède. Dire pourquoi. De plus, en interrogeant et en répondant aux questions des élèves, il élargit son domaine intellectuel. Comment ?

b. Cœur. — Il est difficile de communiquer des émotions que l'on n'éprouve pas soi-même. Il faut donc prêcher d'exemple, tout en se montrant réservé sous le rapport des sentiments et des penchants personnels.

c. Caractère. — En donnant l'éducation, l'instituteur fortifie et assouplit sa volonté. Il apprend à compter avec les penchants et la volonté des élèves.

2° Résumé. Son âme se modifie fatalement, et dans le bon sens, au contact de l'enfance.

XXIV

Quels sont les moyens dont l'instituteur dispose pour accroître son instruction et ses connaissances professionnelles.

1° Une fois directeur, il a encore à travailler, sinon pour accroître son instruction, du moins pour se maintenir ; car, si l'on ne travaille plus, on tombe au-dessous de son devoir. Donc, nécessité de travailler pour étendre son instruction et pour améliorer ses méthodes.

2° Nommé à la campagne, a-t-il le temps et la possibilité de s'instruire ? Le temps est le même qu'à la ville, les moyens inférieurs. Mais il faut user bien de ceux qu'on a.

3° Quels moyens d'étendre son savoir ? Livres (revues, journaux, etc.). *a*. Bibliothèque de la mairie, de l'école, des particuliers, la sienne, promenades scientifiques. *b*. L'enseignement même. Conversations avec le monde. Il y a donc beaucoup de moyens. C'est le temps qui manquera.

4° Connaissances professionnelles : relire ses cours, ses notes, — écouter ses inspecteurs, — étudier la pédagogie, — participer aux conférences pédagogiques, — s'entretenir avec ses collègues, — s'étudier soi-même, et perfectionner son travail.

Conclusion. Il fera chaque année des comparaisons avec ce qu'il faisait les années précédentes. Ainsi son métier lui plaira, et ses élèves feront des progrès.

XXV

Un jeune homme sollicite une place d'instituteur. Il s'adresse à un vieil ami de sa famille pour le prier d'appuyer sa demande ; il insiste surtout sur la date du tirage au sort et sur le désir qu'ont ses parents de le voir en quelque sorte exonéré du service militaire.

Mettez-vous à la place de son protecteur et répondez-lui en développant les idées suivantes. (Cette phrase doit fournir le début.)

1° Une vocation intéressée inspire quelques doutes.
2° Le métier d'instituteur exercé consciencieusement n'est pas moins pénible que le service militaire.
3° Le patriotisme est une vertu indispensable à un futur éducateur de l'enfance.

Tout en lui faisant ainsi la leçon, soyez modéré et affectueux dans la forme.

Donné à Chambéry, juillet 1887, Brevet élémentaire (aspirants).

SUJETS ANALOGUES

1. Que pensez-vous de cette parole : Pour aimer la patrie, quittez-la. (Brevet élémentaire.)

2. Montrer l'utilité des vacances scolaires et le profit qu'on en peut faire. (Brevet élémentaire.)

3. La meilleure manière de préparer un examen est, en travaillant sérieusement, de n'y pas trop songer. — Comment l'entendez-vous ? (Brevet élémentaire.)

4. Un écolier est estimé et aimé de ses maîtres et de ses camarades. — Montrer par quelles qualités il a pu conquérir cette estime et cette affection. (Brevet élémentaire.)

5. Si un jour on dit que vous êtes d'excellentes ménagères, ce sera le meilleur éloge qu'on puisse faire de vous. Qu'en pensez-vous ? (Brevet élémentaire.)

6. Expliquer et développer cette pensée : Mieux vaut bien savoir que beaucoup savoir. (Brevet élémentaire.)

7. Montrer qu'un dé, du fil et des aiguilles doivent servir au moins autant que les livres à une jeune fille bien élevée. (Brevet élémentaire.)

8. Montrer l'utilité d'une bibliothèque scolaire. (Brevet élémentaire.)

9. Un instituteur dont le fils est sorti de l'école normale lui écrit pour le mettre en garde contre deux défauts opposés : la présomption et la timidité. (Brevet élémentaire.)

10. Les enfants sont généralement portés à la délation. — Moyens à employer pour combattre ce défaut. (Brevet élémentaire.)

11. Vous voulez, dites-vous, être institutrice ; c'est chez vous une sorte de vocation, et vous ne prendrez le brevet que pour avoir le droit d'enseigner les enfants.
Vous écrivez à un ami pour lui annoncer votre résolution ; vous lui faites connaître comment est né en vous le goût de l'enseignement, comment il s'est développé, et quel attrait particulier a pour vous une profession qui se présente à bien des gens sous un aspect sévère et même morose. (Brevet élémentaire.)

12. Si vous aviez à inscrire une maxime sur les murs de votre classe, laquelle choisiriez-vous ? Indiquez les raisons de votre choix. (Brevet élémentaire.)

13. Développez ce mot d'Eugénie de Guérin : Je lis pour m'élever, non pour m'instruire. (Brevet élémentaire.)

14. Développer ce mot de Jean-Jacques Rousseau : L'inhabitude de penser dans l'enfance en ôte la faculté durant le reste de la vie.

15. Expliquer ce mot d'un éducateur chinois : Dans le chemin de l'éducation, l'attention est le premier pas.

16. Expliquer ce mot de Franklin : La clef est claire tant qu'on s'en sert. (Brevet élémentaire.)

17. Développer cette pensée de Montaigne : Il faut exercer le jugement des enfants plutôt que leur mémoire. — S'applique-t-elle aux jeunes gens et aux hommes faits ? (Brevet supérieur.)

18. Du besoin de mouvement chez les enfants. — Comment l'école maternelle peut-elle y satisfaire en le conciliant avec les nécessités de l'ordre et de la discipline ? (Brevet élémentaire.)

19. Les promenades scolaires. — Leur but. — Leur organisation. — D'après le nombre de promenades que vous espérez faire pendant la belle saison, établir le programme qui vous guidera dans vos excursions.
(Préparation à l'inspection primaire.)

20. Sur ce mot de Franklin : L'oisiveté ressemble à la rouille, elle use plus vite que le travail. (Brevet élémentaire.)

21. Pensez-vous qu'il suffise, pour exciter les enfants au travail, de les prendre par l'amour-propre et par l'espoir du succès ? (Brevet élémentaire.)

22. Dans une lettre à une amie, vous faites ressortir les avantages de l'ordre. — Vous citez plusieurs circonstances dans lesquelles vous avez eu à regretter d'avoir manqué d'ordre ; et vous démontrez à votre amie que l'ordre soulage la mémoire, qu'il ménage le temps, et qu'il conserve les choses. Donnez des exemples. (Bourses d'enseignement primaire supérieur.)

23. Commenter ce mot de M. J. Simon : Chaque fois qu'on instruit une femme, c'est une petite école qu'on fonde.
(Brevet supérieur.)

24. Définir la bienveillance et la modération. — Montrer qu'elles sont nécessaires à l'instituteur pour sa profession.
(Brevet supérieur.)

25. Soyez indulgente pour les autres plus que pour vous-même. — Pourquoi et comment l'éducation doit-elle mettre en pratique ce précepte moral ? (Brevet supérieur.)

26. Pourquoi faire apprendre des fables ? (Brevet supérieur.)

27. De l'épargne. — Utilité et avantages des caisses d'épargne scolaires. — Dangers à écarter. (Brevet élémentaire.)

28. Développer cette pensée de Joubert : On ne devient pas très instruit quand on ne lit que ce qui plaît.
(Brevet élémentaire.)

29. La France élève des statues à ses grands hommes. — Quelles réflexions, quels sentiments vous inspire cet hommage rendu à leur mémoire ? — Quels enseignements peut y puiser la jeunesse ? (Ex. de Saint-Cloud.)

TROISIÈME CLASSE

Manière de traiter une question du cours.

SUJET

Quel est le but de l'enseignement de l'histoire à l'école primaire? — Quels caractères doit présenter cet enseignement? — Dans quelles limites convient-il de le renfermer?

Le sujet que nous allons traiter est ce qu'en langage de l'école on appelle une question du cours. Les matériaux dont nous aurons besoin pour le construire se trouvent ou rassemblés ou indiqués dans les divers manuels de pédagogie. C'est assez dire que nous ne saurions, en le traitant, faire une œuvre originale. Notre but est seulement de montrer aux candidats que leurs lectures dominent et entraînent, comment à l'aide d'idées que le livre met à notre service on peut composer une dissertation offrant un caractère suffisant de personnalité. En d'autres termes : nous voulons essayer d'apprendre à traiter instantanément et comme de verve un sujet selon un ordre succinctement donné et pour la préparation duquel on n'a lu qu'une fois quelques pages indiquées. Nous avouons que la principale difficulté de ce devoir consiste à se rendre, dans la mesure du possible, indépendant des choses trouvées et à rester soi-même. Voyons donc comment, en nous servant du manuel de M. Compayré, nous traiterons le sujet, que nous avons choisi, sans faire dégénérer notre imitation en esclavage.

J'ouvre le livre et je lis au deuxième paragraphe : *But de l'enseignement de l'histoire*. Ce paragraphe doit nous convenir. L'auteur parle de l'histoire sans la définir ; il suppose que nous connaissons cette définition et il a ses raisons pour s'en passer. Mais autre chose est un livre, autre chose une dissertation. Il nous semble que, dans un travail court et indépendant de toute idée d'à côté, une définition contribuerait à donner plus de précision au paragraphe qui indiquera le but de cet enseignement. Comment définirons-nous donc l'histoire et l'histoire de France, seule histoire, à rigoureusement parler, enseignée à l'école primaire ? Emprunterons-nous la définition de Bossuet, qui proclame l'histoire une connaissance nécessaire pour le gouvernement des peuples ? La définirons-nous, comme l'Anglais Fuller, « une science qui rend le jeune homme vieux sans rides ni cheveux gris, qui lui accorde par privilège l'expérience de la vieillesse sans les infirmités et les inconvénients inhérents à cet âge » ? Y verrons-nous, comme Michelet, une résurrection du passé ? Ces définitions sont bien belles, sans doute ; mais elles sont, pour le cas qui nous occupe, ou trop particulières ou trop générales. En outre, elles paraissent plus littéraires que pédagogiques. Nous préférerions celle de Guizot racontant l'histoire de France à ses petits-enfants et dont le sens se trouve reproduit dans l'instruction ministérielle du 18 octobre 1881. « L'histoire de France est un récit qui met en relief les événements qui dominent et éclairent la vie de notre nation, qui s'occupe des choses encore plus que des hommes, du peuple encore plus que de ceux qui l'ont gouverné, des épreuves que notre société a traversées, des transformations qu'elle a subies, des grands hommes, des grandes découvertes, des grandes institutions qui l'ont marquée de leur ineffaçable empreinte. » Cette définition a sur les précédentes l'avantage d'être analytique et par là de mettre sur la voie des raisons qui ont fait introduire dans l'école primaire l'enseignement de l'histoire.

Premier paragraphe. But. — M. Compayré nous dit, à la page 329 de son livre, qu'on a voulu par l'enseignement de l'histoire développer chez les enfants les sentiments patriotiques et les former aux vertus civiques. C'est beaucoup déjà qu'un tel résultat : plus on connaît son pays, plus on l'aime. Mais ces deux lignes sont insuffisantes pour un paragraphe qui remplira une page entière. Si nous nous en contentons, nous serons obligés de développer les mots : *sentiments patriotiques* et *vertus civiques*, sans quoi notre paragraphe n'aura pas l'étendue à laquelle il a droit. Mais on s'aperçoit vite que développer ces mots, ce n'est pas rendre l'idée plus claire. Ne pouvons-nous donc éviter cette alternative : ou faire un développement banal, ou faire un paragraphe disproportionné? Relisons et examinons après M. Compayré, sans intention certes de critiquer un livre bien composé, s'il n'est pas d'autre argument à faire valoir que l'argument du patriotisme. Tout lecteur est un critique et un juge. Nous sommes donc conduits, et ceci est une suggestion du livre, à déclarer qu'enseigner l'histoire pour rendre les Français plus patriotes, c'est se placer à un point de vue un peu étroit, celui de l'utilité immédiate à retirer d'une science. Nous comprenons la légitimité et la valeur d'un argument inspiré par le souvenir de malheurs toujours récents et les nécessités de la lutte pour vivre honorablement dans le concert des nations ; tous les pédagogistes l'ont invoqué; un poète même, V. de Laprade, l'a manié avec éloquence le jour où je l'ai entendu parler en ces termes aux fils ou frères des morts de l'année terrible :

Avant tout connaissez, adorez bien la France :
Voilà le grand savoir aujourd'hui qu'il nous faut.

Mais l'histoire, si l'on se reporte à notre définition (et c'est ici qu'elle se trouve justifiée), produit d'autres effets ; et, quand elle ne préparerait pas directement l'éclosion des sentiments patriotiques, elle mériterait encore de figurer aux programmes de l'enseignement primaire. Le législateur, lorsqu'il en a imposé l'étude, a songé à l'argument psychologique ; il a charge d'âmes et il sait que développer toutes les facultés de l'enfant, c'est accroître la richesse de la nation. Aussi, cherchant cet argument qui n'a pu échapper à la perspicacité de M. Compayré, ne sommes-nous pas surpris de le trouver dans le paragraphe suivant : *Influences de l'histoire sur le développement de l'esprit.* « Elle contribue, dit-il, a émanciper la raison, à former le jugement. Elle est une des études libératrices de l'esprit. » L'auteur donne des exemples de tels bienfaits : préjugés disparus, remède contre la folie des aventuriers et des sectaires. Voilà pour les facultés intellectuelles.

On a pu remarquer que nous avons dégagé les idées les plus importantes qui ont trait à notre paragraphe et que nous avons signalé toutes les idées accessoires que réclame le développement. En agissant ainsi, on n'a plus à s'inquiéter de la forme que l'auteur a donnée à ses propres idées. L'expression personnelle viendra sans peine : ne désespérons pas de pouvoir exprimer autrement les pensées que nous avons lues dans un autre. Avec de la discrétion dans le choix des idées à utiliser et de la confiance en soi-même, on arrivera vite à s'affranchir de ses lisières et à marcher tout seul. Telle serait, selon nous, la façon de traiter ce premier paragraphe.

Deuxième paragraphe. Caractères. — Abordons maintenant le deuxième point de notre dissertation. Je le trouve indiqué, ainsi que le troisième, dans l'ouvrage qui nous sert de guide. Je vais donc lire et noter en lisant ce qui peut convenir à la question : caractères de l'enseignement de l'histoire. Faisons une première réflexion : Le mot *caractère* est un mot très vague. Précisons-le pour ne pas tomber dans la direction pédagogique, si funeste au développement. Caractères veut dire les signes qui font reconnaître une chose ou une personne, qui en sont l'expression. Nous touchons donc à la forme.

Nous devons nous rappeler aussi notre définition du début. L'histoire de France, étant le récit de tous les actes importants accomplis par les Français ou leurs ancêtres depuis dix-neuf siècles, embrasse une infinité de faits. Le livre nous avertit que ce récit doit comprendre la succession des événements, sorte de trame sur laquelle on dessinera les grands faits et les grandes figures de notre nation. Pour ce deuxième paragraphe, nous ne trouvons rien de plus; et l'on voit facilement ce qui nous oblige à nous borner à cette indication : c'est la définition du mot *caractère*. Mais c'est bien peu pour un paragraphe auquel nous devons consacrer quelques lignes de plus qu'au précédent. Aussi développerons-nous ces deux termes qui résument l'argument : *régulier* et *complet*.

1° L'enseignement de l'histoire de France doit être régulier. — On suivra l'ordre chronologique, parce que (page 331) « notre histoire est un tout qui ne peut se scinder ». Pourquoi ne peut-elle se scinder ? Michelet a bien montré que la France est une personne vivante et qu'elle a cette personnalité dès les premiers siècles de son existence. Appuyons d'exemples une telle réponse : Ainsi, la langue que nous parlons remonte par des chaînons successifs jusqu'au neuvième siècle, et la période de gestation de cette langue comprend le temps de la domination romaine et de la constitution d'un puissant empire franc en Europe. D'autre part, l'œuvre des Français est une œuvre ininterrompue comme le développement de notre langue même. On ne saurait donc comprendre la Révolution, si l'on ignore le moyen âge et la monarchie absolue. Voilà pourquoi nous devons suivre l'ordre chronologique et donner de l'histoire de France un enseignement intégral.

2º L'enseignement de l'histoire de France doit être complet. — Peut-on être complet quand on s'adresse à des enfants? Le danger n'est-il pas, en voulant dire beaucoup, de donner malgré soi une importance égale à tous les faits et de ne dresser qu'un catalogue? L'ordre régulier (on comprend maintenant pourquoi le mot *caractère* doit passer le premier) nous permettra de procéder par anecdotes, biographies et tableaux. Car tout maître qui avec des enfants vise à être complet ne possède point la qualité qui est seule de mise avec les enfants : l'art de choisir les objets de la leçon. Vouloir tout dire, c'est s'exposer à n'être pas toujours compris. Quelle idée peut bien se faire un bambin des capitulaires, des légistes, des port-royalistes, des philosophes et des économistes? Vouloir tout dire, c'est se condamner aux généralisations de faits et à la concision de la forme, deux choses qui ne vont pas avec le jeune âge. Les généralités sont sans attrait pour l'enfant, qui aime le concret, l'individuel, la vie, le drame. Il n'est pas de maître qui n'ait constaté la préférence marquée de ses élèves pour les mythes, les contes et les légendes. Les généralités dégoûtent de l'histoire. Comment Guizot a-t-il raconté l'histoire de France à ses petits-enfants? En mettant au premier plan l'art de la narration. La concision, forme nécessaire de la méthode que nous critiquons, ne plaît pas davantage. La généralisation intéresse le lecteur qui connaît les faits, et cette connaissance des faits peut lui permettre une conclusion, c'est-à-dire une généralité ; mais elle est vide pour l'enfant, qui sera forcé de l'apprendre par cœur. La concision est donc aussi un défaut.

Que conclure de ces observations? C'est qu'il faut employer la méthode opposée, la méthode biographique, qui à la multiplicité des éléments oppose l'unité. Une grande figure frappe vivement l'attention et se grave profondément dans la mémoire. Le maître intelligent qui suivra cette méthode n'exposera que des choses compréhensibles et attrayantes pour le jeune âge. Il recherchera le pittoresque, le dramatique. C'est dans cet esprit qu'ont été faits les petits manuels d'histoire de Lavisse, Blanchet, Pigeonneau et une foule d'autres que nous pourrions citer et qui ont de réelles qualités. Telle est la méthode vraiment intéressante ; c'est celle du groupement des faits autour d'une grande figure historique. (Compléter en lisant page 338 : *Vœux*.) Il ne suffit pas de bien choisir les matériaux ; il faut encore leur donner une forme littéraire, une forme qui convienne aux enfants. Les manuels doivent être plus qu'un sommaire ; ils doivent peindre et non énoncer sèchement les faits. Là est tout l'intérêt (voy., comme exemple, la leçon sur la féodalité, page 341). Cette méthode aura pour auxiliaires tous les moyens propres à montrer aux enfants le passé sous forme intuitive : cartes, gravures, plâtres, etc. Les choses qui entrent par l'oreille, dit Horace, frappent moins vivement l'âme que celles qu'on expose aux regards. Grâce à l'emploi de cette méthode on fera dans une mesure restreinte cette résurrection du passé, qui, selon Michelet, doit être le but de l'histoire.

Voilà comment, en développant les données du livre, nous arriverions à constituer ce paragraphe.

Troisième paragraphe. Limites. — Le paragraphe suivant sera un peu moins long. On a sans doute remarqué, durant ce dernier exposé, que les *limites* de l'enseignement de l'histoire de France ont été déjà pressenties. La méthode biographique et la forme dramatique nous ont mis sur la voie. Cela suppose des suppressions, car ces deux éléments ne sont pas toujours possibles dans le récit des faits. Essayons donc de construire ce dernier paragraphe. Il ne s'agit pas, selon nous, de dire ici quelles sont les notions d'histoire que l'on doit donner aux trois cours. Cette détermination n'est certes pas en dehors de notre sujet; mais les programmes fournissent de telles indications. Notre travail a une portée plus générale et plus élevée. Déterminer les limites de l'enseignement de l'histoire à l'école primaire, c'est nécessairement, à nos yeux, déterminer l'étendue du domaine historique, exposer les faits que ce domaine embrasse. Si nous aimons la netteté, ne craignons pas une définition.

Nous avons parlé de l'art de choisir. Toute la question : « dans quelles limites convient-il de renfermer l'enseignement de l'histoire ? » se trouve comprise dans cette expression. Quel choix fera-t-on dans la multiplicité des faits de notre histoire? Quels faits le maître apprendra-t-il à des élèves qui sont âgés de cinq à douze ans? Il est clair qu'on ne leur enseignera pas uniquement les règnes des rois de France, les guerres et les modifications territoriales qui en ont été les conséquences. On justifierait ainsi le mot que Voltaire appliquait aux histoires antérieures au *Siècle de Louis XIV :* « à voir les livres qu'on met entre les mains des enfants, il semble qu'il n'y ait eu jusqu'ici en France que des rois et des conquérants ; » ce serait montrer aussi que nous n'avons pas profité de ses justes critiques et des leçons mêmes de l'histoire. Loin de nous la pensée de dire que les récits militaires ne sont pas intéressants pour l'enfant; il les retient avant tous les autres parce qu'ils sont concrets. Il y voit les personnes agir. Il ne se demande pas les raisons qui les font agir. Il lui suffit qu'ils agissent et il prend plaisir à les voir agir. Mais ce n'est pas là le côté utile et moral de l'histoire. Comme l'instituteur est avant tout un éducateur, comme il doit former chez l'enfant une volonté vertueuse, il devra enseigner autre chose que « les tristes guerres des peuples et des rois ». C'est ce que nous trouvons indiqué dans une citation (page 332) empruntée à une lettre de Voltaire et à l'introduction du livre que nous citions tout à l'heure : « La véritable histoire est celle des mœurs, des lois, des arts et des progrès de l'esprit humain. »

Voilà les limites de l'enseignement de l'histoire. Elle comprend des faits politiques et des faits de civilisation.

a. **Faits politiques.** — Un court résumé du programme suffit pour faire connaître les faits politiques : Les Gaulois, domination romaine, occupation des Francs, unité nationale, règnes qui ont compromis ou favorisé cette unité depuis Clovis jusqu'à notre temps. Toute cette partie de l'histoire, qui comprend, selon le mot de Bossuet, les actions des princes et des personnages illustres, ne présente pas de grandes difficultés d'enseignement. C'est encore la manière la plus facile, puisqu'elle est concrète, pour faire comprendre aux enfants la vie collective des Français.

b. **Faits de civilisation.** — Les faits de civilisation comprennent le développement de la justice, de la liberté, de l'instruction, les travaux publics, les impôts, le fonctionnement de la vie nationale, en un mot l'histoire de nos institutions civiles et politiques. C'est la partie la plus difficile pour de jeunes esprits. Dans l'enseignement de ces faits le maître emploiera le procédé descriptif et les comparaisons. De plus, il se gardera d'un cours suivi; il mêlera ces notions aux premières; car les enseigner seules serait imposer aux enfants une abstraction dont ils sont incapables, et ce serait perdre sa peine.

Fin du devoir. — Nous avons traité les trois paragraphes qui forment le corps du devoir. Comment le terminer maintenant? Nous ne pouvons pas formuler une conclusion, puisque nous n'avons fait qu'un exposé. D'autre part, un résumé serait sans intérêt. Nous terminerons donc par l'énonciation de quelques conseils de direction pédagogique dans le genre de ceux que M. Compayré a placés aux dernières lignes de son chapitre (page 348), et qui seront pour nous « une simple manière d'en finir ». Nous dirons donc en substance que, pour enseigner l'histoire de France et faire aimer notre patrie, l'instituteur montrera qu'il l'aime tout le premier et préparera soigneusement ses leçons.

SUJET

De l'émulation. — Son rôle dans l'éducation. — Moyens de la provoquer et de la soutenir à l'école primaire. — Direction à lui donner.

Développement. — Quel spectacle touchant que celui d'enfants assemblés dans une classe pour leur commune éducation et rivalisant d'ardeur pour obtenir de leur maître la plus grande part dans la louange ou conquérir la première place dans une composition ! Cette belle ardeur qui les anime, c'est l'émulation, sentiment d'honneur qui porte à faire de généreux efforts pour imiter un modèle ou surpasser des émules dans la poursuite d'un but louable. Sentiment légitime et profondément enraciné dans l'âme humaine, elle devient, sous la direction d'un maître intelligent et aimé de ses élèves, un stimulant actif et puissant pour le travail. Elle est une force et un instrument merveilleux de progrès ; car l'élève rivalise à la fois avec le modèle, qu'il veut égaler, et avec ses concurrents, qu'il cherche à dépasser dans l'imitation de ce modèle. L'émulation est donc la condition première du succès dans les études, parce qu'elle féconde le travail et développe toutes les énergies de l'âme. Aussi le devoir de l'instituteur est de l'exciter chez l'enfant pour qu'il arrive plus vite à égaler les modèles qu'on lui propose et à surpasser, s'il le peut, des camarades qui luttent également pour l'honneur de la première place. C'est d'abord avoir soin de ses intérêts les plus actuels ; c'est en outre l'initier de bonne heure à la vie, qui n'est autre qu'un combat sans cesse renouvelé.

S'il est juste de caractériser ainsi l'émulation et de mettre dans de jeunes cœurs l'ardeur pour l'imitation des modèles et l'ambition de la gloire, comment, dans la classe primaire, se servira-t-on de cet instrument de progrès ? N'offre-t-il pas des dangers ? Certes, le sentiment de l'honneur, principe de l'émulation, confine à un autre sentiment qui est souvent un principe de ruine dans la vie ; néanmoins, il importe de le développer chez l'enfant, car toute bonne éducation met à profit toutes les puissances de l'âme : elle contient celles qui sont dangereuses et déploie au contraire celles qui peuvent être pour elle-même un utile ressort. L'instituteur rendrait en effet la classe trop austère, et il courrait le risque de décourager les enfants, s'il cherchait à les faire travailler uniquement pour la satisfaction du devoir accompli et par obéissance à la discipline. Les mots d'obligation, de devoir, ont trop peu d'empire encore sur ces petits êtres qui ont les passions si fortes et la raison si chancelante. On doit connaître leur faible et tâcher d'en faire en eux une vertu. Se sont-ils approchés de leur modèle ? il est à propos de les louer ; ont-ils gagné quelques places dans une composition ? il convient de les en féliciter. Au contraire, on regardera froidement et l'on blâmera ceux qui n'ont pas fait assez d'efforts pour reproduire un modèle ou seront descendus, par leur faute, de quelques rangs dans la composition. De tous les motifs propres à toucher une âme raisonnable, dit Rollin, il n'y en a point de plus puissant que l'honneur et la honte, et, lorsqu'on a su y rendre les enfants sensibles, on a tout gagné. La fierté des uns est flattée des encouragements donnés et des places conquises ; l'amour-propre des autres est blessé des blâmes reçus et des rangs perdus. Excité par ces deux mobiles, dont l'un éloigne la paresse et l'autre décuple le travail, l'enfant redouble d'ardeur pour conserver le terrain qu'il a gagné ou pour reconquérir celui qu'il a laissé perdre. L'émulation provoquée chez l'enfant a donc une action bienfaisante, et l'instituteur serait coupable de ne pas la mettre à profit.

Mais comment la fera-t-il naître? Par quels moyens la soutiendra-t-il? Par un usage réfléchi des récompenses, qui sont la conséquence de l'admission de l'émulation parmi les plus sûrs instruments de discipline. Les récompenses excitent en effet et animent chez l'enfant ce sentiment de l'émulation, et les meilleures sont celles qui ne s'adressent qu'aux sentiments les plus délicats de sa nature et ne visent pas à faire éclore chez lui la moindre idée d'intérêt. De ce nombre sont l'approbation, l'éloge et la louange, qui touchent à ses sentiments et flattent son amour-propre. Les autres éveillent en lui des instincts intéressés : ce sont les bons points, les témoignages de satisfaction, le classement sur les bancs par ordre de mérite, l'inscription au tableau d'honneur, les médailles et les prix de fin d'année. Nous passons sous silence les fruits, gâteaux et friandises, récompenses purement matérielles que l'on ne doit donner que par exception aux plus petits enfants. Dans cette longue liste de récompenses dont il dispose, l'instituteur fera un choix ; il s'emparera des premières, qui sont les moyens les plus efficaces et les plus sûrs. Dire qu'une réponse est bonne, déclarer qu'un devoir est satisfaisant, c'est porter un jugement qui fait plaisir à l'enfant, car il s'accorde souvent avec sa propre conscience ; l'approbation méritée, et discrètement donnée, l'encourage et lui communique de l'assurance. L'éloge, c'est le mérite reconnu et constaté ; il est une sorte de justice et un hommage rendu à la vérité ; c'est le meilleur aiguillon de l'honneur ; il tombe directement sur l'action faite par l'élève ; il affermit sa conscience et fortifie sa volonté. C'est par l'éloge donc que l'instituteur ira remuer le cœur de l'enfant, dans ses meilleurs instincts, pour en faire jaillir la confiance, l'ardeur et les efforts généreux. Les éloges, distribués avec bienveillance et à propos, touchent l'enfant, jettent dans son âme une confusion salutaire accompagnée d'un désir sincère d'acquérir ce qu'on loue. Il veut alors le posséder, afin que le maître l'aime pour ce motif, et afin de ne pas le tromper dans l'estime qu'il s'est attirée. La louange est aussi une justice rendue à l'enfant. Elle s'adresse droit à la personne, et c'est ce qui en fait la particulière délicatesse ; elle est le mérite publié ; c'est un hommage dû aux qualités personnelles que l'élève a su faire fructifier. L'instituteur décernera des louanges aux élèves qui auront accompli quelque bonne action, qui tiendront leurs cahiers et leurs livres dans une admirable propreté, qui réciteront leurs leçons avec intelligence, qui auront fait des cartes remarquables ou encore auront mis une certaine imagination dans un devoir de français. Et il associera la classe à la louange donnée, en montrant ou en lisant le devoir qu'il a distingué. La louange sera ainsi rendue publique ; elle sera l'aiguillon le plus noble, et le plus capable de piquer la générosité et l'ardeur de l'élève. Dans une classe bien conduite et peuplée d'enfants à qui le maître a su communiquer de l'amour-propre, c'est la seule récompense. Les autres, qui ne s'adressent qu'à des sentiments intéressés, sont incomparablement moins propres à provoquer et à soutenir l'émulation entre les élèves.

Puisque l'émulation est un moyen si efficace pour assurer le progrès d'une classe et que les manières de la faire naître et de l'entretenir sont si variées et en même temps si délicates, il est nécessaire de la diriger ; car l'inexpérience de certains maîtres pourrait, en s'adressant uniquement à l'un ou à l'autre de ces deux moyens, l'exciter outre mesure ou l'écarter de son but. Il faut avoir recours à l'un et à l'autre, les combiner sagement, de sorte que pas un enfant n'échappe à la salutaire influence de l'émulation. Que le maître encourage et récompense non seulement les succès, mais aussi la bonne volonté et les efforts que le succès n'aurait pas couronnés. C'est de la simple justice : car l'émulation doit être un moyen d'éducation générale, agissant sur une classe entière, sur les faibles comme sur les forts. Le maître ne doit pas s'attacher spécialement aux élèves brillants, aux élèves qu'il prépare au certificat d'études ; rien ne suspend la vie d'une classe comme la préparation d'une élite à des concours. De même que l'instruction, l'instituteur doit l'émulation à toute sa classe. Mais il ne suffit pas de donner à l'émulation ce caractère de généralité, il faut encore la gouverner, la préserver de dangers auxquels pourrait l'exposer une interprétation erronée des éléments qui la composent. L'amour-propre, l'ambition, l'amour de la gloire sont les principaux sentiments qui entrent dans son essence. Il est touchant de les reconnaître chez l'enfant dans l'ardeur de la lutte, parce qu'ils apparaissent dans toute leur sincérité. L'enfant se livre tout entier à l'émulation ; il ne faut donc pas l'écarter du but qu'elle poursuit et qui est la possession du bien. Gardons-nous de transformer l'amour-propre en un égoïsme qui rapporte tout à soi et n'aspire qu'à écraser des concurrents ; gardons-nous de faire dégénérer l'ambition en un orgueil qui cherche le succès pour lui-même et méprise les émules ; évitons enfin de substituer à l'amour de la gloire la vanité, détestable vice qui rend l'enfant insupportable à ses condisciples et à son maître. Ce sont là les écueils de l'émulation ; ces écueils ne sont pas très dangereux et ne doivent pas faire rejeter une cause puissante de progrès heureux. Du reste, il dépend toujours de l'instituteur que chez l'enfant les sentiments nobles aient le dessus. Qu'il s'attache donc à former des émules et non des rivaux ; qu'il fasse naître l'esprit de camaraderie, source d'amitiés qui durent souvent toute la vie parce qu'elles sont fondées sur l'estime réciproque et sur le sentiment de l'honneur.

SUJET

Les exercices de récitation à l'école primaire. — Services qu'ils peuvent rendre. — Caractères qu'ils doivent présenter. — En terminant, passer rapidement en revue les différents auteurs qui seront le plus particulièrement mis à contribution.

Développement. — Apprendre par cœur c'est retenir, à l'aide de la mémoire, des pensées avec les formes verbales qui les expriment. Ainsi, réciter par cœur une règle de grammaire ou une page de texte, c'est reproduire oralement et mot pour mot, c'est-à-dire sans additions et sans retranchements, cette règle de grammaire, ou cette page de texte. Cette définition fait voir qu'en beaucoup de cas l'incarnation de la connaissance dans une forme verbale précise devient nécessaire, par exemple dans les formules d'arithmétique, les règles de grammaire, les principes de physique et les lois fondamentales de toutes les sciences. Mais on entend spécialement par exercices de mémoire, la récitation de morceaux pris dans les poètes et les prosateurs. Ce procédé, si efficace pour le développement de la mémoire, était jadis très en faveur; aujourd'hui, par une de ces réactions fréquentes dans les méthodes pédagogiques, on paraît croire que tout ce que l'on apprend par cœur est autant de perdu pour les facultés plus nobles du jugement et de la raison. Où est la vérité ? Entre ces deux opinions extrêmes, apparemment. Des maîtres expérimentés constatent que l'enfant ne sait plus faire de vigoureux efforts pour retenir ; il lui suffit de comprendre, et souvent, faute de pouvoir donner une forme nouvelle à sa pensée, elle lui échappe comme une fumée. Certes, il est important de cultiver l'esprit d'observation, le jugement et la raison ; mais que serait l'intelligence si la mémoire lui manquait? La sûreté et la richesse des souvenirs est une des conditions indispensables de la puissance intellectuelle. Tous les grands écrivains l'ont dit et en ont été des exemples éclatants. D'ailleurs la psychologie nous montre que nos facultés ne s'exercent pas isolément et qu'elles ne peuvent avoir par elles-mêmes une vie indépendante. Il faut alors chercher, dans l'éducation de l'enfant, les moyens d'accorder à la mémoire tout le soin qu'elle mérite sans la laisser empiéter sur les facultés maîtresses de l'intelligence. La nécessité d'assurer le développement régulier et harmonieux des pouvoirs de notre esprit nous montre donc que les exercices de mémoire ont leur place parmi les matières enseignées à l'école ; et cette place sera amplement justifiée par l'indication des services qu'ils peuvent rendre.

Lorsque l'enfant arrive à l'école, il apporte, en général, pour toute instruction un langage mêlé de patois et de français à une dose proportionnée au niveau intellectuel de la famille qui l'envoie. Tout en lui apprenant à lire, on l'exerce à la récitation de morceaux de littérature simple et familière. Il y prend plaisir. C'est là un moyen de satisfaire le besoin naturel qu'il a de parler : c'est aussi le seul enseignement, à peu près, que comporte le premier âge. Il retient ainsi des mots, des expressions et des tours de phrase qui lui serviront, sans aucun doute, pour parler et pour écrire, car les premières impressions sont ineffaçables, tant elles ont de fraîcheur, de vivacité et de profondeur. Outre ces connaissances positives, l'enfant acquerra une bonne prononciation. Habitué à réciter nettement, il cessera de bredouiller en parlant, perdra cette volubilité qu'il apporte dans la lecture et prendra un ton naturel. Les exercices de récitation sont donc, pour l'enfant qui commence à fréquenter l'école, non seulement un moyen de cultiver sa mémoire, mais encore un exercice de langue et de prononciation. Quand il sera plus âgé, ils le prépareront à la rédaction, à la composition personnelle ; ils l'habituent, dès le cours moyen, à pénétrer les procédés de style des bons écrivains et à se les approprier ; sa mémoire les conserve et les lui rappelle dès qu'il est obligé de faire la moindre rédaction. Ce n'est pas tout : les exercices de mémoire, quand ils sont dirigés avec intelligence, sont un auxiliaire puissant pour la culture morale de l'enfant. En même temps qu'il grandit en instruction, il faut qu'il devienne meilleur. Les fables et les récits concourent à lui apprendre ses devoirs de fils, de frère et de camarade. Des conseils donnés d'un ton sérieux ou à l'occasion d'une faute commise ne sont pas toujours aussi efficaces sur le cœur des élèves qu'une leçon détournée et donnée au moyen d'un récit plein d'attrait. Une morale sèche ennuie, dit La Fontaine ; la fable fait passer le précepte avec elle. N'apprendra-t-il pas à être obligeant par l'apologue de *l'Ane et le Chien ?* respectueux de la vieillesse par celui de *l'Octogénaire et les Jouvenceaux ?* obéissant par celui de *la Carpe et les Carpillons ?* Quel élève nonchalant ou bien découragé ne se reconnaîtra dans la fable qui commence ainsi :

> Un tout petit enfant s'en allait à l'école ;

et n'y trouvera le courage qui lui manque ? Ces morceaux, et d'autres semblables, feront naître de bonne heure chez les élèves et développeront en eux les sentiments du vrai, du beau et du bien, but supérieur de l'éducation. On voit donc que les exercices de mémoire rendent de réels services et que leur introduction dans les travaux de l'école est pleinement justifiée.

Mais ces services ne sont possibles qu'à une condition,

c'est que les exercices de mémoire présentent certains caractères exigés de l'expérience du maître et de l'âge des enfants. Les morceaux choisis doivent être parfaitement compris et pour cela exactement expliqués. Un texte bien analysé par le maître et compris des élèves est à moitié su. Ce n'est pas tout d'expliquer la leçon, il faut encore veiller sur la manière dont on la récite. Ici, l'exemple du maître sera tout-puissant et décidera. Une lecture expressive de la leçon, faite par lui, guidera les élèves et produira sur eux plus d'effet que toutes les recommandations. Il peut aussi la réciter tout le premier ; les enfants les mieux doués réciteront ensuite ; de cette façon, la leçon sera continuée et prolongée au plus grand profit des moins avancés. Le morceau à apprendre ne sera pas long, et chaque leçon sera courte : on pourra, par ce moyen, exiger que le texte soit toujours parfaitement su, et l'on ne dégoûtera pas les enfants de ces exercices utiles. On fera aussi des revisions périodiques des morceaux précédemment étudiés. On évitera autant que possible, dans les écoles à un seul maître, de faire réciter les leçons par des moniteurs. Quel ton de tels maîtres peuvent-ils donner à leurs petits camarades ? Quelle expression et quelle intelligence du texte ! On fera bien aussi d'obliger les élèves à copier les morceaux appris, dès qu'ils auront commencé à écrire ; les plus jeunes pourront, en les écrivant, s'en occuper davantage sans ennui ; les plus grands conserveront avec plaisir la copie des passages étudiés. Pour les sujets d'exercices, l'instituteur n'a que l'embarras du choix ; notre littérature classique est si riche ! De plus, les auteurs contemporains éditent chaque jour pour nos écoles de charmantes compositions. Que le maître fasse donc en sorte que le bouquet qu'il s'agit de former pour l'écolier contienne des fleurs de toutes les saisons et de toutes les espèces, qu'il soit varié sans être encombrant !

C'est dans les productions contemporaines que nous choisirons pour le cours élémentaire et le cours moyen, en ayant soin toutefois de faire apprendre quelques fables de La Fontaine, compositions qui sont de tous les temps et conviennent à tous les âges. L'enfant aime les vers et les retient facilement ; nous lui ferons donc étudier des fables et quelques dialogues d'un style très simple, comme la plupart de ceux qui sont compris dans les recueils de littérature scolaire. L'élève du cours moyen apprendra quelques passages des œuvres de Victor Hugo, de Lamartine et d'Alfred de Vigny, quelques fragments des œuvres historiques de Michelet, de Thiers et d'Augustin Thierry, des descriptions de Buffon, des récits de Bossuet, de Fénelon et de Voltaire. L'élève du cours supérieur étudiera des passages de ces mêmes auteurs et d'autres tirés des grands poètes : Corneille, Racine, Molière, La Fontaine, A. Chénier. Il faut, en effet, pour comprendre de tels écrivains, une instruction assez développée et une certaine maturité d'esprit. C'est surtout lorsqu'on lit les chefs-d'œuvre de ces beaux génies de notre race que l'on reconnaît la nécessité d'apprendre par cœur !

SUJET

De la lecture expliquée. — Quels auteurs comprend-elle et pourquoi a-t-on choisi ceux qui figurent au programme ? — Comment doit-on les expliquer ? — Comment apprendra-t-on à les expliquer ?

Développement. — La lecture expliquée, introduite par un arrêté du 5 avril 1881 dans tous les examens oraux de l'enseignement primaire, est regardée comme une des épreuves les plus importantes et les plus décisives. Elle est, à proprement parler, une critique littéraire d'un passage d'auteur français en présence d'un jury. Le candidat qui est admis à cette épreuve doit montrer que, selon le mot de Sainte-Beuve, il sait lire et est capable d'apprendre aux autres à lire. Force lui est donc de déployer des qualités intellectuelles et des talents pédagogiques. Il lui faut, d'une part, comprendre un texte classique, c'est-à-dire pénétrer le sens profond d'une œuvre de génie, juger la valeur des idées, saisir le lien qui les unit et discerner la justesse ou la beauté de l'expression; il lui faut, d'autre part, rendre l'explication trouvée en termes clairs, précis et élégants, toutes choses qui, pour être faites convenablement un jour d'examen, c'est-à-dire sans préparation et avec ses seules ressources personnelles, demandent de l'intelligence, un travail sérieux et un patient apprentissage.

Pour arriver à expliquer bien un morceau quelconque, un passage choisi par exemple dans les ouvrages de littérature, d'histoire et de philosophie, la pratique des auteurs classiques est chose excellente. Cette lecture est comme une pierre de touche au contact de laquelle se reconnaît la valeur intellectuelle ou le degré de préparation d'un candidat. Irréprochables de forme, admirables de pensée, ils ont encore l'avantage d'être simples et parfaitement accessibles aux personnes dépourvues de la culture secondaire. Ils sont en outre souverainement propres à former les esprits et à élever les âmes, car le côté moral est le côté le plus saisissant de leurs œuvres. Des poètes comme Corneille, Racine, Molière, Boileau et La Fontaine, des prosateurs comme Bossuet, Pascal, Fénelon, Mme de Sévigné, Rousseau, Voltaire et Buffon sont restés, indépendamment de la société recherchée où ils vivaient, des esprits profondément simples, des écrivains dont la qualité première est le bon sens. Leurs ouvrages s'adressent, il est vrai, à l'aristocratie de l'intelligence et de la fortune; leurs livres ne semblent pas avoir été composés pour plaire au peuple et l'instruire.

Mais peut-on avec raison leur faire un crime d'avoir été de leur temps? Ils n'ont pas incliné leur génie vers nous, ils ne sont pas venus à nous; que pouvait-on faire qu'aller à eux? Nous l'avons compris et nous avons travaillé à les rendre populaires; si bien que, aujourd'hui, grâce aux efforts persévérants d'une société démocratique qui veut s'élever indéfiniment dans l'être, grâce à la propagation de l'instruction et à la décentralisation de la vie française, ils sont facilement compris du peuple et même des enfants. D'ailleurs le génie est toujours simple. Ces grands écrivains, pénétrant jusqu'au fond de la nature humaine, ont exprimé cet ensemble de sentiments qui existent chez tous les hommes à des degrés divers, et qu'aucun d'eux n'est incapable de reconnaître. De sorte que les classiques, les plus grands surtout, expriment ce que peut éprouver l'homme du peuple le plus obscur, le plus humble enfant de nos écoles, pourvu qu'il ait l'âme attentive et éveillée. Ils sont donc éminemment propres à faire l'éducation intellectuelle et morale du peuple parce qu'ils expriment des idées générales étroitement liées à des sentiments nobles, parce qu'ils donnent le fortifiant exemple de la recherche désintéressée du vrai, du bien et du beau, enfin parce que leurs œuvres sont belles, faciles et tout à fait suggestives. Doit-on s'étonner maintenant que la lecture expliquée de ces auteurs figure dans les programmes de l'enseignement primaire et soit une épreuve importante de tout examen oral?

A la lecture de ces œuvres d'élite on a joint celle de morceaux choisis dans les écrivains de notre siècle parce qu'ils expriment des idées et des sentiments qui sont les nôtres et que nous reconnaissons mieux. Ces écrivains semblent, à première vue, plus rapprochés de nous et plus clairs; mais, à vrai dire, qui les regarde de plus près les trouve plus difficiles à comprendre et moins originaux. Néanmoins on a eu raison d'introduire dans nos écoles l'étude des auteurs illustres qui ont vécu de notre temps et que pour ce motif au moins il n'est pas permis d'ignorer. Les candidats ont donc aujourd'hui un programme riche et varié. Maintenant comment expliqueront-ils les classiques? Comment surtout apprendront-ils à leurs élèves à les expliquer? Double question à laquelle une circulaire ministérielle du 25 février 1881 a déjà répondu. « Le candidat, dit-elle, doit seulement montrer qu'il a lu, qu'il aime à lire et qu'il sait lire les chefs-d'œuvre les plus connus de nos classiques et les monuments de notre littérature. » Ces trois indications se résument en ce mot : lire. Comment en effet expliquer un morceau si l'on n'a lu entièrement ou en grande partie l'ouvrage dont il est extrait? Sans cette lecture il est impossible de saisir le sens général du morceau à expliquer et la pensée exacte de l'auteur qui l'a écrit. Pour ne pas souffrir, dans une explication, de la pénurie d'idées, de sentiments et d'expressions, il faut faire de larges et abondantes lectures. On ne saurait autrement arriver à aimer les classiques, qui certes n'emportent pas d'emblée l'admiration, qui veulent au contraire une étude attentive et une assez longue familiarité. Mais qu'on ne se laisse pas rebuter par les premières difficultés; de tels soins sont à la fin largement payés. Une fois accoutumé aux auteurs classiques, on supporte malaisément la compagnie des écrivains médiocres. Aimer les classiques, c'est donc fournir la meilleure preuve qu'on sait lire.

Mais ce n'est pas assez, pour un candidat ou pour un maître, de savoir lire; il faut encore savoir expliquer, c'est-à-dire faire comprendre et goûter un auteur. Comprendre, c'est dégager la pensée d'un écrivain, la suivre dans ses développements et partager le sentiment qui a inspiré le poète ou l'orateur. A cette seule condition notre enseignement sera vivant et capable d'intéresser ceux qui nous écoutent. Comprendre et goûter soi-même, puis vouloir faire comprendre et goûter aux autres les beautés d'un ouvrage, c'est l'unique méthode. Pour l'acquérir il faut de toute nécessité ne pas songer à soi-même et ne voir que le but à atteindre; il ne faut jamais se préoccuper de paraître savant ou spirituel. Ne serait-ce pas se jouer de l'œuvre et se montrer au détriment de l'auteur? On réussira en faisant que les élèves, au sortir de la classe, se souviennent moins de ce que l'on aura dit que de ce qu'ils auront lu avec nous. Ce résultat est déjà beau; mais il est encore insuffisant. Il faut de plus que nous apprenions à nos élèves à expliquer à leur tour. La meilleure leçon est notre exemple. Faisons en sorte qu'on nous imite. Pour cela n'imposons jamais une explication que nous avons trouvée; suggérons-en au contraire de personnelles: acceptons toutes les idées justes qu'on nous offre et laissons à notre auditoire toute liberté d'interprétation. Guidons nos élèves, attirons leur attention sur les idées importantes et les expressions intéressantes. Sollicitons-les sans cesse à l'effort, au travail personnel, seul profitable à l'esprit. Quand ils sauront lire les classiques ils sauront aussi les expliquer à leurs élèves, et de cette façon la lecture de nos grands écrivains pénètrera dans la plus modeste école primaire.

Quels seront maintenant les résultats de nos efforts? Est-ce seulement du temps agréablement employé, des brevets plus sûrement obtenus? Sans aucun doute: mais nous devons avoir une ambition plus haute et regarder la lecture comme un instrument d'éducation intellectuelle et morale. On fera aimer les lectures fortifiantes et repousser les lectures débilitantes qu'offrent les journaux et les romans. Apprenons aux enfants du peuple à lire et à goûter les grands écrivains français, riches comme eux de sève et de santé. Servons-leur pour un temps d'interprètes; choisissons dans les œuvres classiques ce que le peuple pourra comprendre. Nos grands auteurs sont si bien Français, si bien nôtres qu'ils peuvent être admirés par tous les Français qui savent lire !

SUJET

Nécessité des leçons de mots. — Montrer l'importance qu'elles ont et les services qu'elles peuvent rendre. — Moyens pratiques à employer pour les faire dans chacun des trois cours.

Développement. — A côté des leçons de choses, récemment introduites dans les programmes de l'enseignement primaire, et destinées à développer chez les enfants des habitudes d'observation et de réflexion, il est nécessaire d'introduire des leçons de mots, lesquelles sont loin d'être dépourvues d'intérêt. En effet, c'est par le moyen des mots que l'enfant reçoit les idées, c'est par les mots qu'il entre en possession de l'héritage intellectuel de ses aïeux. Au fond, ces deux sortes de leçons ne sont que la contre-partie l'une de l'autre : en allant de la chose signifiée au signe, ou du signe à la chose signifiée, l'esprit humain emploie tour à tour les deux procédés; un enseignement qui veut se conformer à la nature d'esprit de l'enfant doit satisfaire tour à tour l'un et l'autre penchant et en tirer parti pour les progrès de son intelligence. Voilà pourquoi nous disons que les leçons de mots sont une étude nécessaire.

Ces leçons, dont on reconnaît aujourd'hui toute l'importance [1], rendent familière à l'enfant la manière de voir et de sentir des générations précédentes, qui ont formé et, pour ainsi dire, fixé la langue qu'il est obligé d'apprendre. Ainsi, en voyant *étonner* à côté de *tonnerre*, il comprendra facilement que nos ancêtres du dix-septième siècle aient

---

1. Michel Bréal, *Leçons de mots latins* (Préface). — Hachette.

désigné par ce verbe l'idée exprimée aujourd'hui par le mot *foudroyer*. En trouvant *chapelet* à côté de *chapeau*, il ne sera pas étonné non plus, car, avant de signifier un objet de dévotion, le mot *chapelet* (anc. fr. : *chapel*, pop. : *capel*) voulait dire une petite coiffure qui consistait en une couronne de fleurs. Il sera intéressant pour lui de passer du sens de *ménage*, signifiant autrefois conduite d'une maison, au dérivé *ménagerie*, qui signifie premièrement : lieu où l'on réunit les animaux domestiques, et aujourd'hui : lieu où l'on réunit les animaux étrangers et rares. De même pour les mots : *potence, béquille* et *gibet*, — *gorge* et *gouffre*, — *grue*; de même aussi pour les mots : *rive, riverain, rival, arriver*, — *artiste, inerte*, etc. Plus intéressantes et plus instructives encore sont les leçons de mots pour lui montrer comment les langues, au moyen d'un petit nombre de termes primitifs, parviennent à marquer tous les objets, tous les actes du monde physique et moral. Ainsi, *baisser* (mettre bas), a fourni *baisse, baissement, abaisser, abaissement*, etc. ; *tour* a fourni *tourner, contourner, détournement*, etc. ; *cape* a donné *capitaine, capital, cheptel*, et une infinité d'autres[1]. C'est ainsi qu'avec un seul mot primitif et la connaissance de certains suffixes, c'est-à-dire en procédant par familles, l'élève connaîtra une foule de mots qu'il mettrait beaucoup de temps à apprendre avec l'aide seule du dictionnaire. Les mots que l'élève trouve dans son vocabulaire figurent à part; ils n'ont ni ancêtres, ni descendants ; l'élève n'en voit ni la souche, ni les ramifications. Dans les leçons de mots l'instituteur fait embrasser d'un coup d'œil la famille ; il montre comment la langue propage et diversifie les espèces. Depuis que la lecture expliquée a pris dans nos classes primaires une place plus importante, depuis que les bibliothèques scolaires en s'enrichissant ont permis aux

---

1. Cocheris, *Étymologie française*. — Delagrave.

enfants de lire plus souvent dans la famille, il est devenu nécessaire de leur fournir un moyen de passer en revue et de s'approprier par avance les mots les plus usuels. On ne s'intéresse aux écrivains que si on les lit sans être arrêté à tout instant par des vocables inconnus ; on n'a de plaisir à pénétrer dans le détail d'une phrase que si l'on en aperçoit vite le sens général.

Pour aider la mémoire, nous estimons que les deux moyens qui ont le plus d'efficacité sont, pour les commençants, de grouper les mots par l'affinité du sens, et, pour les élèves du cours moyen et du cours supérieur, de les ranger d'après leur étymologie et leur filiation. Il est bien entendu qu'avant de faire de tels exercices il faut consulter la force de chacun des trois cours. Voici pour le premier moyen un exemple que nous empruntons, tout en le modifiant beaucoup, à un petit livre fait par MM. Bréal et Bailly en vue des jeunes hellénistes : Titre général : l'*Agriculture :* 1ᵉʳ sous-titre : *Champs :* champ, pâturage, troupeau, prairie, sillon, jardin ; 2ᵐᵉ sous-titre : *Paysan et travaux :* paysan, laboureur, pâtre, agriculture, moisson, charrue, aiguillon, faux, aire, meule, etc. ; 3ᵐᵉ sous-titre : *Productions :* plante, blé, froment, orge, épi, tige, farine, fourrage, herbe, etc. — Si l'on procède ici par listes de substantifs, on peut agir de même pour l'adjectif et le verbe. Il sera facile de faire trouver à l'aide de ces mots de petites phrases qui seront à la fois une leçon de mots et une leçon de composition française : Le champ est vaste ; je vends du fourrage, etc. Coménius, dans son livre de *la Porte d'or des langues*, ne procède pas autrement. Les enfants s'intéressent vivement à ces exercices, car même les moins intelligents trouvent quelque chose, et de la satisfaction d'avoir trouvé à la volonté de trouver encore il n'y a pas loin. Quand ils seront entrés dans les cours supérieurs, leur tâche ne sera pas de chercher des mots plus ou moins rapprochés par le sens ; ils auront à faire des classements plus difficiles, car il faut déjà une certaine pénétration pour établir une filiation dans les mots. A l'occasion d'un vocable important ils rangeront par listes les mots congénères : *art*, artisan, artiste, artistique, inerte, inertie : *cape*, chapelle, chevet, capucin, chaperon, capote, acheter, caporal, cabotage, caboche. Le maître fera bien d'indiquer d'abord le mot important en guise d'amorce et leur laissera le plaisir de trouver les autres. En outre, il les amènera à faire des phrases plus variées et plus développées que celles qu'il obtenait des élèves du cours élémentaire. De plus, il insistera sur les composés et les éléments de composition, il donnera le sens des préfixes et des suffixes, citera les dérivés de certains mots, mentionnera les formes successives et expliquera les variations de sens qui en résultent. Nul doute que des exercices ainsi faits ne soient profitables aux élèves. Un seul danger est à craindre, c'est l'entraînement du maître. Il se gardera bien d'exciter trop longtemps la curiosité de ses élèves; il n'épuisera pas les listes d'exemples. Il ne s'en servira qu'à l'occasion. Les enfants se détachent si vite des exercices les plus intéressants !

Faites avec tact et opportunité, les leçons de mots seront utiles et justifieront par leurs résultats l'introduction qu'on en a faite dans les programmes de l'école primaire.

SUJET

De l'exercice de la composition française à l'école primaire; son importance.

Choix des sujets; de la forme à leur donner suivant l'âge et le degré d'avancement des élèves.

La composition française est un exercice qui a pour but d'apprendre aux enfants l'art de traduire au dehors par la parole et par l'écriture ce qu'au dedans d'eux-mêmes ils sentent, pensent et veulent. Cet exercice suppose donc un double travail; l'invention et l'expression des idées; de sorte que composer, c'est trouver, ordonner et rendre ses pensées. Or, quelles sont les pensées que l'enfant de l'école primaire est capable de trouver? Elles sont en petit nombre sans doute, car l'invention, si l'on ne veut pas se payer de mots, suppose la possession d'un vocabulaire déjà riche, et nous savons que l'élève qui fréquente depuis peu l'école ne saurait avoir encore celui que nous désirons. Il connaît les termes des objets les plus usuels que ses yeux ont vus à la maison, en classe et dans sa localité; il a déjà retenu certaines expressions que lui ont fournies les leçons de choses et ses premières lectures; il sait bien aussi construire oralement les quelques petites phrases dont il a besoin pour prendre part aux jeux de ses camarades et traduire les faits d'une vie presque en dehors de la personnalité. Mais ce mince bagage d'expressions et de phrases ne constitue pas encore ce qu'on appelle l'invention; il y a plus, il semble permis de dire que l'enfant ne saurait être, même au bout de plusieurs années de classes assidues, capable d'un tel effort; car l'invention suppose l'exercice de l'imagination; tandis que l'écolier de dix ou douze ans n'a pour ainsi dire pas mis en jeu dans ses études d'autres facultés que celle de la mémoire. La composition française à l'école primaire se bornera donc à apprendre aux enfants à exprimer des idées communes et à les ordonner selon les lois de la syntaxe. Loin de viser à les rendre capables de tirer de leur propre fonds des idées originales, elle ne songera qu'à mettre de jeunes écoliers, qui seront un jour adonnés pour la plupart à des travaux manuels, à même d'exprimer correctement et clairement les idées que leur vie simple comportera. Ainsi réduite, la tâche est encore considérable. En effet, apprendre aux élèves du cours élémentaire et du cours moyen l'orthographe et les règles de la grammaire, leur faire connaître en outre le sens précis des mots qu'ils emploient, la manière de construire de petites phrases et de les unir, n'est pas un travail facile et sans valeur. Il est possible même qu'avec un maître laborieux et entraînant, les élèves du cours supérieur arrivent à produire des compositions qui ne soient pas dépourvues d'art ni de sens littéraire. On trouve parfois aux examens du certificat d'études des devoirs empreints d'un cachet tout à fait personnel. Un tel succès est un bel éloge du maître et justifie pleinement le législateur qui, pénétré de la haute importance de ces exercices, a donné dans les matières de l'enseignement des classes une large place à la composition française.

Pourquoi a-t-on introduit les devoirs de style à l'école primaire et pourquoi dans les trois cours? Parce que savoir composer est utile à l'enfant pour sa vie d'écolier et lui servira plus encore quand il aura quitté l'école. Ils sont d'abord pour l'élève d'une utilité immédiate. On n'apprend jamais assez tôt ni assez bien une langue que l'on doit parler et écrire toute la vie ; ensuite la correction, la netteté et l'élégance sont des qualités qui font valoir les autres devoirs de la classe ; enfin l'enfant se fait mieux comprendre et il saisit plus vivement les explications données par le maître. L'art de parler et de rédiger en un français convenable est donc pour l'écolier d'un intérêt primordial. Et plus tard, lorsqu'il aura, par exemple, à exposer, simple ouvrier, une réclamation à son chef d'atelier, à faire, comme patron, des règlements, à rédiger des rapports en qualité d'employé ou de contremaître, à défendre en vertu d'un mandat municipal les intérêts de la commune, en un mot lorsque, placé dans une condition élevée ou inférieure, il devra exprimer ses sentiments et faire valoir ses idées, ne sera-t-il pas heureux d'être bien compris et de persuader?

Ce n'est pas tout; s'il connaît dans ce qu'elles ont d'élémentaire les lois de la composition et s'il réussit dans tous les exercices prescrits pour le cours supérieur, ne sera-t-il pas plus capable d'accroître son instruction en lisant des livres ou en assistant à des représentations dramatiques? Ce sont là des avantages réels et directement produits par la composition française; mais il en est un autre que la culture littéraire donnée à l'école primaire rend précieux et d'usage quotidien, c'est l'exercice du jugement, c'est une harmonieuse pondération apportée dans le jeu de toutes les facultés de l'âme et qui fera que l'enfant devenu homme échappera à ces déductions rigoureuses et à ces erreurs de logique, défaut commun des personnes qui se sont engagées dans des spécialités. Ces résultats prochains ou éloignés montrent combien les pouvoirs publics ont eu raison de fixer aux exercices de langue française la place qu'ils occupent dans les programmes des écoles primaires. C'est donc en se fondant sur l'importance qu'elle a tout d'abord dans la classe et qu'elle aura plus tard dans la vie de ses élèves que l'instituteur donnera un enseignement rationnel et méthodique de la composition littéraire.

Son premier soin sera de bien choisir ses sujets. Dans ce travail il aura égard à l'âge des enfants et ne leur prescrira que des devoirs à leur portée. C'est là que consiste la grande difficulté; c'est là que le maître fait preuve d'un réel talent d'enseigner. Dès le cours élémentaire on s'aperçoit que la besogne est difficile; c'est ici surtout qu'il faut montrer de la réflexion et de la délicatesse, parce qu'il s'agit uniquement de principes et que la composition française ne sera dans les autres cours qu'un développement progressif des essais faits dans la première classe. Comme les enfants, en y entrant, ne savent pas écrire ou écrivent très lentement, il sera nécessaire de commencer l'enseignement qui nous occupe par des exercices oraux. Ces exercices les amèneront à se former une idée des éléments d'une pensée et des formes qu'elle revêt. Le maître leur posera ensuite diverses questions sur des sujets simples et à leur portée, sur la grammaire, sur la leçon de choses, sur un texte appris par cœur, sur une lecture qui leur aura été faite, sur une histoire qu'il leur aura lui-même racontée. La forme de ses interrogations sera courte et claire ; il exigera qu'ils répondent par de petites phrases correctes, composées d'une proposition simple ou complexe, dans la confection desquelles il aura soin de les guider. Puis il les obligera de répéter ces phrases en entier. De tels exercices, où l'intelligence a sa part aussi bien que la mémoire, habituent l'enfant à donner des réponses assez pleines et lui communiquent de l'assurance pour le moment où il devra les écrire, car il faut songer que la plume met en fuite les mots chez ceux qui commencent. Lorsqu'ils sauront écrire, on leur fera reproduire les exercices oraux, qui ne seront jamais délaissés, imiter des récits familiers, lus en classe, et former des phrases avec des éléments donnés. Ils en feront quatre ou cinq par exemple, noteront dans chacune d'elles les causes et les effets, les circonstances de temps et de lieu. C'est le premier degré du développement. Ils passeront ensuite à la liaison des phrases, et ils auront ainsi composé un vrai devoir de style. Quand ils se seront livrés pendant un an au moins à de semblables exercices, ils seront capables d'entrer dans le cours moyen.

Ici le maître continuera les exercices oraux commencés au cours élémentaire. Seulement il leur donnera plus d'extension. Il y joindra des rédactions sur des sujets très simples. Les élèves ont déjà des notions sur la classe, sur la famille, sur les animaux et les personnes. On leur donnera des descriptions alors, des récits, des lettres, des comptes rendus, des résumés. Tous ces sujets seront empruntés à l'ordre de choses au sein desquelles ils vivent ou qui ont été les sujets de leurs premières lectures. C'est alors que les autres exercices de la classe : leçons de textes, lecture, dictée, leur viendront en aide en enrichissant leur mémoire de mots, d'expressions et de tournures. On continue ce travail jusqu'à la fin du cours moyen, moment où la composition cesse d'être tout à fait aride et prend assez souvent une tournure littéraire. Le cours supérieur prescrit les mêmes exercices, mais exige pour chacun d'eux plus de développement, parce que les élèves peuvent déjà mettre en œuvre ce qu'ils ont observé et ce qu'ils ont appris, et parce que l'imagination va s'éveiller en eux. Le maître leur donnera donc à traiter des sujets tels que la description d'une saison, le récit d'une excursion, le tableau d'un incendie, le développement d'un précepte de morale, les impressions de la fête nationale, une lettre de condoléance, un dialogue entre animaux. Enfin, il aura soin de faire transcrire les devoirs corrigés. Lorsque les élèves auront accompli la série de ces exercices et qu'ils y auront réussi autant que le comporte leur âge, l'instituteur aura atteint le but qu'on s'est proposé en introduisant dans les trois cours de la classe primaire la composition française.

SUJET [1]

Quel doit être le rôle de l'enseignement historique dans l'éducation morale ?

L'enseignement de l'histoire contribue à l'éducation morale, mais il importe de dire de quelle façon et dans quelle

---

1. J'insère ici, par exception, deux dissertations que j'ai prises dans les *Instructions ministérielles* données en juillet dernier pour l'application des nouveaux programmes de l'enseignement secondaire. Si ces deux emprunts modifient en quelque chose l'homogénéité de la forme de mon livre, ce ne sera pas au détriment de mes lecteurs, qui pourront voir avec quelle netteté sont exprimées les idées les plus élevées.

mesure, pour que la vertu éducatrice de l'histoire ne se perde pas dans les lieux communs. Il n'est pas vrai que les justes soient toujours récompensés ni les méchants toujours punis. Malheureusement, le mensonge et la violence procurent quelquefois des succès dont la valeur pratique n'est pas diminuée par l'immoralité des moyens. Il n'est pas vrai non plus que les destinées des peuples soient expliquées et justifiées uniquement par leurs vertus et par leurs vices : il entre dans la force et la fortune d'une nation d'autres éléments. L'intention de faire servir l'histoire à une sorte de prédication morale est louable; mais un éducateur doit être avant tout et toujours sincère. Il ne peut transformer en une école de moralité l'histoire, où l'on voit trop souvent que les « fautes sont plus que des crimes », et qu'elles ne sont expiées ni par les hommes ni par les générations qui les ont commises. Cela dit, il n'est pas douteux que l'enseignement de l'histoire peut et doit servir à fortifier le sentiment moral.

Tout d'abord, il est une recherche de la vérité, il fait effort pour la prouver ; il la dit sans réticences. Le professeur est un juge impartial des faits et des doctrines ; ses croyances personnelles et son patriotisme ne prévalent point sur son équité, qui doit être absolue. Tout l'enseignement de l'histoire ainsi pratiqué est une leçon de morale. D'autre part, s'il arrive aux historiens de juger d'une manière différente un même individu, il n'y a point de panégyristes pour des coquins avérés, ni pour des actes de lâcheté. Toute belle action, au contraire, ou toute belle vie a ses louanges. Il existe, pour la valeur morale des hommes et des actions, un consentement universel, dont le prix est considérable, en un temps où les bases métaphysiques de la morale sont discutées. Le professeur d'histoire a donc le droit d'être un moraliste; il en a le devoir. Il évitera de dogmatiser, de déclamer, de prêcher, mais il s'arrêtera devant les honnêtes gens, quand il en rencontrera. Il s'étendra sur la charité d'un saint Vincent de Paul. Il économisera sur les détails des campagnes de Louis XIV le temps nécessaire pour faire aimer les personnes de Corneille, de Molière, de Turenne et de Vauban. Il louera les actions vertueuses comme les hommes de bien. L'éducation civique est une partie de l'éducation morale ; la charge principale en revient au professeur d'histoire. L'enseignement des lettres et des sciences forme l'honnête homme cultivé : l'enseignement de l'histoire prépare l'écolier à la vie pour une date précise et des conditions déterminées.

La science de l'éducation a des principes immuables, applicables aux hommes de tous temps et de tous pays ; mais les générations qui se succèdent dans les écoles ne se ressemblent pas. Elles perdent certaines qualités et en acquièrent d'autres ; elles échangent un défaut contre un autre tout opposé. Toutes les générations ont de communs devoirs ; chacune d'elles en a de particuliers. Il faut que l'éducateur étudie la génération qu'il doit élever et se fasse une théorie des devoirs de cette génération, afin que, connaissant bien le but à atteindre, il y conduise l'écolier par les moyens les plus appropriés. Aucun maître ne peut se dispenser de suivre cette méthode, mais le professeur d'histoire y est plus strictement obligé que tout autre. Les jeunes générations françaises ont de la bonne volonté, de la générosité, de la docilité, et l'esprit ouvert. Elles ont besoin d'être prémunies contre l'esprit d'indifférence, contre le scepticisme, la défiance d'elles-mêmes et la redoutable opinion que l'individu est peu de chose et l'effort d'une personne de nul effet. Il faut donc éveiller en elles le goût de l'action. Le pays, qui leur appartiendra demain, est affaibli par des divisions politiques et religieuses : il faut leur inspirer l'esprit de tolérance ; il est menacé par les périls extérieurs : il faut cultiver en elles le sentiment national.

Le professeur démontrera l'efficacité de l'action, en faisant voir qu'à telle date, tel homme ou tel groupe d'hommes a, par sa volonté, modifié l'histoire. S'il est juste envers tous les peuples, toutes les civilisations, toutes les doctrines sincèrement proposées et crues sincèrement, il inspirera la tolérance. Il la fera aimer comme une vertu nécessaire par le spectacle même des dangers extrêmes qui naissent des divisions religieuses ou politiques, et qu'un seul remède peut conjurer, la liberté.

La culture du sentiment national est délicate. Il faut avant tout fortifier le naturel amour du pays natal, raisonner cet instinct et l'éclairer, mais, en France, sous peine d'une déchéance de notre esprit, nous ne devons ni oublier l'homme dans le citoyen, ni rétrécir, au profit apparent de notre pays, la place de l'humanité. Si notre histoire doit être particulièrement étudiée, l'histoire universelle doit donc être enseignée. Celle-là sera toujours encadrée dans celle-ci. La méthode qui prescrit de mettre partout notre pays au premier plan et le monde en prolongement expose l'écolier à des préjugés trop forts. Elle va directement contre le but qu'elle se propose. Nul pays n'a subi plus que la France l'action du dehors, puisqu'elle est un mélange de races, et qu'à son origine elle a reçu de Rome et de la Germanie des éducations diverses. Par contre, nul pays n'a, plus que le nôtre, agi sur le monde. Nous n'avons jamais été, nous ne serons jamais des particularistes. Il fait partie de notre profession de Français d'aimer l'humanité et de la servir. La connaissance de l'histoire générale nous est indispensable. Donner à l'écolier l'idée exacte des civilisations successives et du progrès accompli au cours des siècles, et la connaissance précise de la formation du développement de la France; lui montrer l'action du monde sur notre pays et de notre pays sur le monde; se servir de la comparaison avec l'étranger pour éclairer son jugement sur nous-mêmes; lui enseigner à rendre à tous les peuples la justice qui leur est due, élargir l'horizon de son esprit, et, à la fin, lui laisser, avec la connaissance de l'état de son pays et de l'état du monde, la notion claire de ses devoirs de Français et de ses devoirs d'homme, telle est la part de l'enseignement historique dans l'éducation.

SUJET

Caractère de l'enseignement géographique; son rôle dans l'éducation intellectuelle.

Personne ne conteste l'utilité des connaissances géographiques, dans un temps où l'accroissement extraordinaire des relations entre les hommes et des échanges entre les peuples a créé pour tous les pays civilisés des conditions nouvelles d'existence. Mais, pour assurer à la géographie son rang dans l'enseignement secondaire, il ne suffit pas de reconnaître son utilité. Il est nécessaire de prouver qu'elle a, elle aussi, une valeur éducative, et qu'elle concourt, comme l'histoire, sinon au même degré, au développement des diverses facultés de l'élève. C'est à ce prix seulement qu'elle aura, dans notre plan d'études, son droit complet de cité. D'ailleurs, définir son rôle dans l'éducation est le meilleur moyen d'en tracer les règles et d'en fixer la méthode. De ce qu'elle doit produire, on conclura aisément à ce qu'elle doit être.

Éducation de l'imagination. — Pour l'imagination, il est à peine besoin d'indiquer de combien de façons différentes le professeur de géographie peut l'éveiller et l'enrichir, si, par l'emploi de procédés laissés à son choix, il prend soin de montrer les objets et de mettre sous les noms des images. Ce seront d'abord des images simples, qu'il évoquera facilement au moyen de comparaisons familières, et qu'il fixera en quelques traits dans l'esprit de l'enfant : l'aspect monotone d'une vaste plaine, l'étranglement d'un col, les boursouflures d'un terrain volcanique, l'assiette d'une grande ville au confluent de deux rivières, une curiosité naturelle, un monument célèbre. Il est de toute nécessité que, derrière chaque ligne du livre et chaque mention de la carte, l'élève perçoive distinctement une réalité. Ce premier résultat obtenu, le maître pourra composer des tableaux plus larges, ceux-là vivants, parce que l'homme y aura sa place. En nommant un port ou une région industrielle, il décrira les formes diverses de l'activité humaine. Les grands lacs et les fleuves de l'Afrique centrale lui fournissent l'occasion d'opposer la vie barbare à la vie civilisée. Ces sortes de peintures ne sont pas seulement un ornement pour l'enseignement géographique, elles en constituent l'objet essentiel; elles sont sa raison d'être. On dira peut-être que c'est encore de l'histoire ; mais la frontière des deux enseignements est bien difficile à marquer. Si l'imagination géographique et l'imagination historique ne s'exercent pas par les mêmes procédés, elles travaillent sur le même fonds. Les phénomènes que l'histoire constate et tâche d'expliquer à travers les différents âges sont ceux que la géographie observe dans les diverses latitudes. On retrouve dans toutes les parties du monde, à l'heure présente, l'âge de la pierre, la vie patriarcale, le régime féodal. La connaissance des sociétés humaines et des lois du progrès est l'objet commun des deux sciences; et l'on pourrait presque dire qu'en dernière analyse la géographie, c'est de l'histoire développée en surface.

Éducation du raisonnement. — Après l'imagination, le raisonnement. Avec le pittoresque seul, la géographie risquerait de n'être qu'une récréation de l'intelligence, un luxe de l'éducation. C'est seulement par l'emploi de la méthode démonstrative qu'elle devient une véritable matière d'enseignement. En groupant les connaissances de même ordre, en enchaînant les causes et les conséquences, en essayant de s'élever des faits aux lois, elle remplit une de ses fonctions essentielles, elle exerce l'esprit à former des idées générales. La géographie physique le fera en marquant avec force les relations des phénomènes entre eux ; la géographie économique, en rattachant à leurs causes naturelles la richesse agricole ou la production industrielle d'une région ; la géographie politique, en expliquant par les accidents du sol et par les ressources d'un pays le rôle et la situation actuelle d'un peuple. Sans doute, il faudra se garder, en pareille matière, des théories ambitieuses. Un système du monde physique, économique et politique, qui imposerait ses conjectures comme des vérités scientifiques et prétendrait rendre raison de tout, aurait plutôt pour effet de fausser l'intelligence que de la former. Mais le danger de l'esprit de système n'est guère à redouter pour les enfants : à cet âge, on risque beaucoup plus de ne pas raisonner que de raisonner à faux. D'ailleurs, l'enseignement géographique est moins exposé que d'autres à bâtir dans le vide. La réalité présente, tangible, à laquelle il emprunte tous ses éléments, le préserve des exagérations. Sa logique, obligée d'établir sur des données précises et facilement vérifiables toutes ses conclusions, est placée sous le contrôle perpétuel du sens commun. Elle est d'ailleurs, cette logique, particulièrement propre à l'éducation de l'enfant, parce qu'elle s'exerce d'abord sur des objets connus de lui, sur des notions qui lui sont familières. Les explications que le maître donnera tout d'abord seront empruntées au ruisseau du village, à la montagne voisine, à l'usine qui fait vivre le pays. Former les premières idées générales avec les premières choses vues, c'est faciliter singulièrement le passage du concret à l'abstrait. Aussi a-t-on souvent remarqué que l'enseignement géographique est, pour les écoliers du premier âge, non seulement l'un des plus accessibles, mais l'un des plus suggestifs. Alors que l'histoire doit encore se contenter de leur offrir une simple succession de scènes, la géographie peut déjà répondre à quelques-uns de leurs éternels *pourquoi?*

Éducation de la mémoire : usage, abus. — Faut-il ajouter enfin que la géographie exerce et développe la mémoire? C'est un mérite que tout le monde lui reconnaît; mais on lui fait grand tort quand on ne lui reconnaît que celui-là. Les véritables études géographiques n'ont rien de commun avec cet exercice presque mécanique qui décourage les mémoires rebelles et écrase les mémoires dociles. Il y a donc tout intérêt à dissiper sur ce point des préjugés opiniâtres, à distinguer nettement, en pareille matière, l'usage de l'abus, à énoncer un principe, à tracer la règle. C'est par la mémoire, et non pour la mémoire, qu'il faut travailler : voilà le principe. Ainsi, il est bien entendu que la nomenclature géographique n'est pas la géographie : elle lui fournit des éléments. Apprendre par cœur tous les mots d'un dictionnaire, ce n'est pas apprendre une langue; de même, l'élève qui énumérerait, sans une erreur de position, tous les noms inscrits dans un atlas, n'aurait pas même franchi le seuil de la science géographique. Le principe dicte la règle : ne retenir que les *noms essentiels* pour la connaissance des choses, c'est-à-dire ceux qui méritent une explication, qui supportent une description, qui concourent à une démonstration. Trois exemples, empruntés à la géographie la plus élémentaire, feront mieux comprendre cette formule : le Loiret, la Sorgues de Vaucluse, le Furens, sont de très petits cours d'eau; ils pourront cependant trouver place dans la plus simple des leçons sur le bassin de la Loire et du Rhône : le premier, parce qu'il est nécessaire d'expliquer la singularité de sa formation; le second, à cause du pittoresque de ses sources, de la riche végétation, de l'activité industrielle qu'il développe sur ses rives ; le dernier, pour montrer, en sens inverse, quelle vie intense la présence de la houille est capable de créer dans une vallée isolée et âpre. Ainsi entendue, la nomenclature restera ce qu'elle doit être, la matière de la géographie, comme les mots sont les matériaux de la langue ; mis en valeur par le commentaire, fixés par des images, reliés par des idées, les noms seront un moyen, non une fin.

SUJET

Méthode générale à suivre dans l'enseignement de la géographie physique.

Dans l'enseignement de la géographie physique, la première place sera donnée au relief du sol : c'est lui qui détermine les autres phénomènes. Cette étude du relief doit être entendue dans son sens le plus large et comprendre, avec la description des montagnes, celle des vallées et des plaines. C'est dire que, sans renoncer à l'indication des lignes d'arêtes principales, à la notion des *chaînes de montagnes*, dont les traits sont faciles à dessiner et dont les formes restent fixées dans la mémoire, il faudra présenter aux élèves les *massifs* partout où cela sera nécessaire, soit pour donner une idée générale de la configuration d'une région, soit pour expliquer la distribution des eaux. La description de la vallée du Rhône, par exemple, serait non seulement incomplète, mais inexacte, si l'on faisait des Alpes une simple barrière entre la France et l'Italie. Le fleuve et ses grands affluents dessinent eux-mêmes les contours des trois groupes qu'il faut prendre soin d'adosser à la chaîne principale ; d'abord les systèmes orographiques qui s'épanouissent sur toute la Savoie et s'avancent entre le Rhône et l'Isère, avec les monts de la Grande-Chartreuse, puis la masse énorme de l'Oisans, partageant les eaux de ses glaciers entre l'Isère et la Durance, et se prolongeant par le promontoire du mont Ventoux dans la plaine du Comtat, enfin les hauteurs qui, confusément jetées entre la Durance et la mer, dessinent les côtes rocheuses de la Provence. Les choses seront ainsi montrées de haut, dans leur simplicité et leur réalité.

L'écueil à éviter dans cette partie de la géographie physique est l'énumération fastidieuse des divisions et des subdivisions, des points culminants et des cols. Il n'y a pas de nomenclature plus insupportable à la mémoire que la nomenclature orographique ; il n'y en a pas non plus de moins établie. Il est rare de trouver sur ce point deux livres, deux atlas d'accord. Cette anarchie déroute l'élève. Le maître fera donc sagement de se borner aux blocs principaux du relief, sans poursuivre dans leurs derniers détails les ramifications et les sous-ramifications. Il fera aussi des économies sur l'énumération des cols. Les grandes routes et les voies ferrées, chaque jour plus nombreuses, qui relient, le plus souvent par des percées, les deux versants d'une chaîne de montagnes, déterminent et limitent son choix à cet égard. Il se bornera de même, pour les points culminants, à la mention de ceux que leur notoriété impose ou que leur physionomie distingue. Le mont Viso, le mont Blanc, le mont Cervin, le mont Rose doivent figurer, à des titres divers et pour des raisons qu'il est facile de donner, dans une description des Grandes Alpes. Ces quatre noms, localisés soigneusement et bien vus par l'enfant, vaudront mieux, à eux seuls, qu'une longue liste. *Bien vus*, il faut le répéter ; et l'on ne saurait trop insister sur cette nécessité de donner aux objets géographiques une physionomie individuelle. La montagne devient une chose réelle et presque vivante, au lieu d'être une tache sur la carte ou un ensemble de caractères sur le livre, lorsqu'on fixe ses aspects, lorsqu'on revêt ses divers étages de leur végétation caractéristique, lorsqu'on dispose sur les Grandes Alpes les glaciers et les névés, lorsqu'on arrive par degrés, à travers les plissements du Jura français, jusqu'aux hauteurs qui tombent brusquement sur la Suisse, lorsqu'on fait surgir du plateau central le soulèvement volcanique de l'Auvergne avec son originalité saisissante. Que deviendra, dans l'application de cette méthode, le système des *ceintures de bassins?* Il faut distinguer; s'il s'agit de disposer autour d'une région hydrographique les chaînes, les massifs, les plateaux dont les eaux sont portées à la mer par un même fleuve, rien de mieux. Par ce procédé, se trouveront marquées, en même temps, les grandes dépressions qui ouvrent de larges communications entre deux régions voisines. Mais nous sacrifierons résolument ces lignes artificielles où l'on fait figurer au besoin des montagnes imaginaires, ces listes de noms que l'élève débite du même ton et classe de la même façon dans sa mémoire, sans distinguer, entre le Morvan et le trop célèbre plateau d'Orléans; nous ne lui permettrons pas de sacrifier les Causses et les monts du Rouergue aux collines bordelaises, sous prétexte que celles-ci *sont de la ceinture,* tandis que les autres *n'en sont pas.* C'est là une pratique que la science a depuis longtemps condamnée et que l'enseignement abandonnera certainement, lorsqu'on aura cessé d'en faire aux examens le criterium des études géographiques.

Entre l'orographie et l'hydrographie il y a un lien nécessaire : c'est l'étude du régime des pluies, ou, en termes moins scientifiques, l'explication des causes qui déterminent la distribution des eaux pluviales et la formation des eaux fluviales. Cela se fera simplement, par voie d'explications familières, sans tableaux compliqués, sans accumulation de chiffres. L'étude des terrains sera comme une dépendance de la précédente; on se préoccupera moins de leur constitution et de leur âge que de l'influence qu'ils exercent sur le ruissellement des eaux. On complétera ce chapitre par quelques indications sur les lacs ou groupes de lacs qui, dans certaines régions, ralentissent les crues, régularisent le débit, transforment les torrents en rivières. C'est alors seulement que l'hydrographie sera introduite, et elle tirera de ces premières notions tous ses éléments d'intérêt. Connaître la direction d'un fleuve, ce n'est pas connaître le fleuve. La rapidité de son cours, la régularité de son débit, la fréquence de ses débordements, l'encaissement de son lit, l'orientation et l'aspect de sa vallée, et enfin ce qu'on pourrait appeler les accidents de son voyage, les *pertes*, les *portes*, les rapides, et le régime de son embouchure, estuaire ou delta, tout cela doit tenir une place, la plus large place, dans l'hydrographie. On prendra utilement le temps nécessaire à ces explications et à ces descriptions, sur l'énumération des cours d'eau dont il n'y a rien à dire. On ne se croira nullement obligé de mentionner une rivière sans importance parce qu'elle arrose une ville sans notoriété. Les fleuves sont, au reste, parmi les objets de la géographie physique, ceux auxquels il est le plus facile de donner la vie. Leur personnalité se laisse aisément saisir, et rien n'est plus varié que leurs caractères. Pour faire concevoir une idée de la puissante originalité des grands fleuves d'Amérique, de l'Amazone ou du Mississipi, le professeur n'a que l'embarras du choix à faire entre les descriptions. Le *merveilleux* du Nil frappe les plus petits enfants comme il a frappé les hommes des premiers âges. Quelques traits suffiront pour opposer la fougue presque sauvage du Rhône à la douceur et à l'humeur sociable de la Seine; d'un mot on établira un rapprochement entre deux *fleuves-types* comme le Pô et le Gange, coulant dans une direction continue, au milieu de larges plaines qu'ils enrichissent, au pied de hautes montagnes qui les alimentent; une simple remarque gravera dans la mémoire le rôle des petits fleuves anglais, si précieux pour l'industrie et le commerce, tandis que certains grands fleuves du plateau de Castille coulent inutiles dans leurs ravins profonds, — quand ils coulent ; car on dit d'eux, en Espagne, qu'ils ressemblent à l'ancienne université de Salamanque : deux mois de cours, dix mois de vacances.

On appliquera enfin les mêmes règles à la description des côtes et des mers. Leur nature, leur relief, les modifications qu'elles ont pu subir, car elles ont leur histoire physique, feront l'intérêt de cette étude. Ici encore les détails doivent être choisis avec soin. Il est bien entendu qu'on renoncera, par exemple, aux longues listes de caps, pour se borner à ceux qui marquent une puissante saillie sur le rivage, le pied d'une grande chaîne de montagnes, ou qui supportent l'effort des courants et forment comme des pierres d'angle d'un continent. Il est peut-être utile aussi de rappeler que le nom d'une mer ne doit pas être, dans la mémoire, une simple étiquette. Autant qu'un fleuve d'un autre fleuve, qu'une montagne d'une autre montagne, une mer se distingue d'une autre mer ; elle a son aspect propre, ses richesses spéciales, ses produits et ses espèces ; elle a son tempérament et son humeur ; elle a enfin ce qu'on pourrait appeler ses états de services, son rôle historique. N'avons-nous pas le droit, comme les Romains, mais pour d'autres raisons, d'appeler *mare nostrum* cette Méditerranée autour de laquelle se sont formées presque toutes les civilisations dont notre civilisation procède ?

Il manque à la géographie ainsi exposée un dernier chapitre ; ce chapitre, qui servira de transition pour passer à la géographie économique et politique, sera consacré à l'étude des climats. Avec le relief du sol et la distribution des eaux, avec le régime des fleuves et la nature de leurs vallées, avec la mer, sa température, ses courants, on possède les principaux éléments de la climatologie. Réduisons ce mot, trop ambitieux pour notre enseignement, à ses modestes proportions. Il y aurait peu de profits à s'attarder dans la classification toujours un peu artificielle des *climats locaux*. Mais la distinction entre les climats humides ou secs, les climats tempérés ou excessifs, avec la raison de ces différences, exposée sans grand appareil scientifique, sera la conclusion nécessaire de tout ce qui précède ; et, sans encombrer les cartes de lignes isothermes, isochimènes et isothères, un maître saura toujours expliquer, par l'altitude, l'orientation des vallées, le voisinage de la mer, pourquoi, sous le même degré de latitude, deux pays peuvent soumettre à des conditions très différentes la végétation et la vie humaine [1].

SUJET

De l'orthographe au cours préparatoire et au cours élémentaire. — Moyens pratiques pour l'enseigner aux élèves de ces deux cours.

Développement. — L'orthographe est l'art d'écrire les mots et les phrases d'une langue conformément au bon usage et aux règles de la grammaire. Cette définition fait voir que nous avons en français une orthographe d'usage et une orthographe de principes dont la connaissance repose sur le vocabulaire qui donne la manière d'écrire le corps du mot, et la grammaire qui fournit les terminaisons.

Comme l'usage de ces deux livres ne saurait profiter à l'enfant qui commence à fréquenter la classe et qui ne sait pas lire encore, on a soin de l'y préparer graduellement en lui enseignant les éléments des mots au moyen de tableaux

---

[1]. Nous avons emprunté aux mêmes *Instructions ministérielles* cette belle dissertation qui est, ainsi que la précédente, de M. Jallifier. Elle remplacera avantageusement celle que nous avions fournie sur le même sujet, et qui par le fait n'aurait pas été assez *au courant*. La dissertation sur l'histoire est de M. Lavisse.

et de livres de lecture pour le premier âge ; de sorte que, à peine entré dans l'école et mis au courant de l'épellation, il se voit en possession de quelques notions d'orthographe. Mais l'art même d'orthographier, comment l'apprendra-t-il? Autant par l'œil que par l'écriture. Une fois qu'il sait épeler et syllaber les mots : *papa, mère, jubilé, poison, souris, aimer, paisible, corps, recevoir, croissant*, il en retient les images dans sa mémoire, ce qui veut dire qu'il a acquis déjà une connaissance très limitée mais réelle de l'orthographe d'usage.

De cette acquisition à les écrire il n'y a qu'un pas. Non seulement les tableaux lui fournissent l'orthographe de certains mots, mais il est possible, en le faisant syllaber, de l'initier par degré aux formes nouvelles qu'apporte dans ces mots l'accord en genre, en nombre et en personne, c'est-à-dire qu'on peut lui apprendre la raison de certaines terminaisons et le préparer ainsi à l'étude des règles les plus élémentaires de la grammaire. L'enfant donc, en retenant la forme des mots par la lecture au tableau ou sur le livre, ensuite par l'écriture sur le cahier, se rend propre aux exercices plus compliqués qu'on lui demandera dès son entrée dans le cours élémentaire.

Dans ce nouveau cours il aura à étudier autant de matières que ses condisciples des cours supérieurs, et tout ce qu'il fera et verra faire contribuera sans aucun doute à lui apprendre l'orthographe. D'abord, la lecture courante avec explication des mots, l'écriture à main posée et les leçons de textes lui apprendront surtout l'orthographe d'usage ; puis les leçons de grammaire élémentaire, les interrogations grammaticales, la reproduction orale de récits faits ou lus en classe, les dictées données sans aucune recherche des difficultés grammaticales, les exercices d'invention, de constructions de phrases, l'étude des homonymes et des synonymes, la reproduction agrandie de morceaux lus en classe ou à domicile, les exercices de rédaction et d'analyse grammaticale lui donneront, en même temps que des notions d'orthographe d'usage, l'orthographe de principes. Enfin l'étude des livres d'histoire, de géographie, de sciences, tous les exercices écrits par lui ou par d'autres au tableau noir, les livres de lecture lus en famille accroîtront encore ses connaissances orthographiques.

On voit donc que toutes les matières qu'il étudiera pendant tout le cours de ses études, c'est-à-dire depuis cinq à treize ans, contribueront à développer en lui et à maintenir sa science des règles du langage écrit, autrement dit de l'orthographe.

DISSERTATION

Quelles sont les matières enseignées à l'école primaire qui peuvent le plus faire aimer la patrie et dans quel esprit l'instituteur devra-t-il les enseigner aux élèves des deux cours supérieurs ?

Parmi les études qui peuvent contribuer le plus à faire aimer la patrie nous devons citer en premier lieu celle qui a pour objet la description du sol. Il faut en effet, avant d'apprendre notre histoire et notre littérature, connaître le pays que nous habitons. Cette connaissance nous est donnée par la géographie, science qui s'apprend au moyen des voyages et des livres. Mais l'instituteur ne s'adresse qu'à des enfants, et des enfants qui ont rarement quitté le foyer paternel ; de plus, les voyages où il peut les convier se bornent à des promenades scolaires ! Il sera donc obligé de leur mettre en mains des livres. Et quels livres ? Des résumés, c'est-à-dire des ouvrages ennuyeux. Un résumé bien fait est utile quand on connaît les détails, parce qu'il les rappelle et les classe. Il peut même être attrayant dans ces conditions ; mais commencer par là et enseigner la géographie par d'arides nomenclatures, c'est faire sans aucun doute un contresens. Et pourtant l'instituteur a le devoir de faire étudier le sol de la patrie à des enfants dont beaucoup ne dépasseront pas l'école primaire, et, pour ce motif, de le leur faire connaître si bien qu'ils comprennent la nécessité de savoir mourir un jour pour le défendre !

Comment s'y prendra-t-il donc pour leur enseigner la géographie et leur rendre plus chère une terre qu'habitent leurs familles et nos concitoyens? Il étudie chaque jour la nature de l'enfant et sait combien il aime les récits et les descriptions. Il s'adressera donc à son imagination et lui fera faire des voyages à travers la France : il donnera de la vie à ce qu'il raconte, il s'animera, entraînera, de sorte que l'enfant croira voir tout ce que son maître lui décrit. C'est ainsi qu'il l'amènera à aimer ce pays si varié et si beau, ce « doux païs de France », comme disaient nos aïeux. Toute la nature en effet et toute l'histoire se donnent rendez-vous dans notre contrée. Elle s'appuie sur les Alpes et les Pyrénées ; elle a des ports magnifiques sur la Méditerranée et l'Océan, des montagnes aux horizons superbes, de grands et beaux fleuves, des cours d'eau innombrables, les vertes campagnes de la Normandie avec leur couronne de pommiers, et la poudreuse Provence tout inondée de soleil. Si vous voulez fouiller le passé, vous retrouverez encore debout des monuments de tous les âges et de toutes les civilisations : ceux des Druides en Bretagne, ceux des Romains en Provence et dans le Languedoc; les cathédrales et les castels du moyen âge, les châteaux de la Renaissance et les palais de la monarchie. Des Gaulois à la Révolution nous pouvons voir l'art français passer par des manifestations successives et revêtir diverses formes, mais rester toujours un art français, un art charmant. Tous les peuples ont passé sur cette terre, les Grecs, les Romains, les Germains, les Sarrasins ; tous les peuples modernes, Anglais, Italiens, Espagnols. Tous ont laissé leurs traces dans les monuments, dans les mœurs. On retrouve les champs de bataille où la France a été quelquefois vaincue, presque toujours victorieuse. Notre histoire est vivante comme notre sol, féconde, accidentée et glorieuse comme lui. L'histoire de tous les peuples s'y trouve mêlée. A côté des champs de bataille de la guerre viennent ceux de la science et de l'industrie. Toutes les découvertes du dix-neuvième siècle sur la marine, sur l'agriculture, sur les voies ferrées et la transmission instantanée des dépêches, sont exploitées en France avec leurs derniers perfectionnements. Nos forges, nos filatures, nos tissages mécaniques, nos laboratoires, nos observatoires, nos écoles ou tiennent le premier rang ou le partagent avec les établissements les plus complets des autres pays. Ce n'est donc pas un paradoxe de dire qu'on peut tout étudier et tout connaître rien qu'en étudiant à fond la France. Notre pays montré sous un tel jour — et c'est là la bonne lumière — ne peut que rendre fiers nos enfants et être aimé d'eux.

L'instituteur s'inspirera du même esprit pour enseigner l'histoire, qui est, avec la géographie et notre littérature, la science la plus capable d'exciter l'amour de la patrie. Qu'il raconte avec son cœur les grands faits qui sont consignés seulement dans les précis et qu'il mette en relief les nobles figures, les héros. L'enfant se passionnera pour Roland, pour Duguesclin, pour Jeanne d'Arc, pour Turenne, pour Hoche. Il saura que nous sommes une race de haute lignée et que nous avons des annales merveilleuses, aussi attachantes qu'un roman historique ou un conte de fées, avec cet avantage en plus d'être vraies et de constituer pour nous, Français, un titre d'honneur. Quand il aura captivé sa jeune imagination par ces poèmes de l'histoire, il sera temps de lui montrer les chaînons intermédiaires pour qu'il découvre enfin ce qui en fait la beauté suprême, l'unité.

Mais que dire de l'instituteur qui se contente de faire étudier aux enfants un petit traité d'histoire bien sec, où il n'y a que des noms et des dates? Il est assurément indigne du noble rôle qu'il remplit dans la société. Que veut-il en effet que l'enfant comprenne dans tout cela? Et que veut-il qu'il aime? Ni l'homme, ni l'humanité ne commencent par l'abstrait. Ils y arrivent; mais au début, dans la jeunesse, ils veulent des poésies et des légendes. L'instituteur lira dans sa chambre, après les avoir pris à la bibliothèque cantonale qui les contient presque tous, les livres de Michelet, de Guizot, de Mignet, de Châteaubriand, de Thierry, et, tout pénétré du feu sacré qui anime de tels ouvrages, il racontera à ses élèves charmés et fiers ce qu'on appelait jadis les Beautés de l'histoire de France. Quand on enseigne l'histoire à des enfants, il ne faut pas craindre les anecdotes et les détails; c'est par ce moyen qu'on forme les âmes et qu'on les attire. Il laissera donc les abrégés aux candidats à des examens difficiles et aux hommes mûrs, qui ont besoin d'un répertoire pour retrouver leurs souvenirs, et il se gardera bien de condamner à un ennui mortel des enfants que nous avons tant de raisons de pousser à connaître, à aimer et à adorer notre pays.

L'instituteur ne sera pas moins bien avisé dans l'enseignement de notre langue, qui est un autre côté de la patrie. Au lieu de la commencer par la grammaire, dont l'étude est rebutante quand elle n'est pas désirée par celui qui s'y livre, et dont les règles sont souvent au-dessus de la portée d'un esprit de dix ou douze ans, il donnera le goût de la lecture à ses élèves, il leur en donnera l'appétit, la passion même afin de les amener à compléter leurs explications de la classe par des lectures faites dans la famille. Il lira avec eux, quand il pourra, et donnera du texte qu'il lit un commentaire court, clair et rare. Qu'il les laisse le plus souvent lire et juger tout seuls, en leur demandant ensuite de raconter ce qu'ils ont lu, et de dire comment ils le jugent. Les enfants aiment à parler. C'est un défaut quand ils bavardent, et un excellent exercice quand ils résument. Seulement il choisira les lectures avec soin, parmi ce qu'il y a de plus honnête et de plus intelligible. Il va sans dire qu'il leur fera lire plusieurs bons livres, instructifs et moraux, qui servent pour le travail de l'école ; mais il prendra aussi et sans hésiter ce qu'il y a de plus beau dans notre littérature, parce que ce qui est beau est sain et clair, en un mot est français. Il empruntera aux riches, à La Fontaine, à Mme de Sévigné, à Molière, à Fénelon, à La Bruyère, à Corneille, à Voltaire, à Victor Hugo. Il y a chez eux tant de passages qui peuvent élever et instruire ! Oubliera-t-il la *Jeanne d'Arc* de Michelet, le *Franklin* de Mignet, le *Washington* de Guizot, l'*Invasion* d'Erckmann-Chatrian, les *Lettres de mon moulin* de Daudet ? Ces livres si beaux font plus pour l'amusement et l'instruction des enfants que ces niaiseries qu'on leur fait trop souvent chanter sur la France guerrière et ces fades livres donnés en prix aux distributions de fin d'année. Ils sont beaux, français et patriotiques. Au plaisir ils unissent l'enseignement. Il leur ferait voir en outre que ces écrivains, tout en parlant un français exquis, ont parlé une langue conforme à l'esprit de leur temps. Cette langue est majestueuse sous Louis XIV, mais continue ; elle obéit à une autorité, l'Académie, qui se fait respecter des écrivains autant que le roi de ses sujets. Au dix-huitième siècle, les philosophes ont une langue souple, alerte, acérée, brillante et spirituelle parce qu'ils attaquent la forme monarchique de la société contemporaine et disputent sur le bonheur des peuples. Au dix-neuvième siècle, le siècle des découvertes scientifiques et du renouvellement de la littérature, les écrivains manient une langue aussi claire, plus colorée, plus éloquente et plus capable d'exprimer toutes les nuances de la pensée. Il leur montrerait que sous ces trois manières c'est toujours la langue française, ferme, claire, gouvernée par la logique et incapable d'exprimer autre chose que la vertu dominante de notre race, le bon sens.

Voilà dans quel esprit l'instituteur enseignera les trois matières les plus importantes du programme des écoles primaires, la géographie, l'histoire et la langue française. A voir les choses par un point de vue supérieur, quel beau rôle pour un maître et quel noble devoir pour un patriote[1] !

SUJET

Des relations de l'instituteur avec les autorités locales (administration municipale et délégation cantonale). — Comment peuvent-elles contribuer à la fréquentation de la classe et aux progrès des élèves?

Développement. — L'instituteur qui a le souci d'assurer le succès de sa classe ne doit pas se contenter de remplir avec zèle ses devoirs professionnels. L'intérêt de ses élèves, sagement entendu, l'oblige à transporter hors de son école d'incessantes et légitimes préoccupations. Le vrai mérite, dira-t-on, aime le silence et demeure caché. Mais, lorsqu'on n'agit pas pour soi-même, est-on bien coupable de montrer que l'on veut plaire à ses concitoyens et justifier le choix qu'a fait de vous l'administration? Non que la vertu doive éclater, et l'instituteur tenir dans sa commune une conduite que l'on pourrait qualifier d'intrigante; tel n'est pas, tel ne saurait être son rôle. Néanmoins, la nature de ses fonctions l'amène à entretenir, outre des relations toutes de bienveillance avec les familles, des rapports particuliers avec les personnes chargées de la surveillance des écoles, et qui sont le maire et le délégué cantonal.

Le maire est le chef de la commune; il est le représen-

---

1. Inspiré de M. Jules Simon : art. *Patrie. Revue de famille*, 1ᵉʳ volume.

tant d'une autorité qui émane de la société elle-même ; comme tel, il est chargé de veiller sur les intérêts de la population tout entière. Il a donc sur l'école un droit de surveillance incontestable : la loi le lui reconnaît et lui impose en échange des devoirs délicats. Ces devoirs consistent à visiter l'école le plus souvent possible et à donner à l'instituteur des conseils utiles, de précieux avis sur la conduite morale de la classe. Le droit du maire est étendu et précis : il saura donc s'y renfermer ; car, pour ce qui regarde l'enseignement, le choix des méthodes et l'organisation pédagogique, on comprend aisément que les directions des inspecteurs doivent exclusivement servir de règle à l'instituteur. Comme maire, il est appelé à constater seulement les résultats obtenus dans l'enseignement, à encourager le maître dans l'accomplissement de sa pénible tâche et à lui prêter son concours dans toutes les circonstances où le succès de l'école l'exigera. C'est de lui que dépend l'organisation matérielle de la classe, c'est-à-dire le local, le mobilier et les fournitures classiques. L'instituteur le sait : qu'il ne craigne donc pas de s'adresser à lui pour obtenir de l'administration communale tout ce qui est nécessaire aux besoins de ses élèves. Ces considérations montrent clairement que le maire, ou son représentant, a droit au respect et à la reconnaissance. Il doit être le bienvenu toutes les fois qu'il vient visiter l'école ; ses conseils et ses ordres doivent être reçus toujours avec respect, disons mieux, avec déférence. Du reste, parmi les nombreux exemples que l'instituteur est chargé de donner à ses élèves, un des premiers est sans contredit le respect de l'autorité. Comment, en effet, les enfants seraient-ils polis à son égard et à l'égard de tous leurs supérieurs, si la conduite de leur directeur laissait à désirer sous le rapport de la politesse ? Dans toute école gouvernée avec intelligence, les enfants partageront vite les sentiments de déférence que leur maître montrera pour les chefs administratifs de la localité. Telle est la nature des rapports que l'instituteur cherchera à établir et à conserver avec l'administration municipale.

Avec le délégué cantonal ses relations seront analogues. Le délégué est en effet investi d'un pouvoir qui émane du conseil départemental, auquel il adresse ses rapports ; il correspond avec les autorités locales pour tout ce qui regarde l'état et les besoins de l'enseignement dans sa circonscription. C'est un homme instruit le plus souvent, toujours de bonne volonté ! Il est choisi pour veiller à la bonne tenue de l'école. Son inspection porte sur l'état des locaux et du matériel, sur l'hygiène et la conduite morale de la classe. Sa mission est donc toute de surveillance. Comme le maire, il ne doit point juger les méthodes et les livres ; il s'abstient de ces investigations minutieuses que l'administration supérieure exige des inspecteurs primaires; il constate si les enfants qui sont admis depuis un certain temps déjà dans l'école ont une instruction suffisante, s'ils lisent ou écrivent bien ou mal, s'ils sont tenus sainement, s'ils puisent à l'école de bons préceptes et surtout de bons exemples de morale, s'ils y contractent des habitudes de propreté, de politesse et de sociabilité, en un mot s'ils sont bien élevés. Il donne à l'instituteur de bons conseils, des remontrances paternelles et des encouragements à bien faire. Son inspection est la visite d'un homme affectueux et expérimenté qui représente la famille à l'école. Que l'instituteur se montre donc très poli et très respectueux envers les délégations cantonales ; qu'il leur témoigne toujours un vif empressement et une satisfaction sincère au moment de leur passage dans sa classe. En agissant de la sorte, il ne manquera pas de s'attirer leur bienveillance et même un appui qui, dans certains cas, peut lui être fort utile.

Quelles seront les conséquences de ces rapports, respectueux de la part de l'instituteur et sympathiques de la part des autorités locales ? Ne sont-elles pas de nature à assurer la fréquentation de l'école et les progrès des élèves ? Si, par une conduite irréprochable, par son tact et son zèle, l'instituteur a su acquérir les sympathies du chef de la commune et du délégué cantonal, il est évident que, à l'exemple du maire, la population se montrera empressée auprès du maître à qui elle confie ses enfants. Il grandira même, pour elle, en dignité et en autorité. Elle montrera du respect et de l'affection pour un éducateur plein de zèle et de dévouement, si bien préparé, en un mot, à l'accomplissement du noble mandat que la société lui a départi. Toutes les familles se feront un devoir de lui envoyer leurs enfants et craindront de les détourner de la classe pour des occupations d'une utilité plus immédiate. Ainsi la fréquentation de l'école sera assurée et, par elle, les progrès garantis. De plus, le maître qui aura su établir entre lui et les autorités locales des rapports amicaux obtiendra, sans difficulté, du Conseil municipal, les améliorations nécessaires à l'organisation matérielle de son école. Dans beaucoup de communes, l'instituteur estimé, bien vu de la population, réalise, par ses seules demandes, une foule de choses profitables à l'instruction de ses élèves. C'est un grand résultat. En effet, le défaut d'outillage n'est-il pas souvent, pour ne pas dire toujours, une cause d'insuccès dans l'enseignement de l'école ? Ne faut-il pas, la plupart du temps, attribuer à la pauvreté, à la nudité de la salle de classe les désertions, les retards et les jours d'école buissonnière ? L'enfant aime à reposer ses yeux sur de belles cartes, sur des tableaux, des images, des modèles en plâtre, des murs bien propres et des fenêtres qui donnent un grand jour. S'il se plaît dans une classe ornée avec goût, il est sensible aussi aux soins que prend l'instituteur de faire chauffer, aérer et balayer l'école. Il aime ce qui est gai, il aime ce qui est beau. Toutes ces précautions sont autant de moyens d'attirer l'enfant en classe, et il dépend presque toujours de l'instituteur de les employer, parce qu'il dépend toujours de sa volonté de se concilier la bienveillance et les sympathies des autorités locales.

PLANS

I

De la nécessité d'alterner souvent les différentes études de la classe, et de la manière de faire cette alternance pour le plus grand bien de l'esprit et des études.

1° Le premier changement favorable au repos de l'esprit est l'exercice des muscles : passer, dans le corps, d'une région à l'autre, de la main à la jambe, de la voix pour les sons articulés à la voix pour le chant. Ensuite au point de vue des sens : de l'œil à l'oreille, etc. (page 36, ligne 22, tout le passage).

2° Autre changement favorable : de la lecture ou de la leçon orale à l'examen d'objets concrets (des exemples) et du monde matériel au monde intellectuel (des exemples), (deux paragraphes suivants).

3° Autre changement favorable : par l'étude des beaux-arts qui mettent en jeu les organes sensibles aux nuances et touchent à l'éducation morale, et par les récits considérés comme source de plaisirs (deux paragraphes suivants).

4° Par l'éducation physique, les langues et les sciences, qui, alternées, favorisent l'économie de l'ensemble des forces intellectuelles (trois paragraphes).

5° Par le changement de maître ou de livre (paragraphe suivant).

6° On peut prolonger les études de géographie, d'histoire ou de littérature, si on les fait au point de vue de la connaissance des faits et de l'expression des idées, parce qu'elles renferment les éléments d'une occupation suffisamment variée (dernier paragraphe).

Corrigé : Bain, *Science de l'éducation*, pages 36-38.

II

De la nécessité de préparer soigneusement les devoirs et les leçons, si l'on veut intéresser les enfants et réaliser toutes les conditions de leurs progrès.

1° Pour approcher l'enseignement de l'esprit des enfants, il est nécessaire de préparer les leçons et les devoirs de la classe, parce que cette préparation fait la force, l'intérêt et le charme de l'enseignement.

2° Dans ce cas les résultats répondent aux efforts, car les notions se gravent mieux dans l'intelligence et ne l'exposent pas pour l'avenir à des erreurs souvent funestes.

3° Aussi bien toutes les facultés des enfants offrent à l'enseignement une prise facile. Joignez-y une curiosité toujours en éveil. Si vous leur donnez des notions précises et fortifiées d'exemples, ils se poussent d'eux-mêmes, animent et propagent l'enseignement.

4° On réalisera donc les conditions mêmes de progrès en ne parlant qu'un langage à la portée de l'enfant, en simplifiant toutes choses et en ayant recours au meilleur livre qui est la voix du maître.

Corrigé : O. Gréard, *Instruction générale sur le règlement d'organisation pédagogique*, 17 août 1868 (trois pages). Se trouve dans Rendu, p. 423.

III

De l'usage et de l'abus du livre. — De la nécessité du livre. — Comment s'en servir avec les nouvelles méthodes d'enseignement?

1° Les avantages de l'enseignement par la méthode orale ne doivent pas faire proscrire le livre.

2° Le livre est nécessaire dans les classes à trois cours, parce que l'instituteur doit occuper simultanément ses élèves, parce que, dans une leçon de 30 minutes, qui comprend les interrogations, l'exposé oral serait trop court pour que l'élève pût tout retenir sans livre, parce que l'effort serait trop grand pour le maître.

3° Il faut donc donner de bons livres aux élèves. Beaucoup de ceux qui sont choisis semblent trop faits pour la campagne ou pour la ville. Améliorations désirables : a. établir des programmes exactement correspondants aux objets de l'enseignement (modèle : *vade-mecum* de Saône-et-Loire); b. directions pédagogiques; c. emploi du temps modèle (*Ecoles de Paris*).

4° Résultats qu'on obtiendrait : marche régulière de l'enseignement, même esprit, unité de méthode ; inspecteurs et inspectés seraient d'accord.

Corrigé : *Revue pédagogique*, mars 1882.

IV

Nécessité et avantages des devoirs écrits. — Dans quelle mesure convient-il de les pratiquer dans chacun des trois cours ?

1° L'enseignement collectif ne peut reposer uniquement sur l'enseignement oral, qui manque toujours de précision, d'exactitude et de justesse, et qui ne laisse dans l'esprit de l'enfant que des impressions fugitives. D'ailleurs que deviendrait la discipline ?

2° Il faut des devoirs écrits, qui permettent à l'élève de digérer et de s'assimiler ce qu'il reçoit. Le travail écrit apprend à classer les idées, à les coordonner et à les rendre avec précision. De plus, les devoirs permettent au maître de contrôler les progrès de la classe.

3° Combien en faut-il faire ? Les proportionner à l'habileté plus ou moins grande qu'apportent en écrivant les élèves des trois cours. Le tableau du travail hebdomadaire sera un bon guide pour le développement de ce paragraphe.

V

De la nécessité d'apprendre aux enfants à s'exprimer correctement et des moyens d'y parvenir.

1° But de celui qui enseigne : être compris, en vertu du proverbe : parler, écrire pour être compris. En effet nous avons dans la vie, d'une part à causer, discuter, etc..., d'autre part à écrire lettres, rapports, marchés, etc... On peut se passer de l'agrément, non de la clarté, fille de la correction. Inconvénients, si l'on n'est pas clair. Des exemples. Donc nécessité d'être clair et correct.

2° Cette clarté, la grammaire la donne (définir la grammaire). On ne peut y recourir constamment ; cela rebuterait les enfants. L'instituteur doit donc être pour eux la grammaire vivante. Grandes obligations, travail incessant. Des exemples.

3° Moyens. *a*. Surveillance constante du langage des élèves : les reprendre de leurs barbarismes, solécismes, archaïsmes, néologismes, locutions locales. *b*. Exercices pratiques : cours élémentaire : lecture à haute voix, récitation, exercices d'élocution ; cours moyen : lecture à haute voix, récitation, réponses développées...; cours supérieur : lecture à haute voix ; phrases...

4° C'est ainsi qu'il leur apprendra la correction dans les mots et dans les phrases.

Il prêchera aussi d'exemple.

VI

De l'enseignement oral et de l'enseignement par le livre. — Dans quelle mesure convient-il de combiner ces deux moyens d'enseignement ?

1° On se sert de la parole et des livres pour la communication des connaissances.

2° L'enseignement de vive voix est indispensable à l'école, parce qu'il a l'avantage de l'influence qu'exerce la voix humaine. Il convient surtout à certaines matières (des exemples); mais il est fugitif et ne peut s'employer seul.

3° Le livre est nécessaire aussi pour l'étude de matières spéciales et même pour celles que l'enseignement oral fait bien comprendre. Il fixe mieux la leçon, parce que l'effort de l'enfant dure et se répète.

4° La parole et le livre sont donc inséparables. Au cours élémentaire, la méthode orale doit dominer, parce que les exercices oraux sont fréquents et que l'enseignement est surtout concret. Au cours moyen, la parole doit surtout expliquer le livre, dont le sens échappe souvent à des enfants. Au cours supérieur, l'enseignement de vive voix prend plus de place, parce que les élèves sont déjà capables de prendre des notes et de travailler avec une certaine indépendance vis-à-vis du livre.

5° L'enseignement oral a donc la plus grande place à l'école primaire. Le livre ne fait que le compléter.

VII

De l'utilité d'une bonne écriture.

1° Il est nécessaire de savoir écrire lisiblement, mais aussi d'écrire bien. Honte à ne pas savoir écrire (dire pourquoi) et nécessité de savoir écrire (des exemples).

2° Utilité de posséder ce qu'on appelle une bonne expédiée :

a. D'abord pour la vie même de l'écolier. On n'aime pas à déchiffrer des notes mal prises, on les rejette; donc perte pour l'instruction (des exemples).

b. En second lieu pour les carrières. Une bonne écriture permet de remplir certaines fonctions (des exemples). Elle est un instrument capable de faire vivre; mais elle est encore un art (développer).

3° Apprenons donc à bien écrire, cela est digne, cela est utile, cela est nécessaire.

VIII

De la nécessité, pour apprendre la langue aux élèves, de les faire parler en classe.

1° Il faut apprendre la langue aux enfants en les faisant parler : la nature nous en donne l'avertissement. L'enfant apprend en effet à parler en entendant parler, et à jouer en voyant jouer (25 lignes).

2° La grammaire, telle qu'elle est enseignée, ne prend la parole que pour avertir et punir : elle a pour effet d'éteindre la vivacité naturelle de l'enfant (25 lignes).

3° C'est à son influence qu'il faut attribuer l'impuissance où sont les hommes du peuple de s'expliquer sur leur profession et de parler dans les réunions (31 lignes).

4° Pour apprendre le français aux élèves, il faut donc les

faire beaucoup parler : divers moyens qu'offre la classe (28 lignes).

   Corrigé : Michel Bréal, *Quelques mots sur l'instruction publique,* pages 36-40.

IX

Exposer les avantages et les caractères de la récitation expliquée, et montrer comment l'explication en doit être faite à l'école primaire.

1° Grands avantages de la récitation bien expliquée et bien comprise. Elle cultive non seulement la mémoire, mais toutes les facultés de l'âme. Elle donne l'intelligence des choses et en fait conserver des souvenirs durables (31 lignes).

2° Comme les enfants n'ont pas le temps d'apprendre beaucoup, les morceaux qu'ils auront à réciter seront courts et irréprochables. De plus, comme ils ne sont que des *morceaux*, ils seront éclairés par une introduction : des exemples (30 lignes).

3° Tout morceau demande une préparation sérieuse et une explication minutieuse : plus un morceau d'un grand maître est lu et étudié, plus on y découvre de beautés. Exemples pris dans La Fontaine, Corneille, La Bruyère, Voltaire. Efforçons-nous donc de les bien comprendre (34 lignes).

   Corrigé : Vessiot, *Début de l'introduction à la Récitation à l'école.*

X

Une leçon de mots prise dans Coménius (Porte d'or des langues).

Labourage. — ...Un laboureur est celui qui laboure un champ et en vit. Pour labourer il attelle ses bœufs à la charrue avec des cordes ou traits ; il retourne la terre, la bêche, la sème, puis recouvre la semence avec la herse. Quand les blés ont poussé, ils ont besoin d'être sarclés avec un sarcloir. Quand la moisson est venue et que le blé est mûr, les moissonneurs le coupent avec la faucille, le disposent par javelles dont ils font des gerbes liées avec des liens d'osier, de chanvre, de paille ;

ils les charrient avec des charrettes dans les greniers, les lèvent avec une fourche, les entassent en meules. Puis les batteurs le battent en l'aire avec des fléaux ; on le vanne avec un van pour en ôter la paille, puis on le passe au crible pour en faire du bon froment qu'on serre dans des paniers, cruches, sacs, greniers. On le fait parfois sécher.

Faire le même travail sur les mots générateurs comme : moulin, boulangerie, corps, navigation, cuisine, morts, maison, parenté, école, tempérance, industrie, géographie, supplices, bétail, insectes, arts mécaniques, etc., qui tous sont étudiés par Coménius.

XI

Des leçons de choses. — Leur but. — Leur importance. — Méthode à suivre. — Exemple de leçon de choses.

1° Les leçons de choses sont établies pour cultiver les facultés d'après le développement naturel de l'enfant. Elles doivent donc commencer par les sens, et aller du connu à l'inconnu.

2° Nécessité de préparer ces leçons parce qu'elles ont une grande importance : elles développent l'attention, l'esprit d'observation, la réflexion, le raisonnement.

3° Faire pour cela de l'école une continuation de la famille ; profiter des notions déjà acquises par l'enfant. Exemple : Une orange, examinée à tous les points de vue ; un livre, l'extérieur, l'intérieur ; une montre (*id*).

Voilà quelle peut être la leçon de choses pour le cours élémentaire.

Corrigé : Hippeau, *l'Instruction aux États-Unis*, pages 50-54.

XII

De l'enseignement par l'aspect. — Des formes que peut prendre cet enseignement. — Méthode à suivre. — Moyens pratiques à employer pour le donner.

Introduction. — Enseigner par l'aspect, c'est mettre sous les yeux de l'enfant les objets dont on lui parle ou tout au moins les représenter. Il acquiert ainsi des connaissances nombreuses et variées. Il s'habitue à aimer le beau, le vrai, le bien; conçoit l'ordre et l'harmonie de l'univers.

Discussion. — 1° Cet enseignement prend diverses formes : Il se fait par l'exemple, par la vue des choses, par la représentation des personnes et des choses, par l'examen des œuvres dont le dessin est la base (architecture, sculpture, peinture, gravure, photographie) et par les expériences de l'enseignement scientifique.

2° Quelle est la marche à suivre dans cet enseignement? Il faut un plan pour que toutes les parties de cet enseignement soient étudiées, que cet enseignement soit réglé sur l'âge de l'enfant et que les ressources matérielles affectées à cet enseignement produisent tous leurs effets. Voilà ce que peut la méthode. Pour l'enseignement même il faut recourir forcément aux procédés, car il est vaste et sans unité. *Sujets* : estampes, fac-similé. *Manière d'observer* : ensemble, détails principaux, commentaires, etc. Dans ce travail commun rendre l'élève actif.

3° Moyens pratiques. Ces procédés seront fortifiés par des moyens pratiques comprenant : *a.* un matériel perfectionné : tableaux, cartes, projections, musée scolaire, etc.; *b.* des musées populaires dont il est facile de faire le plan, le catalogue; *c.* des promenades scolaires, utiles et fructueuses.

Conclusion. — En se conformant à cette marche et en suivant ces moyens pratiques, on développera vite un enseignement important.

Corrigé : *Rapport de M. Bourgoin à l'Association des anciens élèves de l'école normale de la Seine,* 15 janvier 1885. (Belin.)

XIII

Les promenades scolaires. — Leur but. — Leur organisation. — D'après le nombre de promenades que vous espérez faire pendant la belle saison, établir le programme qui devra vous guider dans vos excursions. (Comité de la rue Caumartin.)

1° La promenade scolaire n'est plus une marche en rangs

et silencieuse; elle est un plaisir pour les élèves et pour le maître (montrer comment).

2° Elle est non seulement hygiénique, mais scientifique. Elle est un enseignement attrayant qui développe l'intelligence, le sens esthétique, le jugement, l'esprit d'observation (des exemples). En voilà le but.

3° Dire comment vous organiserez une promenade, qui en fera partie. Elles sont une récompense au plus grand nombre. Rendez-vous. Visite de propreté. Recommandations. Départ.

4° On aura eu soin de la préparer dans l'enseignement de l'hiver et d'établir d'avance un programme pour la rendre fructueuse. Une promenade en mai sera affectée à la botanique; celle de juin, à la topographie; celle de juillet, à l'agriculture; celle de novembre, à l'industrie locale, etc., etc.

XIV

De la composition française au cours élémentaire. — Moyens pratiques pour apprendre aux enfants de ce cours à rédiger.

1° Comme le nombre des sujets vraiment à la portée des enfants (descriptions, récits familiers, etc.) est vite épuisé et qu'ils n'ont pas un fonds d'idées toutes faites, il est utile de ne pas abuser des exercices de composition française.

2° Quels doivent-ils être?

a. Qu'on leur apprenne à dépeindre oralement les objets qu'ils voient ou les sentiments qu'ils éprouvent, en tenant la main à ce qu'ils s'expriment toujours correctement.

b. Qu'on leur fasse quelquefois mettre par écrit ce qu'ils ont pris l'habitude de dire; ils recueilleront de ces exercices d'observation et d'élocution un sérieux profit.

c. Que l'on consacre une bonne part du temps qu'absorbe la composition écrite à des lectures en commun et à la culture de la mémoire.

d. Sur une page bien choisie, qu'on provoque un libre commentaire, qu'on fasse jaillir chez l'enfant la source des impressions naïves. (Pour ces quatre subdivisions donner des exemples.)

3° Graver dans la mémoire moins de formules, plus de faits,

plus de sentiments, plus d'idées qui illuminent son imagination et nourrissent son esprit. Telle est la conclusion.

Plan pris dans M. Gréard, 2e vol. de l'*Enseignement secondaire*. (Hachette.)

XV

Exposez comment vous entendez et comment vous faites la correction des devoirs dans votre classe.

1° Expliquer dans une définition ce qu'on entend par : corriger un devoir. Corrections diverses avec des devoirs divers (des exemples).

2° Les candidats se contentent trop souvent de lire le devoir (histoire, géographie, rédaction, etc.) et de le corriger comme un exercice grammatical.

3° Ils doivent signaler ce qu'il y a de bon ou de mauvais, indiquer comment le devoir devait être traité, en un mot faire acte de professeur.

4° Montrer comment vous corrigez un devoir de composition française dont vous avez choisi le texte.

XVI

Expliquez ce mot de M. Gréard : l'histoire est la leçon des peuples. — (*Enseignement secondaire*, 2me vol., p. 137. Hachette.)

1° Définition de l'histoire (voy. classe III).

2° Il est bon que, par l'étude du passé représenté dans ses évolutions les plus saisissantes, nos enfants se rendent compte que la société française n'est pas née d'hier ;

3° Que les grandes institutions d'égalité fraternelle, dont nous recueillons aujourd'hui le bienfait, sont les fruits du travail de plus d'un siècle ;

4° Que le progrès s'applique non aux dangereuses saillies de quelques imaginations déréglées vers des chimères, mais à la marche sage et sûre de la raison publique graduellement éclairée.

D'après M. Gréard.

XVII

Montrer combien il est, pour les enfants, intéressant et important d'étudier l'histoire de France.

1° Définition de l'histoire de France. Quels faits elle comprend.

2° C'est une étude intéressante, car on y trouve tout ce qui est capable de toucher le cœur, de captiver l'imagination. Elle offre maints épisodes brillants et comme brodés sur une vaste épopée (des exemples).

3° Elle est importante, car elle est de la plus haute utilité. Elle développe l'intelligence dans les facultés de la mémoire, du jugement, de la raison. Elle est une merveilleuse école de patriotisme. Actes héroïques des Français en France et dans le monde. Elle est aussi une grande école de morale : vertus de toutes sortes : personnages qui les ont incarnées.

4° Nécessité d'étudier une histoire qui contribue tant à l'éducation.

XVIII

Comment et jusqu'à quel point l'histoire locale peut-elle, à l'école primaire, devenir un auxiliaire de l'histoire nationale?

1° L'histoire locale (à définir) facilite l'étude de l'histoire nationale. Il faut visiter dans le pays avec ses élèves les restes du passé et en causer.

2° L'enseignement du cours élémentaire surtout sera rendu plus intéressant par les biographies des hommes illustres du département, qui permettent de grouper autour d'elles les faits de toute une génération.

3° Elle doit montrer aussi les contributions que le travail des hommes du pays apporte à la vie nationale. (Pour ce devoir prendre des exemples dans la région où l'on vit.)

XIX

Comment faut-il raconter l'histoire nationale à des enfants de six ans ?

1° L'idée de patrie doit se dégager d'un tel enseignement. Passer de la famille à un groupe de familles, à la commune (au quartier), aux communes voisines, etc. Montrer tous les habitants du pays s'unissant pour repousser des étrangers qui viennent en armes.

2° Faire valoir l'idée du travail collectif de tous et qui a créé les travaux dirigés par les ministères, donné à tous la liberté individuelle, les lois qui garantissent la vie et le développement de chacun. Les enfants comprendront mieux cela que les récits de batailles.

3° Compléter cette méthode par les biographies locales. Dire pourquoi et en montrer l'utilité.

Corrigé : Mlle Matrat, *Revue pédagogique*, octobre 1881 (2 pages).

XX

Quelle méthode pédagogique convient-il de suivre pour l'enseignement de la géographie dans les écoles primaires ?

1° L'arrêté du 3 août 1881, réglant le travail dans les écoles normales primaires, cherche à proscrire de l'école les procédés propres à encourager le travail machinal et à supprimer la réflexion. Les abus de ce genre régnaient dans l'enseignement de la géographie ; on a voulu y substituer l'usage de la méthode intuitive recommandée par les programmes allemands.

2° Mais la géographie ne peut être entièrement fondée sur des leçons de choses ; de plus la méthode intuitive, loin de lui avoir profité, a paralysé l'imagination des maîtres et des élèves en donnant une place exagérée aux cartes et les confondant avec des plans. De sorte qu'on a continué à étudier la géographie au moyen de cartes mal dessinées, tandis que les idées pédagogiques nouvelles fondaient sur l'étude raisonnée de la surface de la terre celle des manifestations de la vie. De là des cartes nouvelles où le système nouveau se superposait à l'ancien : conséquences.

3° La méthode nouvelle, qui a rencontré beaucoup d'adeptes, a été paralysée par les examens. Les écoles de Saint-Cloud et de Fontenay tâchent de la répandre ; mais leur rayonnement est lent. Quel est le moyen d'aboutir ? M. Schrader l'indique dans un article du *Dictionnaire de pédagogie* (le lire. Il conclut à la refonte totale des programmes de géographie).

4° Idées fondamentales de la réforme à faire : *a.* éveiller l'imagination des enfants, leur donner le sens de la vie universelle ; *b.* dans les représentations cartographiques, dont on montrera le côté relatif et incomplet, on recherchera non l'exactitude mathématique, mais l'expression de vérités très générales (suppression des bassins fluviaux) ; *c.* rattacher étroitement la géographie physique, car elle est la représentation de la vie dans la nature et l'humanité ; *d.* réduire de trois quarts l'étude des lignes de chemin de fer (se borner aux grandes lignes et grandes artères) ; *e.* la géographie politique et administrative sera réduite à la portion congrue au profit de l'instruction civique ; *f.* l'étude du département, du canton, de la commune viendra seulement à la fin du cours supérieur, quand les enfants seront préparés à y voir des fragments, non des touts ; *g.* on étudiera la France par rapport à l'Europe et à la terre ; on verra alors son rang dans le monde, ses rapports physiques et économiques avec ce qui l'entoure. Méthode plus efficace que la méthode de rayonnement de la commune au bout du monde.

> Conclusions abrégées d'un remarquable rapport de M. Paul Dupuy, inséré dans la *Revue géographique* de septembre et octobre 1889, et *Monog. péd.*, t. IV.

XXI

Importance exagérée donnée à la dictée dans nos exercices scolaires. — Ses effets au point de vue de l'orthographe. — Du choix de la dictée. — La prendre dans le livre de lecture. — Manière de la faire.

1° Une dictée par jour, c'est trop, parce que la dictée ne doit être qu'une vérification; la remplacer en partie ou la conduire avec intelligence.

2° L'orthographe d'usage et l'orthographe grammaticale peuvent s'apprendre déjà par la lecture. On y joindra des exercices écrits très faciles, suivis de quelques mots isolés et de quelques règles de grammaire. Les élèves retiendront ainsi 600 mots et 120 règles dans un an !

3° Graduer les dictées avec discernement et les rattacher aux matières enseignées en classe.

4° Il est avantageux de faire suivre la leçon de lecture d'une dictée prise dans le morceau qui vient d'être lu, ou d'indiquer le chapitre du livre où sera prise celle du lendemain.

5° Le maître doit procéder ainsi : lire le morceau, le faire préparer oralement, dicter lentement, faire épeler tous les mots ou seulement quelques-uns, donner la ponctuation selon la force des élèves, enfin expliquer le passage de façon à préparer au devoir de style.

Corrigé : M. Carré, *Mémoires du Musée pédagogique*, 1re série, fasc. 29, pages 41-47.

XXII

De l'utilité qu'il y aurait à enseigner à l'école le droit populaire.

1° Nécessité de la connaissance du droit populaire dans toutes les sociétés et surtout dans une démocratie.

2° Chaque Français, étant appelé à dicter sa volonté sur tout ce qui touche au droit, doit posséder des notions de droit usuel (populaire), parce qu'il doit comprendre et connaître les lois faites par le Parlement. C'est son devoir comme citoyen et comme homme privé.

3° Objection : le droit est abstrait pour des hommes, à plus forte raison pour des enfants ! Réponse : il faut le vulgariser; non faire des cours de droit, mais orienter et permettre d'y entrer. Point d'appareil scientifique; rendre les abstractions tangibles par des exemples, par des espèces.

4° Les programmes ont donc bien fait de le mettre dans l'enseignement primaire.

Corrigé : Accolas, *Revue pédagogique*, janvier 1885, 3 pages.

XXIII

Nécessité de l'enseignement de l'économie sociale à l'école primaire. — Raisons de cet enseignement.

1° Il faut montrer que les lois qui régissent le travail, la propriété, le capital, le salaire, la répartition des bénéfices reposent sur les principes du juste et du vrai.
2° Il faut donc enseigner tout cela aux enfants, lesquels sont appelés un jour à résister à de fausses doctrines.
3° L'économie populaire peut s'enseigner aux enfants comme les autres sciences.
4° Elle défendra les citoyens futurs contre les entreprises des révolutionnaires et soustraira ainsi la société aux orages politiques qui peuvent revenir.

Corrigé : Accoias, *Revue pédagogique,* 1878, 2ᵉ semestre, page 613, 5 pages.

XXIV

Lettre d'un élève à un camarade sur le chant à l'école.

1° Nous avons un nouvel instituteur, sorti de l'école normale, qui veut que l'on chante à l'école.
2° Il prétend que le chant est favorable à la bonne santé du corps et de l'âme, à la bonne humeur, à la discipline...
3° Nous avons un répertoire de chants gais, de chants moraux, de chants patriotiques (les énumérer et les apprécier).
4° Notre maître nous a appris la *Marseillaise;* mais nous la chantons rarement, et avec respect et recueillement. Il ne permet pas qu'on l'entonne à tout propos, qu'on en dénature le caractère, qu'on en rabaisse la grandeur.
Conclusion. Plaignons l'école où l'on ne chante pas !

Donné à Agen : Brevet élémentaire, garçons, juillet 1887.

XXV

De l'enseignement de la musique à l'école primaire.

1° La rareté des livres traitant de l'enseignement de la musique fait que les instituteurs ont beaucoup de peine à l'enseigner et l'enseignent mal.

2° Autant de professeurs, autant de manières, de sorte que les élèves ne développent que leur mémoire et non leur intelligence.

3° Il faut donc poser les bases d'un bon enseignement musical, afin que la musique cesse d'être considérée comme un accessoire et devienne une matière importante de l'enseignement de l'école.

Corrigé : M. Mouzin, *Revue pédagogique*, janvier 1879 (4 pages).

XXVI

Faut-il enseigner le dessin en même temps que l'écriture ? — Quel sera alors le dessin au cours élémentaire ? — Exposer la méthode à suivre.

1° Enseigner le dessin en même temps que l'écriture, parce que ces deux arts ont beaucoup de rapports entre eux dans leurs commencements et que les enfants, naturellement imitateurs, couvrent leurs livres de figures.

2° Le but n'est pas d'en faire des artistes, mais de mettre à profit les dispositions qu'ils manifestent pour cet art, et de développer en eux le goût, le sens esthétique, etc.

3° Leur apprendre à dessiner les objets qu'ils ont communément sous la main : un dé à jouer, une boîte ronde, un livre, etc. Mettre l'objet sous les yeux en même temps que l'image. Faire le trait, puis les ombres et revenir sans cesse de l'objet au dessin et réciproquement.

XXVII

Expliquer ce que doivent être l'unité d'esprit et l'union entre les maîtresses d'une même école.

1° Mme de Maintenon montre qu'en matière d'éducation la différence de conduite des maîtresses ne donnera jamais de bonnes habitudes aux élèves, parce que ce qu'une aura établi une autre le détruira.

2° Elle parle de la nécessité d'un même esprit dans une même maison d'éducation et des efforts à faire pour que les élèves n'établissent pas de comparaisons entre les maîtresses.

3° Elle parle ensuite de l'obligation de renoncer à être aimée et respectée particulièrement des élèves et conseille un bon moyen pour éviter d'être courtisée par elles.

Corrigé : Mme de Maintenon, *Lettres*, recueil Faguet, p. 561.

XXVIII

Des conférences pédagogiques dans une école à plusieurs maîtres. — Leur utilité. — Comment doivent-elles être conduites pour être profitables ?

1° Expliquer sous forme de définition littéraire ce que sont les conférences pédagogiques dans une école, et le but de ces conférences, qui est d'habituer les jeunes maîtres à discuter en commun les questions de méthode et les détails de l'organisation scolaire et de créer l'unité d'esprit entre les membres enseignants d'une même maison.

2° Elles permettent au directeur de juger la marche imprimée à l'enseignement dans son école, la valeur des idées qui sont l'aliment de l'âme de l'enfant, la suite et la gradation qu'elles présentent, leur convenance pour chaque division. Elles sont en outre un avantage pour le maître, qui est obligé de préparer les sujets imposés pour la conférence, d'exposer ensuite ces sujets ou de 'es critiquer. Donc utilité pour l'instruction et le débit.

3° Elles seront un exposé oral ou une lecture d'un sujet

étudié ; mais surtout une discussion sur le sujet fixé, un échange d'idées, d'observations entre les adjoints sous la direction active du directeur. Elles auront en outre un côté plus pratique : la correction en commun de cahiers ou de devoirs sur l'orthographe, le calcul, la composition française, etc.

Conclusion. Ces exercices assurent la solidarité des maîtres d'une même école, donnent l'homogénéité aux méthodes. Par suite les enfants sont plus attentifs, font plus de progrès, et les familles s'applaudissent d'avoir mis leurs enfants dans une école si bien dirigée.

XXIX

Du livret de correspondance. — Sa nécessité. — Heureux effets qu'il produit.

1° Nécessité, pour assurer le succès de l'école, d'établir des rapports habituels entre la maison d'éducation et la maison paternelle (jusqu'à : Cet auxiliaire...).

2° Le livret de correspondance, mensuel, devient un auxiliaire du maître et met en communication élèves et parents, parents et maîtres, pour la satisfaction de tous et pour le bien de l'école entière (jusqu'à : Mais quelle forme...).

3° Il contient les notes que l'élève a obtenues par sa conduite, son travail. Sans être un surcroît sensible de besogne, il facilite la tâche du maître en stimulant l'émulation et allégeant la discipline et diminue sa part de responsabilité vis-à-vis des familles (jusqu'à : Convaincus...).

4° Explication du livret adopté comme type par les instituteurs et les institutrices (fin).

Corrigé : E. Rendu, *Pédagogie*, pages 75-77.

XXX

Nécessité du certificat d'études comme examen terminal. — Quels sont les principaux avantages qu'on lui reconnaît ?

1° Définition. Dire en quoi il consiste et quelles en sont les sanctions.

2° Il permet de suivre la marche générale de l'enseignement ; c'est le moyen d'information le plus sûr pour peu qu'il soit judicieusement appliqué.

3° Moyens à prendre pour qu'il ne soit pas une cause de surmenage pour les élèves et une source d'ennuis pour les maîtres.

XXXI

Du certificat d'études primaires. Dans quel but a-t-il été institué? — Dire comment la pratique l'a fait dévier de son but. — Ses inconvénients actuels. — Que doit-il être?

1° Définition. Diplôme décerné aux candidats qui subissent avec succès un examen portant sur les matières principales de l'enseignement primaire. D'après une circulaire ministérielle de 1882, il devait être surtout une constatation d'assiduité, et deux ou trois compositions très faciles devaient constater la possession par l'élève des connaissances les plus élémentaires. Tous devaient y arriver ; c'était une honte de ne pas l'avoir.

2° Tendance générale des examinateurs à rendre difficile tout examen et à faire d'un diplôme un privilège : Exemple tiré des problèmes d'arithmétique, qui, loin d'être relatifs aux usages de la vie, roulent trop souvent sur des questions de théorie; autre exemple tiré de la composition française, qui porte fréquemment sur des points de philosophie ou comprend des sujets au-dessus de leur âge. Autres causes : élargissement des programmes, accroissement et complexité des matières enseignées. Donc l'élite seule l'obtient.

3° Inconvénients : *a*. Le maître s'occupe de la tête de la classe et néglige la queue. D'où surmenage pour le maître et pour les élèves *chauffés*. L'enseignement primaire se doit à tous, et le donner inégalement, c'est manquer à un devoir strict. *b*. La bonne confraternité des maîtres en souffre, car il établit entre eux une lutte inégale : les écoles à plusieurs maîtres préparent mieux à cet examen que les écoles rurales, et l'administration tend à juger d'après les résultats. *c*. Vanité des lauréats et ses conséquences.

Conclusion. Supprimer le certificat d'études primaires élémentaires ou le ramener à l'esprit de son institution.

D'après M. Sarcey, *XIX° Siècle*, 22 septembre 1889.

XXXII

Des bibliothèques scolaires. — Comment un instituteur peut-il arriver à développer parmi les habitants des campagnes le goût de la lecture, — et quelle direction convient-il de donner à leurs lectures ?

1° But. Répandre l'instruction et compléter un peu l'enseignement reçu à l'école (voy. circulaire Fourtou, 1876).

2° Ne pas se borner à *tenir* la bibliothèque ; mais inspirer le goût de la lecture : a. à ses élèves, b. aux habitants. Comment atteindra-t-il ce but? (voy. arrêté du 1er juin 1862) : en formant une bibliothèque variée et aussi riche que l'on pourra ; puis en choisissant bien les livres qui doivent la composer. Ces deux conditions réunies attirent les lecteurs.

3° Comment dirigera-t-il ces lecteurs? C'est le point délicat : approprier les livres aux goûts, aux besoins, aux intérêts, aux professions des gens. L'instituteur doit être, comme dit V. Hugo, une lumière au village ; qu'il soit donc un guide éclairé et un conseiller complaisant. En prêtant un livre il dira en quoi il est intéressant et instructif, il en désignera d'autres, afin d'exciter l'amour de la lecture...

Conclusion. Ces rapports sont un prolongement de l'école. Ils plaisent aux habitants, qui s'instruisent et aiment l'instituteur.

XXXIII

CIRCULAIRES MINISTÉRIELLES

Nous ne saurions trop engager les candidats à lire les circulaires ministérielles. Elles sont pour la plupart écrites avec précision, clarté et vigueur. Voici des modèles.

Circulaire du 20 mars 1887, aux préfets sur les écoles maternelles. — Circulaire du 15 mars 1887, aux préfets sur les délégations cantonales. — Circulaire du 7 septembre 1882, aux préfets sur l'instruction obligatoire. — Circulaire du

22 juillet 1882, aux préfets sur la gratuité. — Circulaire du 17 novembre 1883, aux instituteurs sur l'enseignement de la morale. — Circulaire du 10 août 1880, aux recteurs sur les conférences pédagogiques. — Circulaire du 7 octobre 1880, aux recteurs sur les livres classiques.

SUJETS ANALOGUES

1° A quoi peut servir dans une démocratie la connaissance de l'histoire ? (Brevet élémentaire.)

2° Appliquer à l'école primaire ce mot de M. Renan : En fait de souvenirs nationaux, les deuils valent mieux que les triomphes, car ils imposent des devoirs et commandent l'effort en commun.

3° Avantages que peuvent offrir les connaissances géographiques. (Brevet élémentaire.)

4° Appliquer à la lecture expliquée ce mot de Dupaty : On ne comprend les prodiges de l'horlogerie qu'après en avoir démonté tous les rouages ; de même c'est par l'analyse que l'on apprend à juger les ouvrages des grands maîtres, à les admirer et à les imiter.

5° Comment enseignez-vous la grammaire dans le cours dont vous êtes chargé ? — Quand convient-il de mettre un livre de grammaire entre les mains des enfants ? — Quel usage doit-on en faire ? (Certificat pédagogique.)

6° Des exercices écrits à l'école primaire. — Quelles sont, à votre avis, les règles qui doivent présider au choix des exercices écrits ? — Faites-en l'application dans chacun des cours et pour chaque matière du programme.
(Certificat pédagogique.)

7° Quels sont les instruments de travail dont vous vous servez pour enseigner la géographie et quel parti pouvez-vous en tirer ? (Certificat pédagogique.)

8° Les fables peuvent instruire les hommes ; mais il faut dire la vérité nue aux enfants ; sitôt qu'on la couvre d'un voile, ils ne se donnent plus la peine de le lever. (J.-J. Rousseau). Pensée à discuter.

9° Le programme de 1884 prescrit pour la classe préparatoire des lycées des biographies des grands inventeurs, des grands voyageurs, des grands patriotes. — Comment savez-vous à l'aide de ces biographies intéresser les enfants et leur donner déjà un enseignement moral et patriotique?
(Brevet supérieur.)

10° De l'instruction civique à l'école primaire. — Part qui lui est faite dans chacun des trois cours. — Méthode à suivre.
(Certificat pédagogique.)

11° C'est préparer des citoyens que d'apprendre aux enfants l'histoire et la géographie de leur pays, et par-dessus tout la langue nationale. (Saint-Cloud.)

12° Dire en quoi consistent le raisonnement déductif et le raisonnement inductif. — Montrer par des exemples qu'on les emploie l'un et l'autre et non à l'exclusion l'un de l'autre dans la plupart des sciences et notamment dans les sciences morales et politiques. (Ecole normale.)

13° Montrer pourquoi il convient d'avoir quelques notions de psychologie, de logique, de morale et d'économie politique pour recevoir avec fruit l'enseignement civique.
(Brevet supérieur. Diplôme de jeunes filles. Sèvres.)

14° Montrer comment les sciences physiques appliquent dans leurs recherches l'observation, l'expérimentation, l'analyse et la synthèse, l'induction, l'hypothèse, l'analogie, la déduction et le calcul.
(Brevet supérieur. Ecole normale.)

15° Des différents moyens que l'instituteur a à sa disposition pour enseigner l'orthographe aux élèves. — Indiquez spécialement comment vous entendez faire et corriger la dictée à chacun des trois cours.
(Préparation à l'inspection primaire.)

16° La conjugaison des verbes. Les analyses grammaticales et logiques à l'école primaire. — Comment entendez-vous utiliser ces différents exercices dans l'enseignement de la langue?
(Préparation à l'inspection primaire, comité Caumartin.)

17° Du boulier compteur. — Son objet. — Est-il un obstacle à l'enseignement du calcul mental? — Usage qu'il faut en faire. (Certificat pédagogique.)

18° M. Barthélemy Saint-Hilaire disait : « L'instruction primaire supérieure comprend nécessairement des notions de physique et d'histoire naturelle applicables à l'agriculture. » Appliquer ce mot à l'école primaire élémentaire et montrer comment et jusqu'à quel point l'instituteur enseignera ces sciences pour que ses élèves aient des notions sérieuses en agriculture.

19° Comment et jusqu'à quel point les sciences naturelles, telles qu'elles sont enseignées à l'école primaire, peuvent être un auxiliaire pour les exercices d'élocution et les exercices de rédaction.

20° Montrer comment le chant peut perfectionner les organes de la voix et de l'ouïe et agir sur l'âme et sur l'esprit.

21° Appliquer aux méthodes d'enseignement de l'école primaire cette pensée de J. Simon : Simplifier n'est pas diminuer. Plus une force fonctionne simplement, plus elle donne de produits. Ce qui obstrue et fatigue l'esprit, ce sont les notions inutiles et confuses ; et ce qui rend la vie impuissante et maladive, ce sont les efforts mal réglés et mal dirigés.
(*Ecole*, p. 349.)

22° Qualités que doit présenter la leçon orale pour être fructueuses. (Voir 1re classe.)

23° Du travail des enfants dans la famille. — Convient-il de donner des devoirs à faire et des leçons à apprendre en dehors de l'école ? — A quelles conditions ces exercices peuvent-ils être profitables ? (Certificat pédagogique.)

24° Le moins qu'on peut faire de leçons en forme est le meilleur. A démontrer.

25° Indiquer et caractériser les exercices physiques possibles à l'école primaire. — Montrer les bons effets qu'ils peuvent et doivent avoir sur le développement du corps et par suite sur celui de l'esprit des enfants. (Certificat pédagogique.)

26° Développer en l'appuyant d'exemples pris dans la vie scolaire cette pensée de M. Lavisse : Dans le plus manuel des travaux, la main n'est qu'un instrument de l'intelligence et la culture de l'intelligence rend la main plus habile.
(A l'Union française de la jeunesse.)

27° Montrer aux enfants par des exemples bien choisis le rôle et l'utilité des machines dans l'industrie. (Conférence.)
(Brevet supérieur et école normale.)

28° Dans une conférence pédagogique l'inspecteur primaire fait connaître aux instituteurs de sa circonscription que des cours concernant le travail manuel seront faits, pendant les grandes vacances, aux maîtres qui voudraient les suivre. Il profite de cette circonstance pour montrer le but à atteindre à l'école primaire par le travail manuel, le caractère que doit présenter cet enseignement, l'organisation qui lui convient.
(Préparation à l'inspection primaire, comité Caumartin.)

29° Comment dans une école à un seul maître occuper agréablement et utilement les enfants du cours préparatoire?
(Certificat pédagogique.)

30° Une circulaire, signée Duruy, du 12 mai 1867, porte que, dans les écoles publiques où l'on aura pu organiser une petite division enfantine, cette division empruntera à l'école maternelle quelques-uns de ses procédés et aura un régime combiné de telle sorte qu'en modifiant légèrement celui de la division supérieure, la transition s'opère presque insensiblement. Caractériser ce régime et indiquer comment on amènera les enfants de cette division à entrer dans la division élémentaire.
(Certificat pédagogique.)

31° Des conférences pédagogiques. — Leur utilité aux points de vue des méthodes à suivre et de la camaraderie entre maîtres. — Leur meilleur mode de fonctionnement.

QUATRIÈME CLASSE
De la dissertation proprement dite ou manière de traiter une question sans matériaux.

SUJET

Savoir interroger, c'est savoir enseigner.

Nous devons remarquer tout d'abord que nous n'avons pas, pour traiter ce sujet, les ressources que nous offrait le sujet précédent, qui était une question de cours. Celui-ci, qui est tout de réflexion personnelle, n'est pas même touché par les manuels ordinaires. Nous allons néanmoins essayer de le pénétrer en nous inspirant de la méthode que nous avons déjà suivie pour le devoir de la IIe Classe.

Notre premier soin doit être de bien définir notre sujet. Cette définition faite, nous verrons nettement toute l'étendue de la question donnée, et nous pourrons y pratiquer des divisions précises et sûres. Voyons : *Qu'est-ce qu'enseigner ?* C'est communiquer à de jeunes esprits des connaissances. Remarquons tout de suite que notre définition, qui est très générale, ne parle pas des *moyens de communiquer* la vérité. Or, dans l'état actuel de l'enseignement, ces moyens sont de deux sortes : la parole et l'écriture. Mais notre sujet dit : savoir *interroger*, c'est savoir enseigner ; il est donc muet sur la forme écrite de l'enseignement : les livres et les devoirs. Et de fait, l'enseignement ne revêt qu'une forme, qui est la forme orale ; les leçons du livre et les devoirs écrits ne sont que des moyens pratiques pour abréger et conserver l'enseignement oral, et pour en faire des applications. Mais l'expression : *forme orale* comporte encore une distinction. L'enseignement oral se fait par l'exposition et par l'interrogation. Notre sujet, qui ne s'étend qu'au dernier terme, nous indique, par l'élimination du mot *exposition*, que, lorsque nous pratiquerons l'interrogation, nous ne devrons pas pérorer. Il revient donc à ceci : Le bon maître est celui qui, par des interrogations convenablement faites, communique à ses élèves les principales connaissances que comportent leur âge et leur intelligence. Pour mieux préciser encore le sujet donné, il serait bon d'employer ici un court développement par *les contraires* et de dire, par exemple : Le maître a beau donner des leçons sur les livres qu'il a adoptés, des devoirs écrits en application des leçons apprises, faire des exposés d'histoire, de morale, de géographie, etc., il ne réalise pas le but de l'enseignement qui est de faire trouver, c'est-à-dire de fortifier l'activité de l'esprit de l'élève et assurer sa coopération à l'œuvre de son instruction.

Maintenant que nous avons défini le sujet, on se demandera pourquoi l'interrogation est l'instrument d'enseignement le plus parfait. C'est principalement par le moyen de la voix, chose vivante, que les élèves peuvent être réellement suggérés ; c'est seulement lorsque les yeux voient, que l'expression et le geste sont vus, que les paroles sont échangées, que le ton est entendu, c'est, disons-nous, lorsque cette communication a lieu, que s'établit entre le maître et l'élève cette indéfinissable sympathie, si essentielle à la vie intellectuelle de la classe.

Ces idées doivent nous mener à la division. Il ne suffit pas, en effet, de faire l'éloge de cet instrument de connaissance, il faut encore en détailler le mécanisme et en montrer le fonctionnement. Le mot *interrogation* fait songer à *l'objet des questions* à poser, à *la manière* de les poser et *aux réponses* à obtenir. Telle est la division du sujet qui nous occupe.

A. Les questions que l'on pose à l'enfant ont pour but :

1° de s'assurer s'il a suivi la leçon et s'il n'a pas été distrait dans l'enseignement qu'il vient de recevoir ; 2° de lui faire découvrir ses erreurs et certaines difficultés ; 3° de lui faire retrouver ce qu'il sait déjà par la manière de le préparer à quelque instruction ultérieure ; 4° de fortifier l'activité de son esprit et assurer sa coopération pendant qu'on est occupé à l'instruire. Il ne reste qu'à élargir un peu, au moyen d'exemples, chacune de ces subdivisions pour avoir le développement que ce premier point demande.

Ainsi ces interrogations, que nous avons rangées par ordre d'importance, ont pour résultat de retrouver ce qui est déjà connu, et sont en même temps un premier instrument de transmission de la connaissance. Reste maintenant à donner à ce paragraphe une petite conclusion. Elle peut être tirée de l'effet produit par ces interrogations, et sur le maître et sur l'élève. Les interrogations révèlent d'une part, dans quelle mesure le maître doit suppléer à l'insuffisance de l'élève ; d'autre part, elles excitent la sympathie et l'intérêt de l'enfant en lui montrant ce qu'il lui reste à apprendre.

B. Ce premier point traité, nous avons à examiner comment les interrogations peuvent avoir le plus d'efficacité, c'est-à-dire l'art de poser les questions. La première condition pour qu'une question soit comprise est qu'elle soit claire, faite dans un langage simple et ne donnant lieu à aucune confusion. On peut développer ce point *par les contraires*, en citant un exemple de question qui n'est pas posée avec clarté. Ex. : « Vous savez que l'eau descend des flancs d'une montagne et doit aller quelque part ? Qu'est-ce qu'un lac ? » Montrer qu'on peut la formuler plus clairement et conclure que chaque question doit être une et indivisible. Dans ce cas, il n'y aura plus d'ambiguïté sur la manière de répondre et sur celle de questionner. La deuxième condition est la pureté : ce qui veut dire qu'il ne faut pas arrondir les questions au moyen d'explétifs et de circonlocutions. Exemple : « Qui de vous connaît ?... J'ai besoin d'un élève pour me dire... » Le correctif est de dépouiller une question, comme une règle, de tout verbiage et de toute périphrase. Dites simplement ce que vous avez besoin de dire : « Quels sont les verbes de cette phrase ? — Combien de centimes dans le franc ? » 3° Précision. — Ecartons de même toute question trop large et trop générale. Exemple : « Quels sont les usages du fer ? — Quel était le caractère de Louis XI ? » On comprend que ces questions sont à leur place dans un questionnaire écrit, parce que l'enfant a du temps pour y répondre. L'expérience nous dit de nous en abstenir. 4° Proportion. — Une autre condition à réunir est la proportion. Rollin déclare qu'il faut tenir son enseignement toujours un peu au-dessus de la force réelle des élèves. Mais nous ne devons pas leur poser des questions trop difficiles ou même des questions auxquelles nous ne pourrions pas répondre nous-mêmes pour le moment. Les raisons en sont tirées du prestige du maître et de l'inutilité du travail. De plus, on encourage la funeste habitude de deviner, qui naît de la paresse. 5° Continuité. — Lorsque le maître se propose de récapituler ou de s'assurer que ses élèves possèdent la leçon du jour, il doit avoir grand soin d'observer dans ses questions la continuité et l'ordre. Chaque question doit naître de la dernière réponse ou y être logiquement rattachée. On pourrait ici prendre comme exemple les interrogations si habilement faites par les juges d'instruction ou les présidents de cours d'assises. D'autre part, pour obliger à mettre de l'ordre dans les questions sur le cours ou de revue, on pourrait se figurer qu'un inspecteur invisible les écoute et les note sur son calepin. Si les questions faites et les réponses données sont dépourvues de suite et d'intérêt, vous devez croire qu'il vous reste encore à apprendre quelque chose de votre métier de maître.

Voilà, ce semble, quel doit être l'art de poser les questions.

C. Après avoir indiqué ce qui concerne l'objet des questions et l'art de les poser, il nous reste à marquer ce que doivent être les réponses, c'est-à-dire à traiter la troisième partie de ce sujet.

Nous avons donc à examiner la forme et la qualité des réponses. C'est ce que l'expérience de l'enseignement nous révèle.

a. Forme des réponses. — 1° *Sotte.* Toute réponse faite au hasard ou sotte est une impolitesse et doit être traitée comme telle. Il est trop facile de dire pourquoi et de donner un exemple. — 2° *Par oui et non.* Il ne faut pas se contenter de réponses purement affirmatives ou négatives, parce que l'enfant répond oui ou non machinalement et devine souvent à l'intonation du maître s'il convient de dire oui ou non. Il peut donc répondre juste et ignorer, après de bonnes réponses, les choses que vous avez cru lui enseigner. — 3° *Monosyllabiques.* On ne doit pas non plus admettre les réponses brèves et d'un seul mot comme celles que donne aux questions de Panurge le Frère Fredon de l'île des Papimanes (Rabelais, liv. V[1]). Ainsi les réponses suivantes seraient presque sans profit pour la pensée et l'élocution de l'élève : « Étant donnés un cercle et son diamètre, comment appelle-t-on cette ligne qui passe par le centre? — Diamètre. — Et celle qui va du centre à la circonférence? — Rayon. » Il faut se rappeler que c'est la phrase entière qui porte un sens et met la clarté dans l'esprit. Il est nécessaire qu'entre les demandes et les réponses

---

(1) PANURGE. Combien avez-vous de filles céans? — LE FREDON. Peu. — P. Combien au vrai sont-elles? — F. Vingt. — P. Combien en voudriez-vous? — F. Cent. — P. Ce Fredon n'est-il pas hérétique? — F. Très. — P. Doit-il pas être brûlé? — F. Doit. — P. En quelle manière? — F. Vif. — P. On en a brûlé tant d'autres? — F. Tant. — P. Qui étaient hérétiques? — F. Moins. — P. Encore en brûlera-t-on? — F. Maints. — P. Les faut-il tous brûler? — F. Faut.

il y ait une relation. Si le maître fait toute la conversation et que l'élève ne réponde que par monosyllabes, l'interrogation ne vaut rien. La règle est qu'avec un minimum de mots vous ameniez chez l'élève un maximum de mots et de pensées. — 4° *Collectives*. Il y a des maîtres qui interrogent toute une classe et qui se contentent des réponses que donnent à la fois plusieurs élèves. C'est d'un travail aisé, mais peu satisfaisant. L'ardeur d'un maître qui veut aller vite peut devenir un piège pour lui-même. C'est prendre la vivacité de quelques élèves habiles et toujours prêts à répondre pour le mouvement intellectuel de toute la classe; c'est sacrifier les moins intelligents. Le maître qui est ainsi porté à prendre la partie pour le tout n'a qu'à interroger de temps en temps à la ronde et il perdra de ses illusions. Tous les écoliers d'une classe, forts ou faibles, doivent s'attendre à être interrogés à tous moments. Que l'interrogation plane sur eux comme une menace; c'est là le remède. Voilà pour la forme à donner aux interrogations.

b. Nature des réponses. — 1° *Fausses*. Vous interrogez et vous obtenez une réponse fausse. Cela prouve que l'élève ne connaissait pas la chose demandée; il faut alors revenir en arrière. D'autres fois l'élève peut connaître la chose; mais il a besoin d'être dirigé dans sa réponse; il faut dans ce cas poser la question différemment, faire plus simple et demander les détails intermédiaires : c'est un fil d'Ariane. Ensuite on reprend la question première et la réponse jaillit aussitôt. Ici un exemple. — Le devoir est de montrer aux élèves qu'ils peuvent trouver par eux-mêmes beaucoup des choses que vous leur demandez, ensuite que vous les aiderez dans cette recherche. — 2° *Maladroites*. Quelquefois un maître reçoit une réponse maladroite, c'est-à-dire une réponse qui est vraie en partie et fausse en partie, ou qui, quoique juste au fond, est fausse dans la forme. Comment doit-il l'accueillir ? Comme partiellement vraie, s'arrêter et amender cette réponse lui-même, ou bien, s'il voit que telle partie de la réponse peut être expliquée par une leçon prochaine, il en ajourne l'explication. Il faut toujours traiter une pareille réponse comme une question que vous aimeriez à résoudre et dans la solution de laquelle vous semblez demander la collaboration de l'élève. Voilà les points de vue à examiner dans cette troisième partie.

Conclusion. — A toute discussion il faut une conclusion. Quand on relit attentivement le travail que nous venons de faire ensemble, on voit aussitôt que les questions et les réponses sont intimement liées entre elles, que c'est la demande qui fait ordinairement la valeur de la réponse. On montrera donc que toute cette discussion se trouve résumée dans ce mot de Bacon : Habile question, moitié de la connaissance[1].

SUJET

De la nécessité pour l'instituteur d'étudier le caractère de ses élèves et des modifications à apporter dans l'éducation selon la variété de leurs caractères.

Le but reconnu de l'éducation est de former chez l'enfant un corps sain, un esprit droit et une volonté vertueuse. Pour atteindre ce but, nettement défini et qui repose sur un principe fixe et immuable, l'éducateur doit connaître la personne qu'il se charge d'y mener ; car il s'agit ici d'une carrière à fournir, et, si l'on ne veut pas voir trébucher en chemin l'enfant qu'on se propose d'élever, il faut préalablement étudier l'haleine et les forces que la nature lui a données. Sur ce terrain la chute n'est pas seulement ridi-

---

(1). On n'a qu'à enlever de cette classe ce qui en constitue pour ainsi dire l'échafaudage et l'on aura une dissertation presque toute faite.

cule ; elle est une faute grave et imputable au seul maître. Lorsqu'il ne s'agit que d'un élève à former, le travail est relativement facile et la méthode à suivre peut avoir la même fixité que le principe de l'éducation. Mais lorsqu'on a, comme tout instituteur, un grand nombre d'enfants à élever, les préceptes uniformes et rigides ne sont plus de mise ; les enfants viennent à l'école apportant des facultés très inégales et des penchants très différents. Chacun sait qu'à l'égalité d'âge ne correspond pas l'égalité des aptitudes. Ici tout individu a sa règle. Notre tailleur prend notre mesure pour nous faire des habits à notre taille; comment l'instituteur se dispenserait-il de prendre aussi lui-même la mesure des enfants pour les modeler et les diriger ?

A cette nécessité de connaître les caractères variés des élèves, de faire, comme on dit, la psychologie de l'élève, se joint la recherche des moyens à employer pour arriver à la fin qu'on se propose. Comment l'instituteur parviendra-t-il à cette connaissance si nécessaire? Dans la famille les enfants ne dissimulent guère ou se trahissent fort souvent : « C'est, dit Montaigne, nature qui parle, de qui la voix est lors plus pure et plus naïve qu'elle est plus grêle et plus neuve. » Des parents soigneux n'ont pas de peine à comprendre cette voix de la nature. Mais avec leurs supérieurs les enfants sont loin de montrer toujours ce qu'ils sont et tout ce qu'ils sont, la crainte qu'ils en ont les empêche de se confier. Du reste, dans la vie de la classe ils agissent fort peu ; ils reçoivent les impressions qu'on leur présente et ne déploient que rarement en présence de leurs maîtres cette spontanéité qui permet de démêler les traits du caractère. La classe ne peut donner à l'instituteur que la connaissance des caractères généraux de l'enfance. Comment s'y prendra-t-il pour saisir les variétés de ces mêmes caractères? C'est dans les rapports qu'ils ont avec leurs camarades, dans leurs récréations, dans leurs amitiés ou leurs querelles.

C'est alors seulement qu'ils montrent pleinement ce qu'ils sont, c'est alors seulement que leurs penchants et leurs passions, qui sont si fortes, éclatent dans toute leur puissance et se manifestent sous leur vraie forme. « Car les jeux des enfants, dit encore Montaigne, ne sont pas des jeux ; ce sont leurs plus sérieuses actions. » C'est donc dans ces mouvements libres et spontanés qu'on peut le mieux voir ce qu'ils ont dans l'âme et dans l'esprit. L'instituteur examinera donc ses élèves aux heures de jeux et de loisir, sans être pour eux un surveillant, mais un témoin qui observe, note et profite de ce qu'ils lui auront découvert. Il complétera ces observations par des informations prises auprès des parents ; car les récréations sont courtes, et ne lui donneraient qu'au bout d'un long temps tous les renseignements dont il a besoin. Le père et la mère connaissent leur enfant sous un jour qu'il n'est pas donné à l'instituteur de saisir ; ils peuvent lui fournir des indications sur le tempérament de l'enfant, sur sa santé, sur sa conduite à la maison, et ces indications il les trouvera précieuses pour l'éducation de ce même enfant dans la classe. Telles sont les deux principales sources où l'instituteur puisera largement pour la parfaite connaissance des caractères variés de ses élèves.

Une fois mis en possession de cette connaissance, comment agira-t-il à l'égard de chacun d'eux ? L'éducation ne donne point un caractère ; elle ne saurait non plus transformer un caractère et faire, par exemple, d'un élève indolent un élève actif ; car on ne peut, dit de Laprade, faire des classes de caractères comme on fait des classes de mathématiques. Tout ce qu'elle peut tenter et réaliser, c'est tourner vers le bien celui que nous tenons de la nature. S'agit-il de faire disparaître des vices tels que le mensonge ou l'égoïsme en inspirant aux enfants des habitudes contraires, il faut se servir de leurs dispositions naturelles. On peut conduire au même but par des chemins différents. Un enfant est timide et plein de douceur ; si vous le grondez à la première faute, vous le troublez et le remuez dans tout son être ; un autre est sensible et bon ; si vous le reprenez un peu brusquement, vous l'affligez outre mesure et vous l'étourdissez ; le ton haut du maître l'effraie, et la crainte le rendra peut-être dissimulé ; il mentira à l'occasion pour s'épargner le chagrin qu'il éprouve à la réprimande. Un autre est d'une nature peu active et peu entreprenante ; aussi souffre-t-il dès qu'il se sent seul pour faire quelque chose de difficile. L'un, plus fier, est plus ennuyé d'une punition que d'un reproche ; c'est dépasser le but quelquefois que de le punir : un autre est espiègle et a besoin d'être observé de près si l'on ne veut pas le punir de quelque espièglerie qu'on aurait pu prévenir. Celui-ci est vif, il ne faut pas le croire léger et le traiter comme tel. Comment l'instituteur s'y prendra-t-il pour faire l'éducation de caractères si différents ? Leurs caractères lui sont donnés : c'est à lui d'en tirer parti. A celui qui est timide, il aura peu de choses à défendre ; il faudra lui permettre d'oser en ne multipliant pas pour lui les prohibitions. Il mettra de la confiance dans celui qui est craintif et sensible ; il s'abstiendra autant que possible avec lui de paroles dures et de punitions sévères. Celui qui n'est pas actif ne sera pas mis trop souvent dans des cas où il faut de la fermeté et de l'énergie. Il se montrera plus sévère avec celui qui a plus de volonté, sans aller pourtant jusqu'à lui rendre l'âme « lâche comme dit Montaigne, et plus malicieusement opiniâtre. » Avec celui qui est espiègle il devra s'appliquer à déjouer tous les calculs ; un relâchement le rendrait rusé. Celui qui est vif devra être tempéré par des précautions, une prudence de tous les instants. Celui qui ment ne devra pas même être cru lorsqu'il dira la vérité. Ce sera son meilleur supplice. Il leur fera comprendre aussi pourquoi il emploie un moyen avec l'un et un moyen différent avec tel autre. L'enfant aime qu'on lui explique le pourquoi des choses. Il apprend ainsi à se connaître et à connaître les autres ; il comprendra bien vite que la conduite du maître à son égard n'a d'autre but que de le rendre meilleur et de lui inspirer les qualités contraires à ses défauts ; il y verra de l'affection pour lui, il reconnaîtra que son maître ne veut pas le contrarier, qu'il veut seulement le gouverner et le diriger, puisqu'il est dans un âge si faible. Faisons voir aux enfants qu'au point de vue de l'éducation générale nous ne voulons pas introduire dans la classe les inégalités et l'injustice, et que, si nous employons avec chacun d'eux des procédés particuliers, c'est que nous voulons nous rapprocher davantage de l'idéal de l'éducation, qui consiste à élever, et non à niveler. Si l'on refuse avec fermeté une chose à l'un, refusons-la à un autre avec douceur. Si vous refusez de céder à une demande impérieuse et que vous accordiez une permission à une demande polie, expliquez le motif de votre conduite. Celui qui n'aura rien obtenu comprendra que votre refus ne vient pas de votre injustice, mais de son propre tort. C'est ainsi que vous pourrez faire tourner au profit de tous, les procédés employés avec chacun ; c'est ainsi que vous ferez croire à une qualité très efficace pour une heureuse formation des caractères : l'esprit de justice.

SUJET

Ceux qui entreprenent, d'une mesme leçon et pareille mesure de conduite, régenter plusieurs esprits de si diverses mesures et formes, ce n'est pas merveille si en tout un peuple d'enfans ils en rencontrent à peine deux ou trois qui rapportent quelque juste fruit de leur discipline.

Réfuter, en l'appliquant à l'instruction, cette opinion de Michel Montaigne et montrer comment l'instituteur doit s'y prendre pour enseigner de la façon la plus profitable à tous les élèves de sa classe les diverses matières du programme.

Développement. — Montaigne est un fruit de l'éducation individuelle. Son père, un seigneur du Périgord l'entoura dès la naissance des soins les plus tendres ; il lui donna pour précepteurs des savants illustres, grâce auxquels le jeune Michel peut terminer de fortes études à un âge où la plupart de nos enfants sont à peine sortis de l'enseignement primaire. Est-il surprenant que Montaigne regarde comme excellent le système d'éducation appliqué à son enfance, et qu'il doute de l'efficacité de l'instruction collective ? Dans l'espèce il a raison. L'enseignement individuel, par son action isolée, réfléchie et raisonneuse, convient à des natures délicates, comme il était, et mises à même de puiser dans un milieu rare des éléments de connaissance sans cesse renouvelés. Mais ne voyons là qu'une éducation de grand seigneur ou de prince, c'est-à-dire une exception. Tout autres sont en effet chez nous les conditions de l'éducation populaire. Le mode individuel est impraticable dans nos écoles parce que le maître se doit à tous ses élèves également et parce que les enfants ne trouvent guère d'éléments d'instruction en dehors de la fréquentation de leurs camarades et des leçons de la classe. La méthode d'enseignement qui leur est profitable n'est donc pas la méthode étudiée et quelque peu froide du précepteur, c'est celle, dit M. Gréard, de l'entraînement du nombre, du stimulant de l'exemple, de l'attrait de l'imitation et du mouvement de la leçon générale. Voilà pourquoi les meilleurs esprits regardent l'enseignement collectif comme la forme naturelle et obligée de l'enseignement primaire.

La question se trouve donc ainsi posée pour le maître : produire par son enseignement de sérieux résultats en exerçant sur chaque enfant en même temps que sur la classe entière une action intelligente et continue. L'instituteur la résoudra s'il se rend compte de ce qu'est une classe et du but exact que poursuivent les programmes d'enseignement. Une classe est une réunion d'enfants qui satisfont aux mêmes conditions d'âge, d'intelligence, de travail et de progrès. Le classement en est fait d'après les connaissances acquises de chacun d'eux et de telle sorte que chaque enfant ne soit ni plus ni moins instruit que tout condisciple de sa division. Cette commune égalité au point de vue des connaissances ne saurait être absolue, cela va de soi; il serait même absurde de songer à l'établir. L'expérience nous montre, en effet, qu'il n'est pas d'identité possible entre deux esprits; et si deux élèves se distinguent dans leur nature et leur éducation par des différences appréciables, ces différences seront bien plus visibles entre les quarante ou soixante élèves d'une même classe ! Ce n'est pas tout encore : ce grand nombre d'enfants constitue, malgré d'inévitables inégalités, un être unique, pour ainsi dire, une personne; l'instituteur doit les considérer comme un faisceau de forces qui sous sa main s'aideront, se soutiendront et obéiront à une impulsion unique comme les membres de notre corps obéissent simultanément à notre volonté. Chacun contribue à la vie commune, chacun aussi en retire des avantages particuliers. Voilà ce que doit être la classe pour l'instituteur, s'il aspire à exercer sur elle une action salutaire ! Mais cette action n'aura toute son efficacité que lorsqu'il aura nettement distingué le but visé par les programmes de son enseignement. Ce but n'est pas d'apprendre beaucoup de choses aux enfants de l'école et de les instruire; il consiste seulement à les rendre capables d'apprendre et de s'instruire. Tout l'enseignement se réduit, pour eux, à des principes, à des éléments. Le travail du maître sera donc de former de jeunes esprits selon une même méthode et de les rendre tous aptes à recevoir les leçons du cours immédiatement supérieur. S'il remarque en tête du cours qu'il dirige quelques élèves brillants, loin de les pousser et de faire converger sur eux tout l'enseignement de la classe, il les mettra dans une autre division ou s'en servira comme d'un stimulant pour exciter l'émulation générale. C'est, du reste, un devoir que prescrivent les instructions ministérielles quand elles portent que le maître ne peut se donner à quelques-uns, mais qu'il se doit à tous. « C'est par les résultats obtenus sur l'ensemble de sa classe, dit la circulaire du 18 octobre 1881, et non pas sur une partie seulement que son œuvre pédagogique doit être appréciée. » L'instituteur qui aura une semblable conception de la classe et une vue si claire du but assigné à son enseignement verra ses élèves accomplir une marche d'ensemble et donner les plus heureux résultats.

Lorsqu'on passe d'une classe simple à une classe géminée ou triple, les différences constatées entre les élèves s'accusent davantage. Non que les caractères changent et offrent plus de diversité; le maître trouve toujours chez les uns de la vanité, chez les autres de l'apathie, chez d'autres encore de l'étourderie, enfin, toutes les faiblesses inhérentes à ces natures si ondoyantes et si diverses, et qu'un peu d'expérience suffit à découvrir. Mais ce sont les « mesures d'esprits » qui changent parce que les enfants ne sont pas de même âge. L'instituteur sera donc obligé de faire deux parts dans les matières qu'il enseignera. Il mettra d'un côté celles qui doivent être enseignées exclusivement à chaque division, l'histoire, le français, l'arithmétique, la géométrie, de l'autre celles qui peuvent être l'objet d'un enseignement collectif: l'écriture, l'hygiène, l'instruction morale, le système métrique. Il enseignera les premières à une division comme s'il s'adressait à une classe distincte, en ayant soin toutefois de maintenir ses autres élèves dans une exacte discipline et des exercices spéciaux. Dans l'enseignement des matières dites mixtes, c'est-à-dire qui s'adressent à deux divisions, il tiendra compte de l'âge et des facilités de travail propres à chaque division. Enfin, pour les facultés qui doivent être enseignées à tous les élèves réunis, il sera obligé de prendre certaines précautions sans lesquelles ses efforts seraient presque vains. Comme son action doit être constante et prudente à la fois, elle a besoin d'être facilitée. Dans ce but il placera les tables de ses élèves et le tableau noir dans la meilleure lumière et dans la disposition la plus heureuse, car il faut que son regard embrasse tous les élèves et que sa parole arrive à tous les bancs. Ces précautions matérielles une fois prises, il fera la leçon en s'appuyant sur le cours moyen, exigeant moins de la division élémentaire et davantage de la division supérieure. Avant d'entrer dans le vif du sujet il posera aux élèves quelques questions, soit pour rattacher la leçon actuelle à la précédente, soit pour éclairer la leçon qui va suivre et se faire mieux comprendre. Car les intelligences d'élèves d'âges différents ne peuvent pas et ne doivent pas avoir une marche identique. Dans cette sorte d'enseignement concentrique chacun prend de la leçon commune une part proportionnée à ses efforts et à son intelligence. Les élèves sentent qu'ils sont ensemble ; la vie de la classe est plus intense ; il peut y avoir entraînement, l'enseignant et les enseignés vont de franche allure, comme dit Montaigne, et les progrès de la classe sont poussés au plus haut point.

SUJET

Dans quelle mesure l'école primaire peut-elle contribuer à l'éducation esthétique.

Développement. — Un romancier contemporain nous montre une noce d'ouvriers échouée au Louvre par suite d'une averse et parcourant désorientée, lasse et ahurie ces salles splendides et pleines de chefs-d'œuvre. Si l'écrivain que nous voulons désigner a représenté une scène vraie, pouvons-nous dire que l'ouvrier est le seul chez qui l'école primaire n'a pas développé le sens esthétique ? Combien de gens qui se croient du goût n'ont pas même visité un musée les jours de pluie et prendraient les talonnières d'Hermès pour les ailes du temps ? Cette ignorance ne saurait retomber tout entière sur ceux qui en sont victimes. Le législateur, qui se préoccupe exclusivement de l'éducation intellectuelle et morale, devrait viser « au delà de l'escholage » et développer chez l'enfant le sentiment du beau, comme il développe le sentiment du bien ; car l'un n'est pas l'ennemi de l'autre. Est-il admissible en effet que des élèves n'aient à la fin de leurs classes aucune notion des œuvres d'art que renferme leur ville, s'ils sont des citadins, et n'aient pas, s'ils appartiennent aux écoles rurales, une connaissance quelconque de la beauté de certains sites ou de certains monuments voisins de leur demeure ? Il est si facile de leur faire remarquer soit dans les promenades, soit dans les voyages à la ville la maison d'école, l'église, des villas, des châteaux, des usines ; on peut leur apprendre à distinguer une colonne, un chapiteau, une ogive, un fronton. Ne serait-ce pas un enseignement vraiment intuitif ?

Dans quelle mesure pourrait-on intéresser les enfants aux œuvres d'art et développer en eux le sentiment du beau ? Quels sont à ce propos les moyens dont l'exécution semble à la fois logique et simple ? Les uns consistent dans des exhibitions et dans des visites aux monuments qui renferment les trésors de l'art ; ce sont des moyens que l'on pourrait appeler matériels. Les autres se rattachent à certaines matières enseignées dans la classe et visent autant le goût que la culture des facultés intellectuelles. Les preniers seraient très efficaces si l'on pouvait fournir aux élèves du cours supérieur des collections artistiques suffisantes : des gravures représentant les principaux chefs-d'œuvre de l'art français. Quelques-uns de ces chefs-d'œuvre orneraient nos classes qui seraient également pourvues de photographies, de plâtres, d'appareils à projections lumineuses, de réductions d'œuvres célèbres, de modèles en bois peu coûteux et bien exécutés. Les écoles de certaines villes sont déjà en possession d'une grande partie de ce matériel ; mais dans les écoles de campagne rien de tout cela n'existe. Comment s'y prendra donc l'instituteur rural pour faire naître par les moyens matériels le sentiment du beau chez ses élèves, et comment fera l'instituteur urbain, généralement favorisé, pour développer chez les siens un sens esthétique déjà cultivé par l'influence d'un milieu convenable ? Ne peuvent-ils pas l'un et l'autre organiser, en dehors des classes, des exercices scolaires qui au besoin serviraient de récompenses ? Dans les villes il est facile d'intéresser les élèves méritants et de les instruire en les menant voir le musée, en leur expliquant sur place la composition de l'Hôtel de Ville, du théâtre, de la cathédrale et des autres monuments. A la campagne, l'instituteur ferait d'abord visiter ce que sa localité renferme de remarquable au point de vue de l'art, puis les conduirait un beau jour à la ville prochaine voir les œuvres qui s'y trouvent. Il est bien entendu que toutes ces excursions seraient préparées et porteraient sur des points précis, au lieu de devenir une course fatigante comme celle des ouvriers parisiens au milieu de chefs-d'œuvre inconnus. On trouverait au musée des tableaux représentant des faits d'histoire locale ou d'histoire de France que l'on aurait préalablement expliqués à l'école ; on verrait les statues ou les portraits de personnages dont la biographie ne serait plus à faire. Les monuments, que l'on étudierait d'abord pour leur beauté propre, seraient ensuite considérés comme d'éloquents témoins du passé. Outre ces excursions dont les difficultés d'organisation paraissent grandes à première vue et cessent de l'être avec un peu de dévouement, on peut encore tirer parti des livres donnés en prix aux distributions de fin d'année. Les maîtres sauront faire un choix parmi les innombrables volumes illustrés que les éditeurs recommandent à leur attention.

Si ces moyens matériels ont tant d'efficacité pour faire naître et développer chez l'enfant le sens du beau, que ne produira pas l'enseignement du maître? Tout d'abord nous croyons inutile d'insister sur la haute valeur esthétique des sciences naturelles. Ensuite les leçons de dessin, d'histoire, de géographie et de littérature fourniront souvent l'occasion de parler des différents arts. Nous ne nommons pas la musique, qui est une si vive expression du beau, parce qu'elle s'adresse à un sens trop peu développé encore chez les enfants de l'école primaire. Tout ce que l'on en peut dire ici concerne le chant, enseignement qui fait comprendre l'harmonie, cette combinaison de sons agréables pour l'oreille et qui prédispose à l'amour du beau sous une de ses formes les plus touchantes. Le dessin, quel que soit son objet, développe le goût de l'enfant. Il peut même, si le maître observe bien les aptitudes de ses élèves, déterminer certaines carrières. Il fait naître l'idée de l'harmonie des lignes et de la perfection des formes; il apprend à juger des personnes et des œuvres; il habitue à saisir les proportions et à observer la perspective, résultat important si l'on songe qu'en peinture et en architecture on en a souvent besoin pour certains travaux de restauration ou de reconstruction. L'enfant a profité lorsqu'on le voit rechercher le dessin dans les œuvres des trois arts dont il est le fondement : peinture, sculpture, architecture. Les beaux arts tiennent une grande place dans l'histoire de la civilisation en France ; on ne saurait parler du moyen âge sans mentionner les cathédrales et les donjons ; du seizième siècle sans nommer les châteaux et les hôtels de ville ; du dix-septième siècle et du dix-huitième sans citer les noms des peintres, sculpteurs, dessinateurs et architectes, la gloire de l'école française ; enfin du dix-neuvième siècle et oublier de parler des grands travaux publics ou privés, qui feront appeler notre siècle le siècle des sciences et de l'industrie. Car l'histoire n'est plus seulement l'examen des faits ; elle doit peindre la vie des peuples dans ses principales manifestations. Du reste, dans le jeune âge elle ne se retient bien qu'en tableaux. L'étude de la géographie, elle aussi, doit familiariser les enfants avec les arts. En leur parlant de Paris, de Lyon, de Cherbourg, de Tours, d'Autun, que de souvenirs à éveiller ! A chaque nom s'attache une image qui aide la mémoire et l'enrichit d'impressions diverses. Alors chaque pays s'anime soudain ; la géographie n'est plus un aride tracé, c'est un corps vivant dont l'étude est fécondée par l'imagination. Les leçons de littérature peuvent, aussi bien que les précédentes, développer chez l'enfant le sens du beau. La littérature ne doit pas se borner à l'étude du style ; on doit y joindre l'analyse des idées et des choses ; autrement on n'aurait que le vêtement et non le corps. Le maître saura donc décrire à propos un amphithéâtre, un tableau, une statue, un meuble, un palais, une machine, un vaisseau. Puis s'élevant du détail à l'ensemble, du concret à l'abstrait, il initiera ses élèves au langage de l'imagination par les morceaux de poésie qu'il leur fera apprendre. Ainsi toute fable de La Fontaine, toute pièce de V. Hugo a les proportions de la personne humaine, qui est en fin de compte le modèle de toutes les œuvres. La poésie n'est-elle pas un tableau, moins coloré sans doute et moins groupé que ceux des peintres, mais aussi plus vaste, plus varié et donnant à ses personnages, outre la vie de l'action, celle de la parole? Ces réflexions et d'autres analogues peuvent animer un texte et intéresser les élèves. On leur donne ainsi des principes qu'ils pourront appliquer d'eux-mêmes à l'occasion. Un tel esprit vivifiant les leçons de dessin, d'histoire, de géographie et de littérature développe et élève l'âme de l'enfant en lui communiquant le sens esthétique et le rapproche d'un idéal que les préoccupations matérielles de notre temps semblent ternir chaque jour davantage.

SUJET

Développer cette pensée de Condorcet : Les vices dérivent du besoin d'échapper à l'ennui dans les moments de loisirs et de n'y échapper que par des sensations et non par des idées. Conclusions pratiques à tirer en matière d'éducation.

Développement. — L'oisiveté, dit un proverbe, est la mère de tous les vices. S'exprimer ainsi n'est-ce pas reconnaître que nous sommes faits pour l'action, que ne pas agir, c'est ne pas vivre, et que, si notre activité ne s'est pas fixée un but utile, elle se tournera vers tout ce qui peut être pour elle un aliment, et surtout vers les satisfactions des sens? Quand l'éducation n'a pas développé notre raison et les facultés les plus nobles de notre nature, sommes-nous en droit de nous proclamer bien supérieurs aux animaux mêmes? Certains d'entre eux ont plus que nous la force et l'agilité, et leurs organes les servent mieux. Mais l'éducation vient à notre aide et supplée à la faiblesse humaine; elle nous donne les moyens de connaître et de vouloir; elle nous permet de nous élever dans l'être par des exercices fréquents de notre raison. Pourquoi faut-il que la plupart des professions ne mettent en jeu que les forces physiques et laissent l'intelligence endormie dans l'inaction?

Pour une légion d'individus la vie est toute matérielle; ils quittent le travail avant le repas et le reprennent après, tout comme les animaux domestiques. Comment avec le temps ne se désintéresseraient-ils pas de toute culture intellectuelle, de toute idée? Comment leur ignorance n'augmenterait-elle pas de jour en jour? Ils sont une proie toute prête pour les influences mauvaises; ils suivent en aveugles toute agitation qui sait flatter leurs instincts grossiers. D'autre part, dans les périodes de calme, ils ne savent pas mieux jouir du repos, ni mettre plus à profit la saison que dans l'atelier on appelle la morte, et les jours de chômage les trouvent sans force contre le désœuvrement et l'ennui. Beaucoup d'entre eux vont alors au cabaret boire pour tuer le temps, boire à satiété, absorber des liqueurs fortes. On s'y habitue vite, parce qu'elles flattent; comme on a peu d'argent, on veut se payer des jouissances énergiques, à peu de frais, le paradis à bon marché. Faut-il s'étonner après cela de la tournure que dans certains cas prennent les grèves, et des progrès croissants de l'alcoolisme? Telle est la conduite malheureusement trop fréquente chez le pauvre et l'ouvrier.

Les riches, qui vivent dans l'oisiveté, sont exposés aux mêmes dangers. Ceux qu'une bonne éducation a éclairés fuient le repos comme un mortel ennemi; ils considèrent l'activité comme un préservatif nécessaire; ils voyagent, dirigent eux-mêmes des travaux qu'ils pourraient confier à autrui; en un mot, ils pensent et ils agissent. Les jours de repos qui, selon eux, doivent toujours être rares, ils les consacrent au travail intellectuel, aux promenades, aux jeux, au sommeil. Ils ont raison, car ce qui repose c'est la variété des occupations et non pas l'inaction. Quelquefois seulement, à la suite de labeurs prolongés, le corps et l'esprit ont besoin d'une détente absolue; mais cet état de fatigue est rare et doit l'être, sinon il en résulterait un épuisement rapide. Le plus souvent le repos du corps peut être cherché dans la lecture, et le repos de l'esprit dans les occupations manuelles. Notre but doit être d'assurer et de maintenir l'équilibre entre les deux parties constitutives de notre être : le corps et l'esprit. La musique, le chant, le dessin reposent de tous les travaux; ils arrachent notre pensée à des réalités qui nous pèsent et leur substituent des illusions bienfaisantes. Même il arrive que les douleurs physiques s'oublient dans une lecture attrayante, dans la recherche de vérités mathématiques, dans les arts. S'il est possible de trouver dans des occupations intellectuelles un remède aux maux physiques, une diversion à nos souffrances morales, que ne pourra pas contre l'ennui ce même remède, pris à propos et bien choisi ? « Mettons le livre à la place de la bouteille, » disait Condorcet dans un langage aussi sage qu'expressif. C'est dans ce but qu'il demandait l'institution de conférences pour tous les degrés de l'instruction. Nous avons en partie réalisé ce vœu par la création d'une société de tempérance à l'extension de laquelle travaillent sincèrement nos instituteurs, et par la formation de cours d'adultes sérieusement organisés, mais qui seraient bien plus efficaces s'ils consistaient en conférences et non en répétitions des leçons de la journée. Nous pensons avec la plupart des maîtres en pédagogie que celui qui n'a pas appris à lire quand il était dans l'âge de fréquenter l'école, n'apprendra pas à lire aux cours du soir sans la plus énergique volonté.

Efforçons-nous donc d'obtenir pour les adultes des réunions où ils ne se verront pas humiliés par la nécessité de montrer leur ignorance. Des conférences sur les applications des sciences à l'hygiène, à l'agriculture, à l'industrie seraient accueillies avec plaisir par les populations. Nous l'affirmons après en avoir fait l'expérience. Nous avons réuni trois fois par semaine un auditoire nombreux et assidu. On venait avec entrain à ces cours, parce qu'il n'y avait ni premier ni dernier ; la même bonne volonté et la même intention faisaient espérer à tous un égal succès. Condorcet a eu aussi l'idée des bibliothèques populaires pour entretenir la vie intellectuelle dans les familles et lutter contre l'ennui au moyen de « l'idée. » Après avoir lu pour lire, c'est-à-dire pour occuper les loisirs, on en vient à chercher dans le livre des connaissances utiles ; on complète son instruction professionnelle, on avance sans cesse dans cette voie du progrès à laquelle Condorcet ne fixait pas de fin. Voilà ce que sait faire pour la moralité l'enseignement populaire. L'école peut également beaucoup pour l'amélioration des mœurs. Elle enseigne le chant, elle organise des chœurs, des orphéons. Ces réunions ou fêtes musicales donnent aux jeunes gens qui les fréquentent une tenue meilleure et plus de respect d'eux-mêmes. Ils savent que noblesse oblige, et qu'il est plus facile de conserver l'estime publique, quand on l'a une fois acquise, que de se corriger du moindre défaut ignoré de tous. Telles sont les conclusions pédagogiques auxquelles nous a mené la pensée de Condorcet ; tels sont les moyens que l'on pourrait employer pour refouler l'oisiveté et avec elle la plupart des vices qu'elle enfante.

SUJET

De la création de musées cantonaux : leur utilité. — Composition et recrutement de ces musées. — Leur fonctionnement et leur conservation.

Développement. — Le musée scolaire, dont le principal objet consiste à faciliter la leçon de choses, est trop pauvre pour donner aux élèves toutes les connaissances pratiques auxquelles vise l'enseignement de l'école primaire. Comment, en effet, nos écoles pourraient-elles se procurer, même en se limitant dans leur choix, des échantillons variés des ressources minérales, agricoles et industrielles de notre pays? Cela ne serait possible qu'au prix de dépenses excessives et l'on dépasserait le but. Il est tant de choses qu'il suffit d'avoir sous les yeux une fois seulement pour en garder un durable souvenir! Cet état d'insuffisance a fait songer à la création de musées cantonaux où l'on verrait, entre autres produits venus de différents pays et de générosités diverses, les minerais de fer, de cuivre, de zinc et d'argent, le granit, le gneiss, le quartz et le silex, le ver à soie, la canne à sucre et le coton, le téléphone, le télégraphe et les outils les plus curieux de notre industrie. Est-il besoin de montrer les avantages de semblables créations? L'évidence en éclate aux yeux les moins clairvoyants. Nos élèves y trouveraient des applications des leçons qui leur sont faites en classe. La géographie ainsi que les sciences physiques et naturelles deviendraient pour eux des sciences en quelque sorte palpables. De plus, ils seraient progressivement et sûrement initiés à cette vie pratique à laquelle ils vont bientôt prendre part. Le musée cantonal serait donc un des facteurs les plus importants de l'enseignement intuitif et par là même souverainement utile.

Sans doute, dira-t-on, les musées cantonaux sont utiles; mais le ministère, qui a formé le projet de les créer, n'entreprend-il pas une tâche irréalisable? Comment et avec quoi composera-t-il les musées des trois mille cinq cents cantons de France? Certes, l'œuvre est difficile et longue à la fois pour le pouvoir central. Mais le ministère ne peut-il pas compter sur l'initiative des maîtres? La réussite dépend de leur bonne volonté. Ainsi, au lieu d'attendre un musée cantonal qui s'improvisera de toutes pièces aux calendes grecques peut-être, ne vaut-il pas mieux en commencer le recrutement par les ressources que nous offre le canton? Les premiers échantillons seront fournis par les musées scolaires ; des échanges entre les musées cantonaux augmenteront peu à peu les collections ; et les jeunes conscrits qui auront suivi les cours d'adultes seront heureux, quand ils reviendront plus tard au pays natal, de payer leur petit tribut au musée cantonal. L'un nous apportera le minerai de plomb du Lyonnais, l'autre nous fournira le plomb argentifère de Bretagne, un troisième sera fier de nous céder les produits curieux qu'il aura recueillis pendant son séjour aux colonies. A ces faciles contributions nous joindrons les dons des particuliers, les échantillons dont disposent les musées départementaux et les concessions que l'Etat pourrait nous faire en nous envoyant les spécimens de machines et d'outils qui se trouvent en surabondance au Conservatoire des Arts et Métiers. Tel est le mode de recrutement que nous suivrons pour organiser notre musée cantonal. Le temps et le dévouement de nos successeurs feront le reste.

Une fois constitué, comment fonctionnera ce nouveau musée ? Il sera dans toute l'acception du terme un musée cantonal, c'est-à-dire à la disposition de toutes les écoles du canton. Semblables aux volumes de la bibliothèque pédagogique, les échantillons qu'il contiendra, loin de dormir derrière des vitrines dans l'attente de rares visiteurs, circuleront d'école en école pour l'instruction de tous. L'instituteur du canton en sera naturellement le conservateur, autrement dit il exercera une surveillance sur le musée et les échantillons circulants. Au début et dans la période d'organisation il sera aidé de deux ou trois instituteurs nommés par leurs collègues et agréés par l'administration, puis avec leur concours fera des objets reçus un inventaire et un classement systématique. Les échantillons seront, pour le roulement obligé, mis dans des caisses et adressés aux instituteurs, qui, après les avoir gardés un temps limité, les feront passer à d'autres écoles. Le travail est donc fort simple et le fonctionnement des plus faciles. Et dire qu'une telle création, utile s'il en fut, pourrait être faite dans chaque canton avec une installation dont les frais, mis à la charge du département, n'excéderaient pas cinquante francs! Les autres menues dépenses d'entretien et de conservation retomberaient sur les communes qui seraient alors autorisées à prélever une certaine somme sur le crédit affecté au mobilier scolaire.

Telle est la manière dont seraient organisés et fonctionneraient les musées cantonaux, créations qui rencontreraient une faveur universelle et qui, pour se former partout, n'ont besoin que de quelques exemples.

PLANS

I

Expliquer, discuter, apprécier ce mot de M. Gréard : Élever, ce n'est pas seulement prévoir, c'est aussi prévenir.

1° Qu'est-ce qu'élever? Définir comme au début du devoir 1, page 273.

2° L'œuvre de l'éducation est pleine de difficultés qui naissent du mauvais côté de la nature de l'enfant. Le maître doit les prévoir et en avertir ses élèves : dans l'ordre physique (accidents, maladies, etc.); dans l'ordre intellectuel (erreurs, préjugés, etc.); dans l'ordre moral (travers, défauts, vices, etc.).

3° Mais le maître doit sortir de ce rôle presque passif; il doit prévenir, garantir, être comme une mère qui aide et protège (des exemples). Il justifiera ainsi son titre d'éducateur.

4° Comment préviendra-t-il? Dans quelle mesure interviendra-t-il? 1° En se montrant vigilant, aimant; en prenant part, soit en classe, soit hors de classe, à la vie de l'élève. 2° En intervenant sagement et juste assez pour ne pas nuire à l'esprit d'initiative de l'enfant et pour ne pas affaiblir son activité physique, intellectuelle et morale.

II

Enseigner c'est apprendre deux fois.

Définir les mots *enseigner* et *apprendre* : enseigner, c'est communiquer à des élèves des idées qui s'enchaînent et constituent une science ; apprendre, c'est chercher à comprendre ces idées et leur enchaînement.

1° Le maître doit savoir : que son esprit et celui de l'enfant sont différents ; que les idées sont nouvelles pour l'élève et familières à celui qui enseigne ; en outre que l'élève conçoit difficilement les idées et surtout les rapports qui les lient.

2° Le maître doit d'une part se rendre compte de toutes les difficultés que comporte la science en elle-même, et de l'autre de toutes celles que son esprit trouvait dans l'aperception de cette même science. Ici des exemples tirés surtout des sciences abstraites, qui sont pénibles pour l'enfant.

3° Le maître doit étudier les difficultés que rencontre l'intelligence de l'élève en recevant la science, étudier les matières du programme par rapport à cette intelligence et rendre aussi son enseignement plus clair et plus accessible à tous.

Conclusion. Enseigner c'est donc rapprendre, s'instruire une deuxième fois. Conséquences pour les élèves et pour le maître.

III

Le meilleur livre est la parole du maître (Lhomond).

Introduction. A voir les livres nombreux et excellents qu'on publie, il semble qu'on ait retourné le mot de Lhomond et qu'il soit vrai de dire : Les meilleurs livres font les meilleurs élèves.

1° Avantages et inconvénients du livre : Le livre offre des leçons bien faites et bien liées ; mais il développe trop chez l'élève la mémoire, encourage la paresse du maître et répond rarement à l'intelligence et au degré d'avancement d'une classe.

2° Il faut donc compléter et modifier le livre par des explications orales. Avantages et inconvénients de la parole : Il ne faut pas professer (à développer) ; elle est vivante et rendue plus pénétrante par le ton, la physionomie et le geste. Elle produit la sympathie et l'ardeur pour le travail. La parole peut remplacer le livre, le livre non la parole. Un exemple tiré d'une leçon sur l'histoire de Philippe de Valois.

Conclusion. Lhomond recommande avec raison des explications simples et sobres. Pour cela préparer sa leçon, se faire un plan net et flexible. Cet enseignement est pénible, mais il grandit l'autorité.

IV

Expliquer et apprécier ce mot de Paul Bert parlant de l'instituteur : « Quel noble rôle! Être à la fois un ferment et un séducteur! » (A l'Union française de la jeunesse).

1° Définir : un ferment (dictionnaire ou chimie).

2° Montrer que l'instituteur a des connaissances variées, des notions sur tout et des notions justes. Il les répand, les sème (en classe, à ses anciens élèves, à tout le monde). Que deviennent-elles? Elles restent, instruisent, éclairent, élèvent, etc. Elles forment aussi des enfants qui iront plus loin et que l'instituteur *découvre*, etc. Voilà comment il est un ferment. Sa parole porte des fruits ; elle est la vie intellectuelle.

3° Mais il ne suffit pas d'avoir des idées et de les répandre ; il y a manière de les répandre. Il faut séduire (mot à définir). Une idée bien exprimée plaît plus que sans ornement. Comparaison de la poésie avec la toilette. Effets : On retient mieux et les impressions sont plus durables. L'instituteur devra donc tâcher de plaire en instruisant. Comment? par les qualités du caractère, par celles de la voix et de l'élocution, par l'interrogation. Animer tout cela par l'affection. Voilà la séduction que le maître peut exercer, et les bons effets qu'elle produit!

4° Conséquences. Ardeur des enfants et des adolescents pour l'instruction. Joies du maître.

V

Expliquer, discuter et apprécier en l'appliquant à l'école primaire, ce mot de Daguesseau : Le changement de travail est pour l'esprit une récréation suffisante.

1° Explication du sujet. La pensée du chancelier est que

l'on peut travailler toujours, c'est-à-dire ne jamais laisser son esprit inoccupé, à la condition que l'on change de travail.

2° Discussion. *a*. Est-il dans le vrai? Il est impossible de travailler sans repos, même dans les conditions qu'il indique, parce que tout travail est accompagné de fatigue et qu'une fatigue prolongée altérerait la santé, surtout chez les enfants et les vieillards. Daguesseau et d'autres comme Chevreul, Barthélemy Saint-Hilaire, dont la longue vie est toute de travail, sont des exceptions. Il faut donc des récréations.

b. La récréation produit un autre effet que le repos, mais qui s'y rattache : Elle renouvelle les forces, les ravive. Elle est pour l'esprit ce que le sommeil est pour le corps. Rapprochement à faire avec la terre. Le changement de travail a pour but de suppléer la récréation, mais ne la supplée qu'en partie. Rendre des exemples dans la vie de l'école.

3° Conclusion. La récréation est donc la condition du travail : Profitable à l'homme, elle est nécessaire à l'enfant dont elle assure la fréquentation à l'école et les progrès.

VI

Réfuter l'opinion de Bernardin de Saint-Pierre qui bannit l'émulation de l'école parce qu'elle est l'envie et devient la cause de la plupart des maux du genre humain.

1° Définir l'envie, en se servant de l'énumération des parties : L'envieux s'afflige du travail et des succès d'un condisciple, — il hait celui qui veut le déposséder d'un avantage auquel il ne tient souvent que par la peur de le perdre; — il cherche à enlever à un autre un avantage dans l'unique but de l'en priver (des exemples pour ces trois cas).

2° Telle n'est pas l'émulation (définir par l'énumération des parties) : sentiment généreux, fondé sur l'estime d'un bien qu'on apprécie en soi, qu'on aime en soi-même et jusque chez les personnes qui en font une égale estime. Elle est dans le cas contraire une souffrance qui n'accuse que soi; une peur qui ne redoute que soi; elle se console d'une infériorité par le témoignage d'une bonne conscience et l'estime de ses égaux (des exemples aussi).

3° Souvent, grâce à la faiblesse humaine et aux entraînements de la concurrence scolaire, les craintes de l'émulation sont confondues avec les effets de la jalousie et de l'envie. Mais le moraliste doit les distinguer et ne pas appliquer à l'émulation le principe de La Rochefoucauld qui ne voit dans les vertus que des vices déguisés.

4° La vérité est dans la définition de La Bruyère : Quelque rapport qu'il paraisse de la jalousie à l'émulation, il y a entre elles le même éloignement qu'entre le vice et la vertu.

VII

De l'éducation personnelle. — Est-elle possible ? — Comment peut-elle être faite ?

1° Définition. L'éducation personnelle est le développement des facultés par soi-même et sans le secours d'autrui (petit développement par les contraires). Elle n'est pas comme l'éducation reçue et à laquelle on coopère.

2° Est-elle possible ? A quelles conditions. Il faut une grande volonté, de l'esprit d'observation. Les circonstances y aident parfois. Prendre pour ce paragraphe l'exemple de Franklin et montrer comment il s'est fait lui-même. Ajouter des exemples français.

3° Comment se fait-elle ? *a.* Facultés intellectuelles : perfectionner les sens par l'attention et la réflexion, la raison et le raisonnement par une logique association de nos idées (voy. *Psychologie*, pages 83 85); — *b.* La sensibilité par la discipline de nos penchants et de nos appétits, et le développement de tous les bons-sentiments ; — *c.* La volonté par une gymnastique morale qui nous rend maîtres de nous-mêmes, c'est-à-dire hommes.

4° Conclusion. Une petite comparaison : l'une est plus facile, l'autre rend plus original.

VIII

Montrer que la culture personnelle développe le sens du beau.

1° Le sens du beau, qui nous est inné, peut être cultivé par l'examen de la beauté qui est répandue dans toute la nature (pages 28-29).

2° Mais la beauté réalisée par les arts et les lettres est saisissable aussi pour l'ouvrier : le sentiment du beau chez les Grecs anciens et le goût musical de certains peuples modernes en sont la preuve (page 30).

3° Qu'est-ce que le beau? La matière devient belle lorsqu'elle perd de son aspect brut et grossier : la beauté extérieure est le reflet de choses spirituelles (page 31).

Corrigé : Channing, *Œuvres sociales*, pages 28-31, traduction Laboulaye.

IX

Réfuter les opinions que M. Croiset, professeur à la Sorbonne, a émises sur l'éducation de la femme dans la société actuelle, et d'après lesquelles la jeune fille serait élevée comme dans une famille et n'apprendrait que ce qu'il faut pour rendre attrayant le foyer conjugal.

1° M. Croiset veut que la jeune femme, dont le rôle n'a guère changé depuis l'*Économique* de Xénophon, soit élevée dans une école qui ressemblerait à une famille intelligente, où elle apprendrait sans efforts tout ce qui est capable de rendre attrayant le foyer de son mari (jusqu'à : Est-il bien vrai...).

2° Cet idéal serait à réaliser si la femme, relevée par le christianisme et rendue l'égale du père, n'était devenue la première éducatrice des enfants et n'exerçait pas au foyer une influence morale que la femme athénienne, avec ses qualités de santé, d'activité, d'ordre et de bon sens ne pouvait exercer. La société moderne veut qu'on cultive chez la femme les qualités et l'esprit, afin que son rôle de compagne égale du mari et d'éducatrice des enfants ne soit pas un vain mot (jusqu'à : n'étant pas d'accord).

3° Cette culture fondée sur l'étude de l'esprit de la femme aura pour but non de faire des femmes savantes, mais de développer chez elles les facultés intellectuelles, le raisonnement par les mathématiques, l'observation par les sciences, le jugement par l'histoire, l'imagination par la littérature, etc. On leur enseignera peu, mais en perfection. Pour arriver à ces résultats, il faut employer la méthode de l'effort qui développe l'esprit et le cœur (jusqu'à : J'ai tracé...).

4° Le système d'éducation rêvé par M. Croiset est incomplet et égoïste, parce qu'il ne développe pas tous les nobles attributs de l'humanité (fin).

Corrigé : *Revue pédagogique*, 15 août 1888. (Copie d'une élève de Fontenay-aux-Roses.)

X

Dans quel esprit et selon quelle méthode faut-il enseigner les diverses matières de l'enseignement primaire?

Première partie. — a. L'objet de l'instruction primaire n'est pas, aujourd'hui, d'embrasser tout ce qu'il est possible de savoir, mais de bien apprendre ce qu'il n'est pas permis d'ignorer. Des exemples (1ᵉʳ paragraphe).

b. La méthode importe plus que l'enseignement même; la caractériser; elle sera courte et facile (2ᵉ paragraphe).

c. On écartera donc tous les devoirs qui faussent la direction de l'enseignement sous prétexte d'en relever la portée. Des exemples (3ᵉ paragraphe).

d. Faire ainsi la classe, c'est prendre le chemin difficile, mais c'est aussi prendre celui du progrès (4ᵉ paragraphe).

Transition : Le plus grand bienfait de cette méthode, c'est qu'elle permet de travailler à l'éducation des facultés elles-mêmes.

Deuxième partie. — a. Par elle le P. Girard et Pestalozzi donnent à l'esprit l'ouverture, l'aplomb, la rectitude (5ᵉ paragraphe).

b. Elle ne cultive pas exclusivement la mémoire (6ᵉ paragraphe).

c. Elle dirige l'activité de l'enfant sans la gêner (7ᵉ paragraphe).

d. Elle affermit et développe ses instincts honnêtes (8ᵉ paragraphe).

e. Un exemple à propos d'un exercice d'orthographe (9ᵉ paragraphe).

f. Elle rattache toujours les faits d'histoire, de géographie, d'arithmétique à quelques applications qui enrichissent l'esprit (10ᵉ paragraphe).

Conclusion. Ajouter un mot que le plan indique.

Corrigé : O. Gréard, *l'Enseignement primaire*, pages 86-92.

XI

Des diverses manières d'interroger et des caractères que doivent réunir les interrogations.

1° Il est nécessaire, pour animer une classe, d'interroger beaucoup ; mais il ne faut pas que l'interrogation soit trop fréquente et voltige, car ainsi pratiquée elle supprime chez l'enfant le travail de la réflexion.

2° Une seule interrogation rapide est efficace, c'est celle dont l'inspecteur donne l'exemple dans une classe en posant des questions très simples aux élèves les plus faibles et en élevant les difficultés à mesure qu'il interroge des élèves plus forts.

3° Différentes sortes d'interrogations : celle de la maîtresse qui dans une petite classe interroge pour varier son enseignement et renouveler l'attention de l'enfant ; celle des cours élevés qui est soudaine et oblige l'élève à toujours écouter ; celle de la maîtresse qui se demande si elle a été comprise ; enfin celle qui, la leçon apprise, remplace dans beaucoup d'écoles la récitation.

4° Mentionnons l'interrogation socratique qui a pour objet de faire trouver la vérité. On abuse du mot et l'on ne se rend pas bien compte de la chose. Ce mode d'interrogation exige une grande finesse d'esprit chez l'instituteur à qui l'on ne peut demander que du bon sens. D'ailleurs les besoins de la vie moderne veulent qu'on donne la vérité à l'enfant. L'interrogation socratique peut toutefois être pratiquée utilement dans les promenades scolaires.

Corrigé : M. Anthoine, *A travers nos écoles*,
pages 6, 7, 8 et 9.

XII

La gymnastique ne vaut pas le jeu. En donner les raisons.

1° On a tort de croire que la gymnastique peut remplacer l'exercice spontané du jeu. Pourquoi ?

2° Elle lui est inférieure, parce que la quantité de mouvement musculaire assurée ne développe pas avec régularité les diverses parties du corps.

3° Elle lui est encore inférieure par la qualité de ce mouvement musculaire qui doit être agréable et ne fortifie qu'à cette condition.

4° L'intérêt que l'enfant prend au jeu a donc autant d'importance que l'action musculaire même.

Corrigé : Herbert Spencer, *l'Éducation*, pages 212 et 213, traduction de M. A. Bertrand. (Belin.)

XIII

Dire quelle peut être l'influence des études littéraires sur l'esprit.

Introduction. 1° Que faut-il entendre par études littéraires? Elles ont pour objet la connaissance des ouvrages des grands écrivains. Ces ouvrages comprennent principalement : histoire, poésie, critique, philosophie, morale, genres qui s'adressent respectivement aux facultés de la mémoire, imagination, jugement, raisonnement, raison, facultés de l'esprit, mais qui ne sont que des opérations de l'intelligence. Mais ce n'est pas tout l'esprit ou l'âme entière, qui comprend encore : sensibilité et volonté.

2° Facultés intellectuelles : Elles ornent la mémoire. Conséquence : Érudition. Elles développent l'imagination qui y trouve des matériaux pour son travail ; le jugement qui devient plus capable d'affirmer des choses et des personnes ; la raison en nous montrant dans les beaux ouvrages les principes (beau, vrai, bien, infini, absolu) saisis par cette faculté.

3° Facultés sensibles. Elles élèvent le cœur (mot de La Bruyère : Quand une lecture...) en inspirant les grands sentiments et en habituant notre âme à rechercher autant que possible les émotions esthétiques.

4° Facultés morales. Elles gouvernent et fortifient notre volonté par les grands exemples de vertus (patriotisme, dévouement, clémence, honneur) qu'elles nous offrent. Les classiques glorifient toujours les belles actions et flétrissent les mauvaises (des exemples).

Conclusion. Les études littéraires ont donc une grande importance au point de vue pédagogique. On ne saurait en éducation ni les amoindrir ni s'en passer [1].

---

1. On pourrait suivre le même plan pour montrer quelle influence les études scientifiques exercent sur l'esprit.

XIV

De la nécessité, pour compléter l'éducation des enfants, de leur faire étudier les beaux-arts.

1° Définition. Comme ils sont une grande source de plaisir, il est juste de s'en servir comme de stimulants pour l'étude.
2° Si nous considérons l'éducation comme un moyen de rendre l'homme heureux, elle doit comprendre les beaux-arts.
3° Il est bon non seulement que les œuvres et les trésors des arts soient accessibles à tous, mais encore que tous apprennent à en tirer toutes les jouissances qu'ils peuvent donner.

Corrigé : Bain, *Science de l'éducation*, page 310.

XV

Montrer comment, tout en conservant dans ses méthodes le caractère général qui convient à l'éducation des facultés, l'enseignement primaire peut, par l'esprit, par le choix et par la direction de ses exercices, s'accommoder davantage aux intérêts de la vie qui saisira l'enfant au sortir de l'école.

Première partie. — 1° Les premiers législateurs de nos écoles avaient déjà le sentiment de ces nécessités lorsqu'ils déterminèrent dans le projet de décret (septembre 1791) les matières de l'enseignement (les mêmes qu'aujourd'hui).
2° On rapproche l'enfant des réalités de la vie en traduisant à ses yeux, sous des formes sensibles, ce qu'il voit, pour le lui rendre plus saisissable, et ce qu'il ne voit pas, pour lui en donner une idée (livres de lectures, excursions, topographie, dessin, etc.).

Deuxième partie. — Ce qu'il reste à faire : 1° Compléter les lectures d'éducation professionnelle par des exercices de langue, de calcul, de rédaction accompagnés d'explications sur les objets mêmes fournis par les élèves et destinés à composer un petit musée technologique.
2° Exercer, en dehors des heures scolaires, les filles à des travaux de couture, de coupe et d'assemblage, les garçons au

maniement des outils en usage dans toutes les industries. Conséquences.

3° Montrer aux garçons que tous les travaux de l'industrie ont des rapports avec la mécanique et la physique et leur apprendre les éléments de ces sciences ; apprendre aux filles quelque chose de l'histoire naturelle (pour celles qui sont appelées à des métiers de luxe, plumes, fleurs, bijoux), et de la comptabilité, corollaire de l'éducation domestique.

Conclusion. La dissertation montre que ces choses sont possibles sans troubler l'économie des programmes.

Corrigé : Gréard, *l'Enseignement primaire*, pages 331-339.

SUJETS ANALOGUES

1° Ce que fait l'instituteur est peu de chose, ce qu'il fait faire est tout. (Certificat pédagogique.)

2° Il ne faut laisser prendre à Emile aucune habitude, si ce n'est de n'en avoir aucune. (J.-J. R.)

3° Pourquoi ceux qui ont le plus de mémoire ne sont-ils pas toujours ceux qui ont le plus de discernement ? (Certificat pédagogique.)

4° Nous sommes aussi capables de former notre caractère, si nous le voulons, que les autres de le former pour nous. (Stuart Mill.)
Appliquer ce mot à l'école primaire et montrer jusqu'à quel point un enfant peut en fait coopérer à la formation de son caractère.

5° Sitôt qu'il faut voir par les yeux des autres, il faut vouloir par leur volonté. (J.-J. R.) (Certificat pédagogique.)

6° Développer ce mot de M. Lavisse : L'enseignement c'est l'action d'une intelligence sur des intelligences, d'un cœur sur des cœurs.

7° Montrer que l'enseignement de l'honneur ne dépend pas tant de l'emploi des procédés spéciaux que de l'esprit même qui anime la méthode morale. (Pécaut.)

8° Réfuter ce mot de Lancelot : L'éducation doit être appropriée aux dispositions et au caractère de chaque enfant ; elle doit être individuelle et toute spécifique.

9° La meilleure méthode ne vaut pas le bon maître.
(Certificat pédagogique.)

10° Développer ce mot de H. Spencer : Enseigner le moins possible et faire trouver le plus possible.
(Certificat pédagogique.)

11° Expliquer : C'est la profonde ignorance qui inspire le ton dogmatique. (La Bruyère.)   (Certificat pédagogique.)

12° Un peu de science rend la femme pédante, beaucoup de science la rend modeste. (A. Mézières.)
(Certificat pédagogique.)

13° Expliquer et apprécier ce mot de Sophie Gay à sa fille : Sois femme par la robe et homme par la grammaire.
(Certificat pédagogique.)

14° Expliquer et apprécier ce mot : On se sert de la raison comme d'un instrument pour acquérir les sciences, et l'on devrait se servir au contraire des sciences comme d'un instrument pour perfectionner sa raison, la justesse d'esprit étant infiniment plus considérable que toutes les connaissances spéculatives auxquelles on peut arriver par le moyen des sciences les plus véritables et les plus solides.
(Certificat d'inspection primaire.)

15° Commenter cette pensée de Rousseau : Pour être le maître de son élève, il faut avoir été son propre maître.
(Préparation à l'inspection primaire.)

16° Montrer la nécessité et en même temps l'insuffisance des préceptes dans l'enseignement de la morale.
(Préparation à l'inspection primaire.)

17° Un inspecteur primaire expose, dans une conférence faite aux instituteurs, la nécessité d'avoir des programmes dans l'enseignement ; il montre l'avantage qu'il y a à les suivre ponctuellement.   (Préparation à l'inspection primaire.)

18° Comment la vie scolaire peut-elle utiliser cette maxime : Fournir des aliments continus à l'activité des enfants, sans employer des stimulants trop énergiques, est peut-être l'abrégé de l'éducation ?   (Préparation à l'inspection primaire.)

19° Développer cette pensée en l'appliquant à l'éducation intellectuelle : Ce n'est pas un grand avantage d'avoir l'esprit vif, si on ne l'a juste ; la perfection d'une pendule, n'est pas d'aller vite, mais d'être réglée.

(Préparation à l'inspection primaire.)

20° N'est-il pas à craindre que les caisses d'épargne scolaires, en créant l'émulation pour l'argent, ne dévient de leur but et ne produisent chez l'enfant de fâcheux effets? — Les indiquer et les moyens d'y remédier. (M. Jacoulet.)

21° Le grand inconvénient des concours, c'est de développer à outrance la mémoire, au grand préjudice du jugement, de la raison, de l'esprit d'observation, toutes facultés qui par ce système sont fort peu exercées et ne peuvent acquérir le degré de force que l'éducation rationnelle doit chercher à atteindre. (Journal belge.) Pensée à développer et à apprécier.

22° D'après Kant le but de l'éducation serait de développer dans l'individu toute la perfection dont il est possible. Mme Necker de Saussure propose un léger changement à cette définition : Donner à l'élève la volonté et les moyens de parvenir à la perfection dont il sera un jour susceptible. Expliquer et apprécier ces deux jugements.

23° A expliquer : Que l'on me donne l'éducation des enfants et je changerai la face du monde. (Leibniz.)

24° Quelles sont les causes de la décadence des cours d'adultes ? — Quels sont les moyens de les relever et de leur donner un développement maximum ? — Quels doivent-ils être à la ville et à la campagne?

25° Fontenelle disait : Si j'avais la main pleine de vérités, je me hâterais de la fermer. Un maître peut-il tenir ce langage?

26° Montrer la vérité de ce mot de Cl. Bernard : L'hygiène n'est que la physiologie appliquée.

27° Donner à lire aux enfants des livres d'action, c'est-à-dire qui apprennent à agir, à compter sur soi, la foi aux seuls effets du travail, de la volonté. (Michelet.) A discuter.

28° Discuter et juger : On sera surpris que je compte l'étude des langues au nombre des inutilités de l'éducation du premier âge. (Bain.)

29° Bien élever les femmes est le meilleur moyen de bien élever les hommes. (Legouvé.) A développer.

30° Penser, combattre et vaincre, voilà la véritable vie. (Madame de Rémusat.) A développer.

CONCLUSION

Je ne suis pas arrivé aux dernières pages de ce livre sans avoir senti combien il présente d'imperfections et de lacunes. Une chose cependant me réconforte et me console, c'est la certitude où je suis d'avoir indiqué à nos jeunes instituteurs une méthode sûre et vraie. Je sais bien que je n'en ai pas toujours fait le meilleur usage possible; mais je crois, après tout, que mes fautes prouveraient seulement contre moi et non contre la réelle efficacité des procédés que je recommande, et qui sont consacrés par l'autorité de tous les grands maîtres de style. Je n'ai donc rien inventé. Mon seul mérite, à mes yeux, est d'avoir adapté la composition littéraire à l'enseignement d'une science imposée à des jeunes gens qui pour la plupart travaillent seuls et à l'exposition de laquelle des études antérieures ne les ont pas assez préparés.

Je voudrais aussi, en terminant ce travail, encourager, pousser à ce grand art de la composition, art qui est accessible même avec peu de livres, et que bien des gens ont atteint sans l'aide du latin et du grec, par la pratique seule de nos écrivains classiques. Je ne veux nommer personne; j'aurais l'air de prendre parti dans le grand débat qui divise les esprits au sujet des humanités françaises, et j'y apporterais peu de lumière. Toujours est-il vrai que j'ai eu maintes fois l'occasion de corriger des copies qui n'auraient pas été indignes de nos meilleurs élèves de rhétorique, aujourd'hui surtout que dans nos programmes la composition a cédé une place trop grande à l'érudition. Pourquoi des instituteurs et des institutrices qui ont l'esprit vif et l'imagination prompte, — ils sont nombreux, — ne pourraient-ils pas arriver à écrire et à prendre la part qui leur revient dans la direction du mouvement intellectuel de notre société? Ils en sont empêchés, dit-on, par leurs fonctions, qui sont absorbantes, et par la nature même de ces fonctions qui les condamne, selon le mot de Guizot, à une « obscure et laborieuse condition au-dessus de laquelle ils ne doivent rien prétendre. » Certes, ce langage paraît dur dans la bouche d'un ministre qui a laissé dans l'enseignement primaire un souvenir encore très respecté; il est peut-être vrai pour le plus grand nombre, mais il tend à consacrer une injustice, si l'on ne fait pas ici comme ailleurs une exception pour l'élite. Des ministres libéraux ont eu l'idée en 1848, en 1866, et en 1879 d'élever la condition de l'instituteur en lui rendant accessibles des grades qui témoignent d'une haute culture intellectuelle. C'est trop peu encore. Une réforme analogue a été accomplie ces derniers temps dans le personnel des maîtres de l'enseignement spécial, qui aujourd'hui constituent en face du professorat gréco-latin une légion imposante. Les écoles de Fontenay-aux-Roses et de Saint-Cloud fournissent chaque année une élite de jeunes maîtres, qui sont une force réelle et ne demandent qu'à jouer dans le monde un rôle conforme à leurs aptitudes. Ce serait peut-être le moment, avec un programme transformé, ayant pour base les connaissances positives et la littérature, de créer une harmonie complète entre les membres de l'enseignement primaire et ceux de l'enseignement secondaire, de sorte que l'enseignement fût homogène[1]. Car aujourd'hui le personnel des deux premiers

---

[1] Des idées analogues ont été exprimées dans les *Instructions Ministérielles* que nous avons déjà citées; dans le discours prononcé à la distribution des prix du Concours général, par M. Darlu (août 1890); et, antérieurement, dans une circulaire de M. Ferry (3 avril 1882). Voir aussi les écrits de M. Buisson (1881).

degrés de l'enseignement universitaire subit, je crois, une organisation quelque peu anarchique. L'un ne connait pas l'autre, et personnels et enseignements sont rivaux. Cette harmonie entre des éléments non hétérogènes, cette union de gens qui ont en général les mêmes origines et qui tendent à un but commun, accroître le patrimoine intellectuel et moral de la France, je la désire et l'appelle de tous mes vœux. Je voudrais qu'il fût possible de passer, par des gradations successives, d'un enseignement à l'autre, que l'enseignement primaire élargi et consolidé, enlaçant et pénétrant véritablement l'enseignement secondaire, lui fournît tous les éléments supérieurs qu'il renferme, et qu'on cessât de maintenir entre eux des barrières factices qui sont loin de leur profiter. Si cette solidarité se produisait, songeons-y, quelle force pour le corps enseignant tout entier, et quelle autorité pour chacun de ses membres!

En attendant que ces améliorations se fassent, et dans la perspective de réformes profondes et prochaines, l'instituteur a le devoir d'apprendre l'art de la composition ou de s'y perfectionner. Pour ceux qui veulent participer à des concours, c'est-à-dire qui ont à fournir une dissertation à un jury d'examen, le meilleur style est de n'en pas avoir. Les autres, qui n'aspirent qu'à propager la vérité ou à traduire des impressions personnelles, doivent chercher celui qu'on appelle le bon style, c'est-à-dire un style qui, échappant à toute manière, est le langage de l'homme qui a mis son âme au dehors et atteint à l'éloquence.

Comment réaliser l'une ou l'autre de ces deux formes de style? Par les trois moyens employés dans tous les temps : la méditation, la rédaction et la lecture.

Pour méditer avec fruit, éloignez de vous toutes les causes de distraction : les plaisirs frivoles, les lectures inutiles et les discussions passionnantes. Aimez le silence et la solitude. L'homme d'étude, quand on le croit silencieux et inactif, fait parler les livres, converse avec ces esprits distingués que Descartes nous invite à connaître, et dévore du regard en quelques instants les plus longs discours. On donne ainsi plus de pénétration à son intelligence et l'on fortifie sa volonté. La méditation apprend à écrire et développe les facultés.

Il faut ensuite assurer le travail de la méditation en confiant au papier ce qu'a vu notre esprit en méditant. Consacrer ainsi à écrire ses moments de liberté est ce qui peut le mieux nous apprendre l'art d'écrire. Ce sont des exercices préparatoires auxquels se sont livrés tous les grands écrivains. Ils sont la source du talent. Grâce à eux on arrive à éviter tout mot vide de pensée et toute pensée sans âme ; on contracte cette habitude d'âme dont parle Joubert, et qui n'est autre que le style. De plus, pour écrire, ne vous fiez pas à votre mémoire, prenez la plume ; la mémoire est sujette à des défaillances ; la plume conserve et vous entraîne ; l'élan et le mouvement viennent de l'œuvre même.

Ajoutez à vos méditations et à vos essais de style la lecture, complément indispensable des deux premiers exercices. Lisez peu, mais lisez bien. « De même qu'en me promenant au soleil, dit Cicéron, je vois bientôt mon teint se hâler, quoique je ne me promène pas dans cette intention, ainsi, quand je lis attentivement les bons ouvrages, je m'aperçois que leur style donne de la couleur au mien. »

ANNEXE

Esquisses et sujets de législation scolaire.

Nous avons eu plus d'une fois déjà l'occasion de toucher, au cours de ce livre, à des questions de législation [1]. Effectivement les lois et règlements qui régissent notre enseignement primaire forment comme une province de la pédagogie et n'en sont pas la partie la moins intéressante à étudier. Néanmoins la législation scolaire, il faut en convenir, plaît peu aux jeunes gens, qui la trouvent trop aride et difficile. Même les candidats d'un âge plus mûr qui ont à l'apprendre et à produire en cette matière une composition écrite, se laissent aisément persuader qu'il est besoin de prodigieux efforts de mémoire et de se faire un style particulier. Ils ont tort assurément ; les éléments de toute science sont difficiles ; mais un devoir de législation ne coûte pas plus de peine à développer qu'un sujet de pédagogie ordinaire ou d'histoire. Quel que soit le genre que l'on traite, la composition reste la même ; elle est une, et la langue administrative, comme on peut le voir dans les circulaires ministérielles, qui sont un bon guide à cet égard, ne diffère pas de la langue française courante. Notre langue a ce privilège d'être merveilleusement souple et de se prêter à l'expression simple, naturelle et populaire des choses les plus techniques et des idées les plus abstraites. La dissertation de législation ne demande donc pas, pour être traitée, des conseils spéciaux. Je me bornerai à dire ici, après un maître éminent, M. Jacoulet, dans quel esprit il convient d'étudier la législation de nos écoles. « Les candidats, me dit-il dans

---

[1]. Voir pages 210-300.

une lettre qu'il me pardonnera de citer, doivent se procurer un bon recueil des lois parues depuis dix ans et les apprendre, non pas comme on apprend un catéchisme, c'est-à-dire mot à mot et articles par articles, mais de manière à en retenir les dispositions principales et surtout à en bien dégager l'esprit général. C'est affaire d'intelligence tout autant que de mémoire. » On ne saurait être plus précis.

J'ai voulu pourtant faire plus que transcrire un conseil. En m'appuyant sur des hommes d'une compétence éprouvée et reconnue, j'ai essayé de donner, dans les esquisses qu'on va lire, une idée de ce que peut et doit être un développement sur les règlements concernant les personnes et les choses de notre enseignement primaire. A cette fin, j'ai extrait ces aperçus du magnifique Recueil des monographies pédagogiques publiées sous l'inspiration du ministre de l'instruction publique et sous la direction de M. Buisson, à l'occasion de la dernière exposition universelle de Paris. Ces monographies, qui comprennent six volumes, constituent dans une magistrale unité la plus monumentale des pédagogies, et « sont, comme dit M. Buisson, le véritable livre d'or de l'enseignement primaire français en 1889. »

I

Situation actuelle des écoles primaires supérieures. — Leur avenir.

1° Au 1er avril 1889 on comptait en France 256 écoles supérieures et 431 cours complémentaires, soit 687 établissements, créés en majeure partie depuis dix ans à peine. Ces chiffres peuvent faire croire que la situation actuelle de l'enseignement primaire supérieur est des plus satisfaisantes. Malheureusement il n'en est pas ainsi.

2° La loi du 28 mars 1882, par une disposition regrettable, permettant aux enfants de se présenter au certificat d'études primaires dès l'âge de onze ans (art. 6, § 1), les épreuves de ce certificat ne dépassant guère le niveau du cours moyen de l'école élémentaire (Actes officiels, 256 et 258), et la possession de ce titre donnant aux écoliers le droit d'entrée dans les classes d'enseignement supérieur (Documents officiels, 38), les enfants sont entrés au cours complémentaire qui n'est autre chose que le cours supérieur de l'école. Aussi beaucoup de cours complémentaires ne sont que des trompe-l'œil fort avantageux pour le maître qui est plus payé que comme simple instituteur communal, mais fort onéreux pour la commune et l'Etat. Il faudrait donc reviser cette situation : les cours complémentaires n'existeront que là où le cours supérieur de l'école sera peuplé d'élèves en nombre suffisant.

3° Dans les écoles primaires supérieures les maîtres sont laborieux et dévoués ; néanmoins les résultats sont médiocres. Dans beaucoup de localités on ne comprend pas ce que doit être l'enseignement supérieur. Le niveau de l'instruction des élèves s'étant beaucoup élevé depuis 1833, les écoles supérieures sont condamnées à n'être qu'une contrefaçon malheureuse de l'enseignement secondaire, si l'instruction qu'on y donne n'est pas pratique et professionnelle. Dans un temps où l'agriculture languit, où le goût artistique n'est plus un monopole français, où des peuples voisins actifs nous supplantent sur les marchés commerciaux, il faut former des travailleurs instruits et habiles, éviter de faire des employés, des candidats à toutes fonctions, et lancer les jeunes gens dans des carrières productives. Il faut pour cela remanier nos programmes, faire que l'enfant passe plus de temps à l'atelier, au jardin, au champ d'expérience, qu'il ait rarement à la main le livre, mais souvent l'outil.

4° Cette œuvre salutaire est déjà commencée : grâce à un accord entre les deux ministères du commerce et de l'instruction publique, la transformation de nos écoles primaires supérieures en écoles professionnelles, industrielles, commerciales ou agricoles se poursuit. Le Parlement peut l'activer en n'accordant qu'à ces écoles ses subventions et ses encouragements. De telles écoles bien conduites termineraient l'œuvre de la rénovation de l'instruction populaire en France.

D'après M. Martel.

II

Indiquer quelles sont les autorités préposées à l'inspection des écoles primaires (publiques et privées) et caractériser le rôle et les attributions de chacune de ces autorités.

1° Les autorités préposées à l'inspection ont entrée dans les écoles publiques et privées. A quoi s'expose le directeur d'une école privée qui refuserait l'entrée de son école aux autorités? Sur quoi porte l'inspection de ces écoles? Celle des écoles publiques est déterminée par les règlements.

2° Le décret du 18 janvier 1887 distingue les autorités scolaires en deux catégories: *a.* celles qui représentent la société (maire, délégués cantonaux, délégués du conseil départemental); *b.* celles qui représentent l'Etat (inspecteurs primaires, inspecteurs d'académie, recteurs et inspecteurs généraux).

3° Les premières, temporaires et gratuites, ont sur les écoles une surveillance toute morale (dire sur quoi elle porte). *Le maire:* Il est le surveillant né de l'école. C'est naturel, puisqu'il représente la commune (sur quoi porte sa surveillance? déterminer son autorité). *Délégués cantonaux:* (Attributions déterminées par la loi du 15 mars 1850. Les indiquer). *Le conseil départemental:* La loi du 30 octobre porte qu'un tiers de ce conseil exerce une délégation: innovation presque sans portée. Pourquoi?

4° Les secondes ont la plénitude de l'inspection et la responsabilité de la direction imprimée à l'enseignement. *Inspecteurs d'Académie:* Vrai directeur départemental, nomme les stagiaires et fait des propositions au préfet. Nommé par le ministre, a sous lui les inspecteurs primaires qu'il contrôle, préside les examens, assiste aux conférences pédagogiques, visite les écoles et établit chaque année la situation de l'enseignement primaire dans son département. *Le recteur :* Haute surveillance dans l'académie, ne s'occupe guère, vu l'importance de ses fonctions, que des écoles normales et des écoles primaires supérieures. A sous son autorité les inspecteurs primaires et d'académie. *Les inspecteurs généraux :* Leur rôle défini dans un rapport au ministre, en date du 5 février 1880, par M. Buisson. Visite des écoles normales et primaires ; appréciation des services et des mérites ; compte rendu général et comparatif de l'enseignement dans les départements. Représentants du ministre, ce sont eux qui peuvent le mieux l'éclairer. Ils sont six (un : travail manuel, un : comptabilité des écoles normales et des écoles professionnelles, et un : gymnastique). *Inspecteurs primaires :* rouage essentiel de l'inspection. La loi du 30 octobre 1886 et le décret du 18 janvier 1887 déterminent leurs attributions. De quelles autorités relèvent-ils ? (voir même décret). Quelles sont leurs conditions d'aptitude ? Comment les classe-t-on ? (voir loi du 19 juillet 1889.)

5° Inspection des pensionnats et des écoles maternelles (voir loi du 30 octobre 1886 et décret du 18 janvier 1887).

D'après MM. Bertrand et Boniface.

III

Des expositions scolaires. — Leur histoire. — Quels en sont les caractères pédagogiques ? — Modifications à apporter dans leur organisation.

1° Les expositions scolaires départementales ont été, dans notre pays, la suite naturelle de l'exposition universelle de 1867, où, pour la première fois, grâce à l'initiative de M. Duruy, les écoles furent représentées. Elles eurent au Champ de Mars et au Ministère leur exposition. Les critiques, bienveillantes et autres, ne manquèrent point à cette exposition qui eut un réel succès. Les étrangers et nos instituteurs y apprirent beaucoup ; c'était une enquête vivante sur la situation de l'instruction primaire en France. On eut l'idée de perpétuer cette exposition et de la rendre permanente. Il n'était guère possible de renouveler la grande manifestation de 1867 autrement que par des reproductions partielles : de là les expositions départementales.

2° Dès 1867, le Cher et la Sarthe donnèrent l'exemple, et, le 26 octobre, le ministre l'encouragea par une circulaire qui montrait quels grands avantages l'art et l'industrie pouvaient en retirer et invitait les préfets à en organiser de semblables. Cet appel fut entendu. L'année suivante, un tiers de nos départements eurent leur exposition scolaire. Le mouvement continua en 1869 et en 1870. Interrompues pendant deux ans, elles se rouvrent à Lyon et au Mans, en 1872, à Langres en 1873, et le nombre s'en accroît d'année en année, de sorte qu'il ne reste plus que quelques départements qui n'ont pas eu leur exposition ; beaucoup l'ont renouvelée à différents intervalles. Au Mans elles sont biennales. Partout ailleurs elles ont pour occasion quelque grande manifestation de l'agriculture ou de l'industrie du département. Les frais en sont faits par le département ou le conseil municipal de la ville qui en est le siège. Elles s'ouvrent aux écoles publiques seules, ou aux écoles publiques et aux écoles privées. Elles comprennent ordinairement des spécimens de toutes les matières du programme des écoles.

3° Elles sont acceptées comme un contrôle de l'enseignement et comme un moyen d'émulation pour maîtres et élèves. Quelques personnes encore y sont opposées ; d'autres y sont indifférentes. Certains inspecteurs d'académie ne croient pas à la possibilité d'une représentation matérielle de la vie scolaire ; d'autres croient que le résultat ne répond pas à l'effort, et qu'elles troublent simplement les exercices scolaires. On fait après comme avant, quand toutefois elles n'ont pas produit jalousie et vanité. Ces griefs ne sont légitimes que dans une certaine mesure. Il ne faut pas leur demander trop ; le bâtiment et le mobilier ne constituent pas l'école ; il faudrait pouvoir exposer le maître et les élèves dans les conditions normales de tous les jours. L'exposition ne peut montrer que les instruments, les organes et les résultats. Elle est nécessaire, dit M. Buisson, parce que l'école en France n'est pas, comme à l'étranger, toujours ouverte aux visiteurs. De plus, les fêtes de distributions des récompenses réjouissent et élèvent. Elles réconfortent les gens du métier. Les travaux envoyés doivent représenter exactement l'esprit et la marche de l'enseignement dans une école; tous les travaux exposés (les énumérer) doivent être ceux de la classe. Ainsi entendues, elles donneront du mouvement à l'école, sans trop de secousses : elles doivent aussi être assez rares ; car, trop souvent répétées, elles cesseraient peut-être de représenter la vie même de l'école et pourraient devenir un sujet de contrariétés pour l'administration.

4° L'organisation ne doit pas être la même pour toutes. Outre que les organisateurs n'ont ni les mêmes ressources budgétaires, ni le même temps, ni le même espace, il peut leur paraître utile de diriger sur tel ou tel point spécial l'attention des maîtres ou du public, par suite de donner à l'exposition un caractère plus ou moins spécial aussi. En dehors de ces données restrictives on doit retrouver dans une exposition scolaire les quatre éléments signalés en 1878 par M. Buisson : *a.* contingent officiel : documents administratifs, statistiques, etc.; *b.* section matérielle ou bâtiments scolaires et leur installation : construction, mobiliers, plans, etc.; *c.* l'outillage : livres, globes, cartes, fournitures scolaires, etc.; *d.* section pédagogique : travaux de maîtres et travaux d'élèves. Que les expositions soient facultatives ; qu'il y ait dans les travaux des élèves une partie obligatoire, une autre facultative. Pour les récompenses on doit faire un sectionnement. Les écoles normales doivent être à part, comme les écoles professionnelles et les écoles maternelles. Il ne faut pas non plus faire des listes spéciales d'écoles par arrondissement; cette pratique ne répond pas à l'objet d'émulation générale que doit se proposer avant tout l'exposition scolaire. Que les écoles libres, si elles acceptent la règle commune, soient classées au même titre que les écoles publiques. Organisées dans cet esprit, les expositions scolaires rendent des services et peuvent durer.

D'après M. Defodon.

IV

Des commissions scolaires chargées de l'application des lois sur l'obligation. — Comment ont-elles fonctionné et comment fonctionnent-elles? — Réformes que l'on peut proposer pour que ces lois soient sérieusement appliquées.

1° Exposer le principe de l'obligation formulée par la loi du 28 mars 1882, corroborée par la loi du 30 octobre 1886. Obligations du père de famille. — Limitation de la liberté du père de famille. — Intervention de l'État : ses droits et ses devoirs.

2° Les commissions scolaires devaient servir de levier à l'obligation, elles en ont été l'achoppement. Elles sont intervenues rarement pour seconder et toujours pour contrarier le vœu du législateur. Les autorités scolaires ne sont pas tout à fait responsables de cet échec administratif. L'institution est mal définie et mal conçue : était-ce une commission administrative ou un tribunal véritable? La commission, composée du maire et de conseillers municipaux, n'était, surtout dans les communes rurales, ni assez indépendante, ni assez compétente. De plus, la procédure était compliquée et parfois bizarre; et la loi ne faisait nulle distinction entre les grandes villes et les petites communes. Il eût fallu une organisation simple, des pouvoirs rigoureusement limités, mais pourvus d'une sanction prompte et énergique. Aussi les commissions se constituaient avec peine et fonctionnaient mal. Les fonctions *administratives* et *judiciaires* n'étaient pas remplies. Dans les départements les plus amis de l'instruction, les commissions finirent par ne plus se réunir. La fréquentation de l'école n'est donc guère meilleure qu'avant la loi. Cela est prouvé par les rapports d'un grand nombre d'inspecteurs d'académie et par les statistiques officielles.

3° Le remède, remède partiel, est, en attendant une nouvelle loi, dans l'institution des caisses des écoles. Elles ont montré une véritable vitalité dans nombre de départements ; elles sont un stimulant précieux pour la fréquentation des écoles. L'article 17 de la loi du 28 mars 1882 devait en faire une institution permanente et obligatoire. Malheureusement beaucoup de dispositions légales restent chez nous sans application générale et constante, et celle-là est de ce nombre. Néanmoins dans beaucoup de départements (Aisne, Aube, Calvados, Côte-d'Or, Jura, Loir-et-Cher, Pas-de-Calais, Seine-Inférieure, Somme, Vosges, Yonne, Drôme) elles sont organisées et fonctionnent. Mais les caisses manquent encore précisément dans les départements les plus pauvres et les plus ignorants. Elles diminuent même dans les départements qui les ont organisées, parce que le concours de l'Etat a manqué aux communes. Avec de la bonne volonté, on pourrait faire fonctionner partout les caisses des écoles (moyens) ; elles feraient en partie l'œuvre des commissions scolaires qu'il semble impossible de galvaniser.

4° On pourrait néanmoins leur rendre une sorte d'efficacité par une réorganisation prompte, énergique et bien conçue. Les rapports des inspecteurs renferment des propositions formulées plutôt à titre de palliatifs que de remèdes. « Les sévérités de la loi n'ont pas assuré la fréquentation, et les écoles bien dirigées sont toujours remplies (Alpes-Maritimes). — Tant vaut le maître, tant vaut l'école (Lot-et-Garonne). — Enseignement pratique, ordre, collaboration des familles (Bouches-du-Rhône). — Les bonnes écoles ne manquent point d'élèves (Morbihan). — Beaucoup d'enfants ne peuvent aller à l'école, et les indigents devraient être assistés (Loire-Inférieure). — Retarder la date des examens pour le certificat d'études (Haute-Loire). — Etablir des écoles de demi-temps (Hautes-Pyrénées). » — Tous ces moyens sont plus ou moins efficaces. Laissons de côté les commissions actuelles et créons une autre autorité, bien circonscrite dans son action, mais toujours présente et souvent agissante. Elle ne saurait être mieux confiée qu'à des conseils cantonaux, élus pour un temps déterminé, par tous les pères de famille et avec le mandat définitif et spécial de prendre la tutelle et le patronage des écoles. Cette institution existe dans la plupart des pays libres et en particulier dans les républiques de la Suisse et des Etats-Unis, et elle y produit d'excellents résultats.

D'après M. Dreyfus-Brisac.

SUJETS ANALOGUES

1° Un inspecteur primaire expose, dans une conférence faite aux instituteurs, la nécessité d'avoir des programmes dans l'enseignement ; il montre l'avantage qu'il y a à les suivre ponctuellement [1].

2° Le cahier de devoirs mensuels à l'école primaire. — Sa réglementation. — Le but qu'il doit atteindre. — Exposer les modifications que vous voudriez voir apporter à la tenue de ce cahier.

3° Dans une conférence faite aux élèves-maîtres d'une école normale, vous exposez vos vues sur la manière dont la discipline doit être entendue dans ces établissements. Vous êtes naturellement amené à parler de la surveillance des études, des promenades, des sorties libres et de l'esprit qui a dicté les dernières instructions ministérielles à ce sujet.

4° L'inspecteur primaire adresse une circulaire aux directeurs d'écoles à plusieurs classes de sa circonscription. Il commente les quelques dispositions des règlements relatifs aux rapports entre directeurs et adjoints.

5° Les conférences hebdomadaires à l'école normale. — Leur but. — Indiquer l'organisation qui, suivant vous, serait

---

1. Ces sujets ont été donnés en 1888 par le Comité de la rue Caumartin, 69, qui, sous l'habile direction de Mme Garnier-Gentilhomme, prépare au certificat d'inspection primaire.

la meilleure pour que leur fonctionnement donnât de bons résultats.

6° Dans une conférence pédagogique, l'inspecteur primaire fait connaître aux instituteurs de sa circonscription que des cours concernant le travail manuel seraient faits, pendant les grandes vacances, aux maîtres qui voudraient les suivre. Il profite de cette circonstance pour montrer le but à atteindre à l'école primaire par le travail manuel, le caractère que doit présenter cet enseignement, l'organisation qui lui convient.

7° Faire un travail spécial concernant les différents titres de capacité de l'enseignement primaire, surtout au point de vue de la réglementation.

8° Le maire d'une commune vous écrit pour vous informer que, l'instituteur étant mort, après dix-huit ans de services, dans l'exercice de ses fonctions, et par suite d'une affection contractée dans l'exercice de ses fonctions, il est d'avis que sa veuve demande une pension de retraite. Vous lui répondez, à ce sujet, en vous appuyant sur la législation en vigueur, dont vous passez en revue les dispositions principales.

En supposant que vous partagiez sa manière de voir, vous donnerez la marche à suivre pour faire la demande en question.

Dans le cas contraire, vous indiquerez ce qui pourrait être fait pour la veuve de ce fonctionnaire.

9° De la suspension comme peine disciplinaire. Dans quel cas le législateur a-t-il voulu qu'elle fût prononcée (rappeler les articles de la loi). — Pour quels délits demandez-vous surtout l'application de cette mesure?

10° L'inspecteur d'académie demande à un inspecteur primaire de lui soumettre le développement des différents points qu'il compte traiter en installant les nouvelles délégations cantonales.

S'inspirer du décret du 18 janvier 1887. — Circulaire du 25 mars 1888.

11° Les bibliothèques scolaires. — Leur organisation. — Leur but.

Les bibliothèques pédagogiques : service qu'elles peuvent rendre. — Dites comment vous voudriez les voir fonctionner.

12º. Un inspecteur primaire, après avoir visité un jardin d'enfants, adresse un rapport à l'inspecteur d'académie.

Dans ce rapport, il fait un exposé de la méthode Frœbel, met en relief le caractère et la gradation des exercices, indique les exagérations contre lesquelles il importe de se mettre en garde, et termine en énumérant les procédés de Frœbel qui pourraient, à son avis, être introduits avec profit dans les écoles primaires. (Voir M. Gréard, *Éducation et enseignement : L'enseignement primaire.*)

13º Les écoles enfantines. — Leur organisation pédagogique. — Leur caractère. — Leur but. — Montrer, au moyen d'un exemple, la différence qui doit exister entre une leçon faite aux élèves du cours élémentaire et une leçon faite aux enfants de l'école enfantine.

14º Une commune possède une école de garçons recevant 58 élèves, et une école de filles comptant 60 enfants.

Le conseil municipal demande la création d'un poste d'adjoint et d'adjointe pour chaque école.

Vous faites un rapport sur la question. Si vous concluez en faveur de la demande de la commune, indiquez la marche à suivre pour obtenir la création. Si, au contraire, vous rejetez la demande, proposez une autre solution.

15º Origine, caractère et but des écoles primaires supérieures ; leur organisation. — On visera les décrets, arrêtés, circulaires s'y rapportant.

16º Le maire d'une commune vous demande de lui indiquer les diverses formalités à remplir pour l'ouverture : 1º d'un pensionnat libre de garçons ; 2º d'un pensionnat de garçons annexé à une école communale.

Vous lui répondez en visant les lois, décrets et instructions concernant la matière.

17º De l'inspection des établissements d'enseignement libre (garçons et filles). — Quel doit être le caractère de cette inspection. — Jusqu'à quelles limites s'étendent les droits de l'inspecteur. (S'appuyer sur les lois, décrets et instructions en vigueur.)

18º Aucun texte précis de la loi n'empêche les écoles privées, dans les communes n'ayant pas de salle d'asile, de recevoir les enfants au-dessous de cinq ans. Établir la nécessité qu'il y aurait cependant, surtout si l'on considère l'esprit de la loi, d'assimiler les écoles privées aux écoles publiques en ce qui concerne l'âge d'admission. — Montrer comment l'article 48 de la loi du 30 octobre 1886 permet au conseil départemental de combler cette lacune.

19° Analyser la nouvelle loi organique sur l'enseignement primaire au point de vue de la laïcité. — Faire ressortir, en les commentant, les différents articles qui y ont rapport.

20° Dans quels cas la laïcisation des écoles primaires publiques peut-elle être prononcée? — Voir les articles de lois, décrets, arrêtés et instructions qui se rapportent à la matière et qui indiquent les mesures à prendre.

21° Analyser la loi du 20 juin 1885. — Expliquer l'usage des tableaux qui y sont annexés. — Bien faire ressortir le but que le législateur a voulu atteindre. — Déterminer la différence existant entre cette loi et celle du 1ᵉʳ juin 1878.

Nota. — La plupart de ces sujets, que je dois à l'obligeance de M. Bourbon, inspecteur primaire d'Arnay-le-Duc, sont admirablement traités dans les Monographies pédagogiques citées plus haut.

FIN

TABLE DES MATIÈRES

PRÉFACE ET DIVISION DU LIVRE.................................... 5

PREMIÈRE PARTIE
RHÉTORIQUE

De la dissertation.. 9
    Définition de la dissertation................................ 9
    Caractères de la dissertation............................... 10
De l'invention.. 12
De la dissertation et de ses parties........................... 15
Préambule et définition...................................... 15
Corps de la dissertation..................................... 16
    Division.. 16
Plan. Conseils pour un plan à faire.......................... 17
    Méthode à suivre pour faire un plan........................ 18
Développement. Comment il faut envisager les diverses parties du plan... 19
    Exemples de développement................................... 22
Transitions. 1° Dans le corps d'un développement............ 26
    2° Entre les paragraphes..................................... 27
Conclusion... 27
Style... 28

STYLISTIQUE

Recommandations générales....................................... 30
    De la préparation d'un sujet................................ 30
    De l'extérieur du devoir.................................... 31
    Sous-titres... 31
    De la recherche des mots.................................... 31
    Béquilles... 32
    Le moi.. 32
    Point suspensif.. 32

TABLE DES MATIÈRES.

Bons mots.	33
Petits soins matériels	33
REMARQUES DE LANGUE ET DE RHÉTORIQUE	35
Titre	35
Début	36
Formules pour fin de lettres	36
Matière	36
Élan du style	36
Citations	37
Mise en forme	38
Direction pédagogique	38
Corriger	38
Respect aux grands noms	39
Langue	39
Règles générales pour le choix des expressions	40
De l'emploi des parties du discours	41
Figures. Pléonasme	49
Métaphore	50
Antithèse	50
Ellipse	50
Syllepse	51
Hiatus	51
Équivoque de sons	51
Quelques constructions	51
Reprise du complément par le nom	52
Inversion	52
Des compléments du verbe	52
Antécédent du relatif	53
Compléments circonstanciels	53
CONSEILS PRATIQUES POUR LE STYLE	54
Tics	55
Répétitions	55
Négligences dans le style	55
Des vers dans la prose	56
Des rimes dans la prose	56
Interrogation	56
Mouvement	57
Netteté	58
Cohérence de l'image	58
PLÉNITUDE ET RONDEUR DE LA PHRASE	60
Répétition du substantif	60
Expression redoublée	60
Apposition	60
Substitution du substantif au pronom personnel	61
Emploi des verbes auxiliaires	61
Gallicismes	61

TABLE DES MATIÈRES. 325

Enclaver... 61
Développement par trois termes............................. 61
Généraliser.. 62
Remplacer le concret par l'abstrait......................... 63
Succession des phrases...................................... 63
Période... 63
Construction de la période.................................. 64
Usage de la période... 65

PSYCHOLOGIE

Définition... 66
SENSIBILITÉ.. 66
   Passions... 68
INTELLIGENCE... 69
Conscience... 70
Perception extérieure.................................... 70
Données des sens... 71
Connaissance des principes. — Raison..................... 72
   Espace et temps.. 73
   Cause. Raison. Loi....................................... 75
   Principe de raison suffisante............................ 75
   Principe des causes finales.............................. 76
   Principe des lois et de l'ordre.......................... 76
   Connaissance de l'infini................................. 77
Opérations intellectuelles............................... 78
   Mémoire.. 79
   Imagination.. 79
   Imagination dans ses rapports avec le beau. Fondements psychologiques de l'esthétique..................................... 80
   Invention dans les beaux-arts............................ 82
   Jugement... 83
   Raisonnement... 84
   Abstraction.. 85
VOLONTÉ.. 85
   De l'instinct et de la volonté........................... 85
   Liberté.. 87
   Fatalisme.. 89
   De l'habitude.. 91
   Rapports du physique et du moral......................... 92

LOGIQUE

Définition. La vérité.. 95
Évidence... 96
Certitude.. 96

Caractères de la certitude... 97
LA MÉTHODE EN GÉNÉRAL.. 97
L'ANALYSE ET LA SYNTHÈSE.. 97
   Règles de la méthode.. 98
MÉTHODE DÉDUCTIVE... 99
   Les axiomes... 99
   La définition... 99
   La division.. 100
   La déduction... 101
   La démonstration... 101
LE SYLLOGISME.. 102
   Différentes espèces de syllogismes............................... 103
MÉTHODE INDUCTIVE.. 103
   L'observation.. 104
   L'expérimentation.. 105
   L'induction proprement dite...................................... 105
   L'analogie... 105
   L'hypothèse.. 106
   Lois empiriques.. 106
   Hasard... 107
LES CLASSIFICATIONS.. 107
DE LA MÉTHODE DANS LES DIVERS ORDRES DE SCIENCES..................... 108
   Méthode dans les sciences exactes ou mathématiques............... 108
   Méthode dans les sciences morales et politiques.................. 109
   Méthode dans les sciences historiques............................ 109
SOPHISMES.. 110

DEUXIÈME PARTIE

PREMIÈRE CLASSE

DÉVELOPPEMENT D'UNE MATIÈRE DONNÉE.................................... 112
SUJETS DÉVELOPPÉS.. 112
1° De la discipline. — Quelle fin supérieure doit-elle se proposer ?
   — Quels doivent en être les caractères particuliers ? — Écueils
   à éviter... 117
2° Moyens d'obtenir le concours des parents pour assurer dans
   l'école le travail et la discipline.............................. 120
3° De l'ordre. — Avantages et beauté de l'ordre. — Comment
   s'acquiert cette qualité ? — Moyens que doit employer le maître
   pour la communiquer à ses élèves................................. 122
4° De la nécessité d'acquérir sans cesse de nouvelles connaissances.
   (Conférence cantonale.).. 128

5° De l'amour de la patrie. — Vous indiquerez comment l'institutrice peut développer ce sentiment dans le cœur de ses élèves. — Vous montrerez la part des divers enseignements dans la culture de ce sentiment.. 132
6° Développer cette pensée en l'appliquant au point de vue éducatif à la mission de l'instituteur : « C'est sur la volonté qu'il faut agir; ce sont des actes qu'il faut provoquer, solliciter, obtenir, car l'éducation c'est le combat. ».............................. 135
7° Quelles sont les qualités d'un bon instituteur ?............... 140
PLANS... 144
1° Y a-t-il une science spéciale de la réprimande ? Et quelle doit-elle être? — Définition de la réprimande. (Dictionnaire.) — Elle est importante et facile. — Faits auxquels elle s'applique...... 144
2° Nécessité de surveiller les enfants après la classe. — Comment peut se faire cette surveillance? (Corrigé indiqué.)............ 145
3° Expliquer, 1° dans son application générale, 2° en se plaçant au point de vue de l'éducation, cette maxime : Plus fait douceur que violence...'.. 145
4° De la nécessité et des moyens de rendre l'étude aimable. (Corrigé indiqué.).. 146
5° Dans quelle mesure et par quels moyens peut-on rendre attrayant le travail de l'école primaire?...................... 147
6° Dans quelle proportion faut-il allier les jeux et le travail dans l'éducation des enfants de cinq à huit ans? (Corrigé indiqué.).. 147
7° De la nécessité et des moyens de conduire les enfants par le sentiment de l'honneur. (Corrigé indiqué.).................... 147
8° Exposer quelle est l'importance de l'esprit d'ordre pour l'instituteur. (Corrigé indiqué.).................................... 148
9° Montrer le but que se propose la politesse et en déterminer la vraie nature. — Efforts que doit faire l'instituteur pour l'établir. (Corrigé indiqué.).. 148
10° De la politesse. — Comment l'instituteur doit-il et peut-il rendre ses élèves polis ?..................................... 148
11° Comment peut-on faire la psychologie pédagogique de l'enfant? (Corrigé indiqué.).. 150
12° Du caractère violent et du caractère indolent, lequel est, d'après vous, le plus aisé à réformer ?................................. 150
13° Dire s'il est bon de combattre chez les enfants l'inégalité des facultés, et par quels moyens on peut y arriver................ 151
14° Est-il nécessaire d'apprendre par cœur et dans quels cas ?.... 151
15° Expliquer et apprécier cette décision de Rousseau : « Émile n'apprendra jamais rien par cœur, pas même les fables de La Fontaine, toutes charmantes qu'elles sont. »................... 152
16° Comment la vie de l'école normale peut-elle développer chez la jeune maîtresse les qualités du cœur et de l'imagination ? (Corrigé indiqué.).. 153

17° Expliquer, discuter et apprécier cette pensée : Savoir suggérer est une des grandes finesses de l'éducation.............. 153
18° Quels sont les moyens généraux les plus efficaces pour exciter et soutenir l'attention des élèves ?.................. 154
19° De l'attention. — Nécessité d'employer tous les moyens, et quels moyens, pour la provoquer et la soutenir chez l'enfant. — Avantages que le développement de cette faculté procure pour l'éducation et l'instruction................. 155
20° Une institutrice écrit à une de ses amies, institutrice comme elle, mais beaucoup plus jeune, pour lui parler des habitudes et de l'importance qu'il y a à ne pas en contracter de mauvaises... 156
21° De la routine et de l'habitude chez l'instituteur. — En montrer les effets.................. 156
22° De l'amour de la patrie (sol natal). (Corrigé indiqué.)....... 157
Sujets analogues............... 157

DEUXIÈME CLASSE

Préparation d'un plan.................. 161
Plans.................. 172
1° Comment faut-il se préparer au certificat d'aptitude pédagogique ? (Corrigé indiqué.)............. 172
2° Les maîtresses des écoles maternelles doivent ménager leurs forces. (Corrigé indiqué.)............. 172
3° De la bonne humeur. — Nécessité de la bonne humeur pour les progrès de la classe. — Moyens de la provoquer et de la diriger.................. 173
4° De la nécessité et des moyens de rendre l'école agréable. (Corrigé indiqué.).................. 173
5° Allocution d'un instituteur à ses élèves pour les détourner de toute destruction inutile................... 174
6° Que penser de ceux qui, préoccupés des besoins immédiats des classes populaires, veulent que dans les cadres de l'école il soit fait une place prépondérante au travail manuel ? (Corrigé indiqué.).................. 174
7° Quels ouvrages doivent composer une bibliothèque populaire ? — Raisons de ce choix. (Corrigé indiqué.).................. 175
8° Nécessité de créer des bibliothèques pour l'école. — Composition de ces bibliothèques. — Services qu'elles peuvent rendre. (Corrigé indiqué.).................. 175
9° Comment faut-il faire et diriger ses lectures pédagogiques ? (Corrigé indiqué.).................. 176
10° Caractériser les lectures et indiquer les livres de lecture qui en classe et hors de la classe conviennent aux élèves du cours supérieur (filles et garçons). (Corrigé indiqué.)............. 176
11° Un jeune homme a demandé conseil à son ancien instituteur

sur le choix des livres qu'il pourra lire avec le plus de profit. Réponse de l'instituteur.. 177
12° Lettre d'un directeur à un de ses stagiaires, nommé à une école rurale, pour lui donner des conseils sur le classement de ses élèves... 177
13° Une institutrice écrit à une mère qui gâte son enfant........... 178
14° Est-il d'une bonne pédagogie de substituer aux récompenses honorifiques, qui sont de tradition dans nos écoles, des prix en argent ? (Corrigé indiqué.)... 178
15° De la nécessité et des moyens de développer chez les enfants la franchise, la tolérance, la justice, la charité et tous les sentiments qui font la bonne camaraderie.. 179
16° On a critiqué la mise un peu recherchée d'une jeune fille. Passant d'un extrême à l'autre, elle se néglige. Sa mère lui fait à ce propos les observations suivantes.. 179
17° Indiquer le rôle de la sœur aînée dans une famille pauvre et nombreuse où la mère est obligée de se décharger sur elle d'une partie de ses soins et de ses devoirs... 180
18° Dans une lettre adressée à une amie, vous parlerez du concours que vous prêtez à votre mère pour l'éducation et l'instruction d'une jeune sœur âgée de six ans.. 180
19° On dit souvent qu'il faut préparer la jeune fille aux vertus du ménage. — Montrer quelle peut être l'industrie de la mère de famille et quel doit être dans le ménage son rôle d'éducatrice. — Moyens d'y parvenir. (Corrigé indiqué.).. 181
20° Quelles sont les vertus de ménage que semble vouloir de la jeune fille ce docteur anglais qui a dit : Desdémona est morte pour avoir laissé traîner ses mouchoirs et n'avoir pas su ranger son linge ?... 181
21° Quels sont les moyens de faire servir la liberté dont l'enfant a joui jusqu'à l'école maternelle à sa propre éducation morale? (Corrigé indiqué.)... 182
22° On dit qu'il vaut mieux bien apprendre une chose qu'apprendre beaucoup de choses. — Appliquer cette maxime à l'enseignement de l'école primaire et montrer comment on peut la concilier avec le grand nombre des matières du programme............................... 183
23° Expliquer, en l'appliquant à l'instituteur, la maxime suivante : L'éducation qu'on donne aux autres profite toujours à soi-même. 183
24° Quels sont les moyens dont l'instituteur dispose pour accroître son instruction et ses connaissances professionnelles ?........... 184
25° Un jeune homme sollicite une place d'instituteur. Il s'adresse à un vieil ami de sa famille pour le prier d'appuyer sa demande; il insiste sur la date du tirage au sort et sur le désir qu'ont ses parents de le voir en quelque sorte exonéré du service militaire. — Mettez-vous à la place de son protecteur et répondez-lui.... 185
SUJETS ANALOGUES... 185

TROISIÈME CLASSE

Manière de traiter une question du cours.................. 188
Sujets développés... 188
1° Quel est le but de l'enseignement de l'histoire à l'école primaire ? — Quels caractères doit présenter cet enseignement ? — Dans quelles limites convient-il de le renfermer ?................. 188
2° De l'émulation. — Son rôle dans l'éducation. — Moyens de la provoquer et de la soutenir à l'école primaire. — Direction à lui donner.. 197
3° Les exercices de récitation à l'école primaire. — Services qu'ils peuvent rendre. — Caractères qu'ils doivent présenter. — En terminant, passer rapidement en revue les auteurs qui seront le plus particulièrement mis à contribution......................... 202
4° De la lecture expliquée. — Quels auteurs comprend-elle et pourquoi a-t-on choisi ceux qui figurent au programme ? — Comment apprendra-t-on à les expliquer ?........................... 206
5° Nécessité des leçons de mots. — Montrer l'importance qu'elles ont et les services qu'elles peuvent rendre. — Moyens pratiques à employer pour les faire dans chacun des trois cours.......... 211
6° De l'exercice de la composition française à l'école primaire ; son importance. — Choix des sujets ; de la forme à leur donner suivant l'âge et le degré d'avancement des élèves................. 214
7° Quel doit être le rôle de l'enseignement historique dans l'éducation morale ?.. 219
8° Caractère de l'enseignement géographique ; son rôle dans l'éducation intellectuelle... 223
9° Méthode générale à suivre dans l'enseignement de la géographie physique.. 227
10° De l'orthographe au cours préparatoire et au cours élémentaire. — Moyens pratiques pour l'enseigner aux élèves de ces deux cours.. 232
11° Quelles sont les matières, enseignées à l'école primaire, qui peuvent le plus faire aimer la patrie, et dans quel esprit l'instituteur devra-t-il les enseigner aux élèves des deux cours supérieurs ?.. 234
12° Des relations de l'instituteur avec les autorités locales (administration municipale et délégation cantonale). — Comment peuvent-elles contribuer à la fréquentation de la classe et aux progrès des élèves... 239
Plans.. 243
1° De la nécessité d'alterner souvent les différentes études de la classe, et de la manière de faire cette alternance pour le plus grand bien de l'esprit et des études. (Corrigé indiqué.)....... 243
2° De la nécessité de préparer soigneusement les devoirs et les

TABLE DES MATIÈRES.

leçons, si l'on veut intéresser les enfants et réaliser toutes les conditions de leurs progrès. (Corrigé indiqué.).................. 244

3° De l'usage et de l'abus du livre. — De la nécessité du livre. — Comment s'en servir avec les nouvelles méthodes d'enseignement ? (Corrigé indiqué.).. 244

4° Nécessité et avantages des devoirs écrits. — Dans quelle mesure convient-il de les pratiquer dans chacun des trois cours ?...... 245

5° De la nécessité d'apprendre aux enfants à s'exprimer correctement et des moyens d'y parvenir.................................... 245

6° De l'enseignement oral et de l'enseignement par le livre. — Dans quelle mesure convient-il de combiner ces deux moyens d'enseignement ?... 246

7° De l'utilité d'une bonne écriture.................................. 247

8° De la nécessité, pour apprendre la langue aux élèves, de les faire parler en classe. (Corrigé indiqué.)............................. 247

9° Exposer les avantages et les caractères de la récitation expliquée, et montrer comment l'explication en doit être faite à l'école primaire. (Corrigé indiqué.)... 248

10° Une leçon de mots. Exemple pris dans Coménius : *Porte d'or des langues*.. 248

11° Des leçons de choses. — Leur but. — Leur importance. — Méthode à suivre. — Exemple de leçon de choses. (Corrigé indiqué.).. 249

12° De l'enseignement par l'aspect. — Des formes que peut prendre cet enseignement. — Méthode à suivre. — Moyens pratiques à employer pour le donner. (Corrigé indiqué.).................... 249

13° Des promenades scolaires. — Leur but. — Leur organisation. — D'après le nombre de promenades que vous espérez faire pendant la belle saison, établir le programme qui devra vous guider dans vos excursions.. 250

14° De la composition française au cours élémentaire. — Moyens pratiques pour apprendre aux enfants de ce cours à rédiger..... 251

15° Exposez comment vous entendez et comment vous faites la correction des devoirs dans votre classe............................... 252

16° Expliquer ce mot de M. Gréard : L'histoire est la leçon des peuples... 252

17° Montrer combien il est, pour les enfants, intéressant et important d'étudier l'histoire de France................................ 253

18° Comment et jusqu'à quel point l'histoire locale peut-elle, à l'école primaire, devenir un auxiliaire de l'histoire nationale ?.. 253

19° Comment faut-il raconter l'histoire nationale à des enfants de six ans ? (Corrigé indiqué.).. 254

20° Quelle méthode pédagogique convient-il de suivre pour l'enseignement de la géographie dans les écoles primaires ? (Corrigé indiqué.)... 254

21° Importance exagérée donnée à la dictée dans nos exercices scolaires. — Ses effets au point de vue de l'orthographe. — Du choix de la dictée. — La prendre dans le livre de lecture. — Manière de la faire. (Corrigé indiqué.).................... 255

22° De l'utilité qu'il y aurait à enseigner à l'école le droit populaire. (Corrigé indiqué.).................................... 256

23° Nécessité de l'enseignement de l'économie sociale à l'école primaire. — Raisons de cet enseignement. (Corrigé indiqué.)...... 257

24° Lettre à un petit camarade sur le chant à l'école............ 257

25° De l'enseignement de la musique à l'école primaire. (Corrigé indiqué.)... 258

26° Faut-il enseigner le dessin en même temps que l'écriture ? — Quel sera alors le dessin au cours élémentaire ? — Exposer la méthode à suivre... 258

27° Expliquer ce que doivent être l'unité d'esprit et l'union entre les maîtresses d'une même école. (Corrigé indiqué.)........... 259

28° Des conférences pédagogiques dans une école à plusieurs maîtres. — Leur utilité. — Comment doivent-elles être conduites pour être profitables ?................................... 259

29° Du livret de correspondance. — Sa nécessité. — Heureux effets qu'il produit. (Corrigé indiqué.)........................ 260

30° Nécessité du certificat d'études comme examen terminal. — Quels sont les principaux avantages qu'on lui reconnaît ?...... 260

31° Du certificat d'études primaires. — Dans quel but a-t-il été institué ? — Dire comment la pratique l'a fait dévier de son but. — Ses inconvénients actuels. — Que doit-il être ? (Corrigé indiqué.)... 261

32° Des bibliothèques scolaires. — Comment un instituteur peut-il arriver à développer parmi les habitants des campagnes le goût de la lecture, et quelle direction convient-il de donner à leurs lectures ?.. 262

33° Utilité qu'il y a à lire les circulaires ministérielles. — Circulaires principales... 262

SUJETS ANALOGUES.. 263

QUATRIÈME CLASSE

DE LA DISSERTATION PROPREMENT DITE............................... 267
SUJETS DÉVELOPPÉS.. 267
1° Savoir interroger, c'est savoir enseigner...................... 267
2° De la nécessité pour l'instituteur d'étudier le caractère de ses élèves et des modifications à apporter dans l'éducation selon la variété de leurs caractères..................................... 213
3° « Ceux qui entreprennent, d'une mesme leçon et pareille mesure de conduite, régenter plusieurs esprits de si diverses mesures et formes ; ce n'est pas merveille si en tout un peuple d'enfans

TABLE DES MATIÈRES.

ils en rencontrent à peine deux ou trois qui rapportent quelque juste fruit de leur discipline. »

Réfuter, en l'appliquant à l'instruction, cette opinion de Michel Montaigne, et montrer comment l'instituteur doit s'y prendre pour enseigner de la façon la plus profitable à tous les élèves de sa classe les diverses matières du programme.................. 277

4° Dans quelle mesure l'école primaire peut-elle contribuer à l'éducation esthétique ?... 281

5° Développer cette pensée de Condorcet : « Les vices dérivent du besoin d'échapper à l'ennui dans les moments de loisirs et de n'y échapper que par des sensations et non par des idées. » Conclusions pratiques à tirer en matière d'éducation.......... 286

6° De la création de musées cantonaux : leur utilité. — Composition et recrutement de ces musées. — Leur fonctionnement et leur conservation... 289

PLANS.. 292

1° Expliquer, discuter et apprécier ce mot de M. Gréard : « Elever, ce n'est pas seulement prévoir, c'est aussi prévenir. ».......... 292

2° Enseigner, c'est apprendre deux fois........................... 293

3° Le meilleur livre est la parole du maître. (Lhomond.)........ 293

4° Expliquer et apprécier ce mot de Paul Bert parlant de l'instituteur : « Quel noble rôle ! Etre à la fois un ferment et un séducteur ! »... 294

5° Expliquer, discuter et apprécier, en l'appliquant à l'école primaire, ce mot de Daguesseau : « Le changement de travail est pour l'esprit une récréation suffisante. »............................ 294

6° Réfuter l'opinion de Bernardin de Saint-Pierre qui bannit l'émulation de l'école, parce qu'elle est l'envie et devient la cause de la plupart des maux du genre humain.................................. 295

7° De l'éducation personnelle. — Est-elle possible ? — Comment peut-elle être faite ?... 296

8° Montrer que la culture personnelle développe le sens du beau. (Corrigé indiqué.).. 296

9° Réfuter les opinions que M. Croiset a émises sur l'éducation de la femme dans la société actuelle, et d'après lesquelles la jeune fille serait élevée comme dans une famille et n'apprendrait que ce qu'il faut pour rendre attrayant le foyer conjugal. (Corrigé indiqué.).. 297

10° Dans quel esprit et selon quelle méthode faut-il enseigner les diverses matières de l'enseignement primaire ? (Corrigé indiqué.) 298

11° Des diverses manières d'interroger et des caractères que doivent réunir les interrogations. (Corrigé indiqué.).............. 299

12° La gymnastique ne vaut pas le jeu. — En donner les raisons. (Corrigé indiqué.).. 299

13° Dire quelle peut être l'influence des études littéraires sur l'esprit.. 300

14° De la nécessité, pour compléter l'éducation des enfants, de leur faire étudier les beaux-arts. (Corrigé indiqué.) 301
15° Montrer comment, tout en conservant dans ses méthodes le caractère général qui convient à l'éducation des facultés, l'enseignement primaire peut, par l'esprit, par le choix et par la direction de ses exercices, s'accommoder davantage aux intérêts de la vie qui saisira l'enfant au sortir de l'école 301
Sujets analogues. 302
Conclusion 305

ANNEXE

Esquisses et sujets de législation 309
1° Des écoles primaires supérieures. — Leur avenir 310
2° L'inspection de l'enseignement primaire à ses différents degrés. 312
3° Les expositions scolaires départementales 313
4° L'enseignement obligatoire et les commissions scolaires 316
Sujets analogues 318
Table des matières 323

SAINT-CLOUD. — IMPRIMERIE BELIN FRÈRES.

www.ingramcontent.com/pod-product-compliance
Lightning Source LLC
Chambersburg PA
CBHW060629170426
43199CB00012B/1489